Cuaderno de actividades

SIXTH EDITION

Dos mundos

Comunicación y comunidad

Tracy D. Terrell
Late, University of California, San Diego

Magdalena Andrade
Irvine Valley College

Jeanne Egasse
Irvine Valley College

Elías Miguel Muñoz

McGraw Hill

Boston   Burr Ridge, IL   Dubuque, IA   Madison, WI   New York   San Francisco   St. Louis
Bangkok   Bogotá   Caracas   Kuala Lumpur   Lisbon   London   Madrid   Mexico City
Milan   Montreal   New Delhi   Santiago   Seoul   Singapore   Sydney   Taipei   Toronto

The *McGraw-Hill* Companies

 **Higher Education**

This is an EBI book.

Cuaderno de actividades to accompany Dos mundos

Published by McGraw-Hill, an imprint of The McGraw-Hill Companies, Inc., 1221 Avenue of the Americas, New York, NY 10020. Copyright © 2006, 2002, 1998, 1994, 1990, 1986 by The McGraw-Hill Companies, Inc. All rights reserved. No part of this publication may be reproduced or distributed in any form or by any means, or stored in a database or retrieval system, without the prior written consent of The McGraw-Hill Companies, Inc., including, but not limited to, in any network or other electronic storage or transmission, or broadcast for distance learning.

3 4 5 6 7 8 9 0 QPD QPD 9 0 9 8 7

ISBN-13: 978-0-07-303091-3
ISBN-10: 0-07-303091-0 (Combined)
ISBN-13: 978-0-07-303084-5
ISBN-10: 0-07-303084-8 (Part A)
ISBN-13: 978-0-07-303085-2
ISBN-10: 0-07-303085-6 (Part B)

Editor-in-chief: *Emily Barrosse*
Publisher: *William R. Glass*
Director of development: *Scott Tinetti*
Development editor: *Max Ehrsam*
Marketing manager: *Nick Agnew*
Photo research coordinator: *Nora Agbayani*
Photo researcher: *Susan Friedman*
Production supervisor: *Louis Swaim*
Production editor: *David M. Staloch*
Compositor: *TechBooks/GTS, York, PA*
Printer and binder: *Quebecor World Printing, Dubuque*

CREDITS
Photos:
99 © Mindy Schauer/Orange County Register/Corbis; *118* © Richard Cummins/Corbis; *142 (top)* © Tony Arruza/Corbis.

Readings:
118 "Cinco de mayo" by Francisco X. Alarcón in *Laughing Tomatoes and Other Spring Poems.* Reproduced by permission of the publisher, San Francisco: Children's Book Press. Copyright © 1997 by Francisco X. Alarcón; *186* Excerpt from *El principio del placer* by José Emilio Pacheco. D.R. © 1997, Ediciones Era, S.A. de C.V., México D.F. Used by permission of Ediciones Era; *188* "Castillos en el aire" de Alberto CORTEZ en *Soy un ser humano,* México D.F, 1985: Emece Mexicana.

www.mhhe.com

CONTENTS

To the Instructor

Welcome to the Sixth Edition of our workbook/laboratory manual, which we have renamed *Cuaderno de actividades* to reflect the wealth of activities that it provides. The *Cuaderno* has many new activities and readings, but its basic premise has not changed. It is intended for use outside the classroom. Its primary goal is to give students additional practice reading, writing, and listening to Spanish in a variety of meaningful contexts.

The general organization of the *Cuaderno* follows that of the student textbook: It is divided into three preliminary **Pasos** (**A, B,** and **C**) and fifteen regular chapters. Each chapter contains the same thematic divisions as the corresponding chapter in the main text. We provide **Actividades escritas** (written activities) and **Actividades auditivas** (listening comprehension activities) for every topic in the **Actividades de comunicación y lecturas** sections of the textbook. Each chapter has the following sequence.

Actividades escritas: two to four activities per chapter theme

Resumen cultural: questions that review the cultural content of the main text chapter

Actividades auditivas: one or more listening comprehension activities per chapter theme

Pronunciación y ortografía: recorded pronunciation and spelling exercises

Videoteca: written activities coordinated with the *Video to accompany Dos mundos*

Lecturas: Reading selections which include short stories and poetry

---

Students should work the **Actividades escritas** and the **Resumen cultural** first; then, once familiar with the themes, vocabulary, culture, and grammar in the chapter, they should do the **Actividades auditivas.** The written activities will give students practice and confidence before they listen to the recorded segments on their own.

The *Cuaderno* Sections: A Closer Look

Actividades escritas. Two types of activities are included in this section: those that focus on grammar, and those that allow students to write creatively. Each **Actividades escritas** section begins with a reference (**Lea Gramática...**) to the corresponding grammar point(s) in the textbook. This reference will remind students which grammar topic(s) to review before doing the activities and where to look for help while working. Most of these activities can be done outside of class, but in-class follow-up of the creative writing assignments can prove beneficial.

Resumen cultural. The written activities in the **Resumen cultural** section allow students to verify their knowledge and understanding of Hispanic cultures. These activities draw on the cultural material in each chapter of the main text: **Sobre el artista** and a cultural timeline on the chapter opener page; **¡OJO!, Ventanas culturales, Ventanas al pasado, Enlaces literarios** and **Lecturas** in the **Actividades de comunicación y lecturas** section.

Actividades auditivas. The activities in this section consist of conversations, narratives, and advertisements recorded on audio CD. Since the focus is on listening comprehension, the scripts of these passages are not included in the *Cuaderno de actividades.* Instead, each recorded passage has a corresponding activity, which always contains:

- A list of new or unfamiliar vocabulary with English translations
- A drawing that illustrates the theme
- A short introduction to the recorded passage
- Verification questions of several types

Starting with **Capítulo 1,** each **Actividades auditivas** section opens with a segment called **Los amigos animados.** Additionally, beginning with **Paso B,** the **Actividades auditivas** section closes with a segment called **¡A repasar!**

- **Los amigos animados:** These activities review vocabulary, themes, and grammar from the previous chapter, providing students with a warm-up before they listen to the new material. This segment is also an animated feature in the Sixth Edition CD-ROM.

- **¡A repasar!:** These are cumulative activities that focus on the general theme of the chapter. Their purpose is to review chapter topics, vocabulary, and grammar.

New in the Sixth Edition are a series of skill building guidelines for working with the **Actividades auditivas.** These guides are included in **Paso A, Capítulo 2,** and **Capítulo 7.**

Pronunciación y ortografía. This section provides explanations and exercises that help students work with the sound system of Spanish and its correspondence with spelling. Spanish sound-letter correspondences are relatively simple, and many students become good spellers in Spanish without explicit instruction. Note that these exercises generally include only words that students have already encountered in oral class activities.

Videoteca. Correlated with the *Video to accompany Dos mundos,* this section helps students work with the content of the chapter's video segments. The **Videoteca** activities were rewritten for the Sixth Edition and there are now three components:

- **Los amigos animados:** animation of the review segments in the **Actividades auditivas.** These segments are also included as listening comprehension activities in the audio CD.

- **Escenas culturales:** a brief cultural montage correlated with the country or countries of the chapter opener page. A **Vocabulario útil** box helps students with difficult vocabulary. Follow-up questions include multiple choice and short answer.

- **Escenas en contexto:** short thematic vignettes correlated with the chapter theme. These include a **Vocabulario útil** box, a brief synopsis and post-viewing questions.

We suggest you do the first segment, **Paso C,** and corresponding activities with your students. Then the rest may be assigned as homework or done in class as time permits. Note that the audio program is available on the *Dos mundos* Online Learning Center as Premium Content.

Lecturas. There are two categories of readings in the *Cuaderno:* **Lecturas** and **Notas culturales.** The **Notas culturales** are usually short and focus on some aspect of Hispanic culture, such as music or education. Some **Lecturas** feature the *Dos mundos* cast of characters and others include readings on cultural and historical topics such as Mexican cities and Hispanic cuisine.

- **Literature:** New in the Sixth Edition are several literary selections: poetry, a song, excerpts from the Maya book *Popol Vuh* and from a novel by Mexican writer José Emilio Pacheco, and five short stories. The **Cuentos** include "Cassette" by Argentine writer Enrique Anderson Imbert and "La prueba" by Cuban writer Nancy Alonso.

All the **Lecturas** and **Notas culturales** are preceded by a list of useful vocabulary and a **Pistas para leer** box. The **Pistas** box is new in the Sixth Edition; it presents questions, clues, and useful reading strategies such as scanning, visualization, and cognate recognition. All readings feature optional comprehension questions and creative writing activities:

- **Comprensión:** brief verification questions
- **Un paso más... ¡a escribir!:** creative writing activities

The readings can be assigned as homework or as makeup work, or used as springboards for class discussion and oral group presentations. In the *Instructor's Manual,* you will find helpful notes and suggestions for teaching the readings in the *Cuaderno de actividades,* and more ideas for post-reading activities.

Expansión gramatical. Some additional grammar concepts, with verification exercises, appear in a section called **Expansión gramatical** at the end of the *Cuaderno.* If you wish to present more grammar concepts than those included in the main text, the **Expansión** section will be very helpful.

Answer Key. At the end of the *Cuaderno* are answers to all **Actividades escritas** including the **Resumen cultural,** to all **Actividades auditivas, Ejercicios de ortografía, Videoteca** activities and **Comprensión** questions of the **Lecturas.** This Answer Key provides instant feedback, allowing students to check their own work and to learn from their errors.

You will find many open-ended and communicative activities in the *Cuaderno de actividades*. Answers to questions for which there is more than one correct response and for personalized activities are identified by the symbol ▲ or by the phrase *answers should be original*. In those cases we usually provide guidelines and suggestions, rather than specific answers. Students must allow for differences in content when checking answers to open-ended questions and activities. They should correct errors in form only.

The *Cuaderno*: Useful Suggestions

A Low-Stress Classroom Environment: Letting it Happen Naturally

Avoid placing undue stress on students over the *Cuaderno de actividades* assignments. Help students to understand that the listening component is primarily a source of additional comprehensible input. Encourage them to consult you when problems arise. Remind them that they may listen multiple times but that, even so, it is not realistic to expect to comprehend everything they hear. Emphasize that it is not necessary for students to comprehend everything in order to answer every question correctly.

The *Actividades auditivas*: Helping Students To Listen

The listening comprehension activities are intended primarily for use as homework, but they can also be done in class. Students will need some training in order to work confidently with this component. We have added listening guides which will train them to approach these activities in a systematic way. This new feature provides steps for creating a context and for coming up with useful strategies to help students complete the comprehension activities successfully.

The first guiding session appears with **Paso A,** and students should be able to learn the procedure easily by following directions recorded on the CD. However, you should provide similar instruction before starting **Paso B** and try to do at least part of each **Paso** in class before you assign the remaining activities as homework. The following section, To the Student, introduces students to the *Cuaderno* materials and gives them general guidelines for working with the listening comprehension component. We also recommend that you add a "training session" at some point between **Capítulos 2** and **7** and at the beginning of a new semester or quarter. Additionally, it is a good idea to review the procedure and listening techniques whenever you feel that segments have started to become more complicated.

Please note that although the speakers on the audio program will not speak at normal native speed, students often have the impression that the rate of speech is too fast. One reason for this is the lack of visual cues. Furthermore, the level of input in some segments is slightly above the students' current level of comprehension, which may cause some anxiety. To avoid concern, make sure students understand that the *Cuaderno* materials are a set of learning tools and that they need to know how to use them effectively. We recommend that you finish most of the **Actividades de comunicación** of a given textbook chapter before assigning students to work independently on the **Actividades escritas** and then on the **Actividades auditivas.**

Pronunciation: Do Not Repeat After Me!

Students' pronunciation depends upon factors largely beyond the instructors' control, but with classroom experience students will generally develop pronunciation that is acceptable to most native speakers. We suggest that students at first concentrate on listening comprehension, rather than on pronunciation. The purpose of pronunciation exercises is not to provide rules for students but to present a set of exercises in which certain problematic sounds are isolated.

Some instructors find it useful to assign a review of the **Pronunciación y ortografía** sections when starting the second semester (or second or third quarter). A few even recommend that students listen to the audio program for all previous chapters as a review. This experience is rewarding, since students who have covered five or six chapters find the texts from the initial chapters easy the second time around and are excited about their progress.

Measuring Students' Performance: That Is the Question . . . and the Answer

Since the answers are included in the Answer Key of the *Cuaderno*, there remains the problem of how to keep students from copying. In our experience, the majority of students will not cheat unless the assignment proves excessively difficult. In spite of this, and since there is always a need to measure performance in an academic environment, we suggest that you use two or three of the items from each chapter in a short listening comprehension quiz. You could photocopy the corresponding worksheets from the *Cuaderno*, leaving out the vocabulary section, or you may write your own questions. Play each selection two or three times during the quiz. You will find that students who have done their homework honestly will do well on the quizzes and those who merely copied the answers will not.

To the Student

The *Cuaderno de actividades* (workbook/laboratory manual) is intended for use outside the classroom. It is designed to give you additional practice reading, writing, and listening to Spanish in a variety of meaningful contexts. The organization of the *Cuaderno* follows that of your textbook: three preliminary **Pasos** (*steps*) and fifteen chapters. Each chapter provides **Actividades escritas** (*written activities*) and **Actividades auditivas** (*listening comprehension activities*) for every topic in the **Actividades de comunicación y lecturas** sections of *Dos mundos*, Sixth Edition.

The following chart highlights all features of the *Cuaderno de actividades*.

	WHAT IS IT?	**HOW WILL IT HELP?**
Actividades escritas	Written activities usually done outside of class. Coordinated with the chapter theme, vocabulary, and grammar.	Allow you to express yourself in writing and let your instructor see your progress.
Resumen cultural	Written activities that review the cultural content in the main text. One activity per chapter.	Allow you to verify your knowledge and understanding of Hispanic culture.
Actividades auditivas	Listening activities for use outside of class. All activities have comprehension questions.	Provide you with opportunities to listen to and acquire Spanish outside the classroom.
Ejercicios de pronunciación y ortografía	Recorded pronunciation and spelling exercises.	A simple introduction to Spanish spelling and pronunciation.
Videoteca	Written activities to accompany the video program.	Provide you with opportunities to work with and react to the video segments.
Lecturas	Additional readings (**Lecturas** and **Notas culturales**); may be done in class, as homework, or read for pleasure.	Allow you to acquire more Spanish through additional reading.
Expansión gramatical	Additional grammar points with verification exercises, in the Appendix of the combined edition and of Part B of the split edition.	For reference or further study.
Answer Key	Answers to most of the **Actividades escritas**, the **Resumen cultural**, the recorded **Actividades auditivas**, the **Ejercicios de ortografía**, and the **Videoteca** activities.	Give you quick feedback on comprehension and written activities.

How to Get the Most Out of the *Cuaderno*

Actividades escritas. This section gives you the opportunity to express your ideas in written Spanish on the topics presented in each chapter. When doing each activity, try to use the vocabulary and structures that you have acquired in the current chapter as well as those from previous chapters. The **Lea Gramática** note will refer you to the specific grammar points that you need to study in the main text.

In some sections that note will refer you to the grammar in previous chapters. You may also want to remember the following basic guidelines related specifically to the mechanics of the Spanish language.

- Include accent marks whenever they are needed. Accent marks are written directly over vowels: **á, é, í, ó, ú.** Note that when **i** has an accent it doesn't have a dot.
- Don't forget the tilde on the **ñ.** The **ñ** is a different letter from **n.**
- Include question marks (**¿** and **?**) to open and close questions.
- Include exclamation points (**¡** and **!**) before and after exclamations.

When you've finished the assignment, check your answers against the Answer Key in the back of the *Cuaderno.* Bear in mind that in many cases your answers should reflect your own life and experiences. Use the Answer Key to correct errors in form, not differences in content.

Resumen cultural. This section presents questions that review the cultural content from each chapter in the main text: **Sobre el artista** and a cultural timeline on the chapter opener pages, **¡OJO!, Ventanas culturales, Ventanas al pasado, Lecturas,** and **Enlaces literarios.** Use the Answer Key to correct your answers.

Actividades auditivas. This section consists of listening activities which help you check your comprehension of recorded passages. These passages include conversations and advertisements, and give you more opportunities to listen to and understand spoken Spanish outside the classroom. They simulate real-life experiences, giving you exposure to authentic speech in a variety of contexts and to the different accents of the Spanish-speaking world.

The listening activities for each passage consist of the following:

- A list of new or unfamiliar words, followed by their English translation, to aid comprehension
- A drawing and a short introduction to the passage to help you create a context
- Tasks to help you verify whether you have understood the main ideas

Beginning with **Capítulo 1,** each section of **Actividades auditivas** opens with a segment called **Los amigos animados,** which reviews material from the previous chapter. This segment is also an animated feature in the Sixth Edition CD-ROM. Additionally, beginning with **Paso B,** each **Actividades auditivas** section closes with a segment called **¡A repasar!** (*Let's review!*), a cumulative activity that focuses on the central theme of the chapter.

The topics of the recorded segments are the same as those of the corresponding chapter of your textbook. You should try to work on a section of the *Cuaderno* activities after most of the textbook activities for that section have been done in class, that is, when you feel comfortable with the topics and vocabulary of the chapter.

Ejercicios de pronunciación. The *Cuaderno* includes a series of pronunciation exercises starting in **Paso A** and continuing through **Capítulo 10.** These exercises are designed to attune your ear to the differences between English and Spanish and to improve your Spanish pronunciation. The **Ejercicios** group familiar or easily recognizable words so you can practice the pronunciation of a particular sound that those words have in common. First, an explanation of the pronunciation of the sound is given, followed by examples for you to repeat aloud.

Keep the following suggestions and facts in mind when doing these exercises:

- Your goal is to develop a feel for good pronunciation in Spanish, not to memorize pronunciation rules.
- Most people achieve good pronunciation in a new language by interacting in a normal communicative situation with native speakers of that language.
- The more spoken Spanish you hear, the more you will become used to the rhythm, intonation, and sound of the language.
- Do not attempt to pay close attention to details of pronunciation when you are speaking Spanish; it is far more important to pay attention to what you are trying to express.

Ejercicios de ortografía. These exercises consist of spelling rules and examples, followed by dictation exercises. You will be familiar with the words in these dictation exercises from the communicative activities done in class. Again, the idea is not to memorize a large number of spelling rules but rather to concentrate on items that may be a problem for you. These spelling exercises continue through **Capítulo 14.** Remember to check the answers in the back of the *Cuaderno* when you have completed the exercises.

Lecturas. Starting with **Capítulo 1,** each chapter of the *Cuaderno de actividades* contains a section called **Lecturas.** This section features two types of readings: **Lecturas** and **Notas culturales.** The **Notas culturales** are usually short and focus on some aspect of Hispanic culture; some **Lecturas** feature the *Dos mundos* cast of characters and others include fiction and poetry selections. We recommend that you read as many of these **Lecturas** and **Notas** as possible. The more Spanish you read, the more Spanish you will be able to understand and speak.

Keep in mind that reading is not translation. If you are translating into English as you go, you are not really reading. Many of the words and phrases in these readings have appeared in classroom activities. Some words are included in the **Vocabulario útil** list and bolded in the text. You do not need to learn these; just use them to help you understand what you're reading. There will also be some words that you will not know and that are not part of the vocabulary list. Try to understand the main idea of the reading without looking up such words. More often than not, you will be able to get the main idea by using context.

Your instructor will ask you to do some of the **Lecturas** at home so you can discuss them in class. The better you prepare yourself, the more you will learn from these discussions and the more Spanish you will acquire. The following suggestions will help you work with the readings.

- **Cues.** Look at the title, photos, illustrations, and any other cues outside the main text for an introduction to what the reading is about.
- **Familiar words.** Scan the text for familiar words and cognates. Cognates are words that are similar in English and Spanish. Use them to make predictions about content, and to help you anticipate.
- **Main idea.** Pay attention to the first paragraph: it will present the main idea of the reading. The remaining paragraphs develop the main idea with more details.
- **Context.** Use context to make intelligent guesses regarding unfamiliar words.
- **Read with a purpose.** The first time, read to get the main idea; the second, to clarify the main idea and notice important details; the third, to answer questions and relate content to your own experiences.
- **Visualize.** If you are reading a story, picture it in your mind instead of trying to translate as you go.
- **Be an active reader.** Anticipate, predict. An active reader asks him- or herself questions: Why is this said? Who says it? An active reader predicts the outcome and incorporates clues to reformulate predictions as he or she continues to read.
- **Be adventurous.** Try your hand at the different types of questions and post-reading activities. Let your reading be an enjoyable experience!

Videoteca. Correlated with the *Video to accompany Dos mundos,* this section will help you work with the chapter's video segments. There is a variety of viewing activities in the **Videoteca** sections of the *Cuaderno:*

- **Los amigos animados:** animation of the review segments at the beginning of the **Actividades auditivas.** View the animation and answer the questions in the **Actividades auditivas** section of the *Cuaderno.*
- **Escenas culturales:** a brief cultural montage correlated with the country of the textbook chapter opener page. Review the **Vocabulario útil** before viewing. Short follow-up questions will help you to get the most out of this cultural information.
- **Escenas en contexto:** short thematic vignettes correlated with the chapter theme. Review the **Vocabulario útil,** read the synopsis of the action and use the questions to see how much you understood.

The Cast of Characters. Many activities and exercises in *Dos mundos* and the *Cuaderno de actividades* feature a cast of characters from different parts of the Spanish-speaking world. There are two main groups: **Los amigos norteamericanos** and **Los amigos hispanos.** Please refer to the preface in your textbook for a presentation of these characters.

Helpful Symbols. We have included three icons to identify each section of the *Cuaderno de actividades.*

 This icon appears at the beginning of the written activities section. It also appears next to activities that require you to write an essay on a separate sheet of paper.

 This icon indicates that it is time to listen to the audio program.

 This icon identifies activities for the *Video to accompany Dos mundos.*

Strategies for the *Actividades auditivas*

When working with the **Actividades auditivas,** your goal should be to reach an acceptable—not perfect—level of comprehension. You should not listen to the audio program over and over until you understand every single word. Listening to the segments several times can be helpful, but if you listen repeatedly when you're not ready, you will be frustrated. Here are some strategies that will minimize that frustration and maximize your comprehension.

- Before you listen, look at the drawing, the vocabulary words included, the introduction and the questions. When listening: listen for key words. Key words are those you are acquiring or have acquired in class up to this point, plus those given in the vocabulary list at the beginning of each segment to which you will be listening.
- Pay close attention to the context.
- Make educated guesses whenever possible.

Pressure is your worst enemy when doing these assignments. Whenever you are stressed, if a problem arises, you will tend to think that the speakers go too fast, that the material is too difficult or that you are not as good a student as you should be; more often than not, however, extraneous factors are to blame. Here are some frequent causes of frustration:

- Poor planning: waiting to do the assignment until just before it is due, or not allowing sufficient time to complete it without rushing.
- Listening to a segment without adequate preparation.
- Listening over and over, even when you have followed the right procedure. If you are feeling lost, a more effective remedy is to stop the audio program and go over the particular topic as well as the related vocabulary in your textbook.
- Unrealistic expectations. Often students expect to understand everything after listening to a segment once or twice. Don't forget that listening to an audio program is different from listening to a person. When you listen to a radio talk show or to a song for the first time, even in your own language, you don't always grasp everything you hear.

In order to help you derive the most benefit from the **Actividades auditivas,** we have included listening strategies for specific activities in **Paso A, Capítulo 2,** and **Capítulo 7.** Your instructor may play several of the recorded segments in the classroom to give you an idea of the recommended procedure. He or she will go over the directions you have just read, to make sure you've grasped the steps you need to follow.

- First, find a comfortable, well-lit place where you can listen and write comfortably, without interruptions. Have the audio controls as well as the *Cuaderno* within easy reach.
- Do not start until you are familiar with the audio player and feel comfortable using it.
- Open your *Cuaderno* and find the segment you will be listening to. Look at the accompanying drawing(s) and make a mental note of what's depicted, then read everything that is printed for the segment. In addition to helping you determine what is expected of you, this procedure will aid you in creating a context.

■ Relax while listening. Let your mind create scenes that correspond to what you're hearing, and listen just to enjoy the exposure to the spoken language. This additional exposure will result in increased confidence in real-life situations.

Once you have done several assignments, you will notice that you feel more comfortable with them. At that point it will be a good idea to go back and listen to the audio program for chapters you've completed. You will realize how much progress you have made.

We hope that this section has made you aware of the importance of planning ahead when working with the **Actividades auditivas.** After some practice you will be so familiar with the process that it will become automatic. We encourage you to follow the suggestions included in **Paso A, Capítulo 2,** and **Capítulo 7.** Use them as models to create strategies for working with the other listening segments. Let the *Cuaderno de actividades* work for you. It will help you in your real-life interactions with native speakers of Spanish!

ABOUT THE AUTHORS

Tracy D. Terrell (*late*) received his Ph.D. in Spanish linguistics from the University of Texas at Austin and published extensively in the areas of Spanish dialectology, specializing in the sociolinguistics of Caribbean Spanish. Professor Terrell's publications on second language acquisition and on the Natural Approach are widely known in the United States and abroad.

Magdalena Andrade received her first B.A. in Spanish/French and a second B.A. in English from San Diego University. After teaching in the Calexico Unified School District Bilingual Program for several years, she taught elementary and intermediate Spanish at both San Diego State and the University of California, Irvine, where she also taught Spanish for Heritage Speakers and Humanities Core Courses. Upon receiving her Ph.D. from the University of California, Irvine, she continued to teach there for several years and also at California State University, Long Beach. Currently an instructor at Irvine Valley College, Professor Andrade has co-authored *Mundos de fantasía: Fábulas, cuentos de hadas y leyendas* and *Cocina y comidas hispanas* (McGraw-Hill) and is developing two other language books.

Jeanne Egasse received her B.A. and M.A. in Spanish linguistics from the University of California, Irvine. She has taught foreign language methodology courses and supervised foreign language and ESL teachers in training at the University of California, Irvine. Currently, she is an instructor of Spanish and coordinates the Spanish Language Program at Irvine Valley College. In addition, she serves as a consultant for local schools and universities on implementing the Natural Approach in the language classroom. Professor Egasse is co-author of *Cocina y comidas hispanas* and *Mundos de fantasía: Fábulas, cuentos de hadas y leyendas* (McGraw-Hill).

Elías Miguel Muñoz is a Cuban American poet and prose writer. He has a Ph.D. in Spanish from the University of California, Irvine, and he has taught language and literature at the university level. Dr. Muñoz is the author of *Viajes fantásticos, Ladrón de la mente,* and *Isla de luz,* titles in the Storyteller's Series by McGraw-Hill. He has published four other novels, two books of literary criticism, and two poetry collections. His creative work has been featured in numerous anthologies and sourcebooks, including *Herencia: The Anthology of Hispanic Literature of the United States, The Encyclopedia of American Literature,* and *The Scribner Writers Series: Latino and Latina Writers.* The author resides in California with his wife and two daughters.

La clase y los estudiantes

Paso A

Actividades escritas

✴ Los nombres de los compañeros de clase

Lea Gramática A.1–A.2.

NOTE: **Lea Gramática...** notes like the one above appear throughout the **Actividades escritas** to indicate which grammar topics you may want to review before doing a particular group of exercises. You may want to turn to those sections for help while working.

A. Complete these statements by writing the name of one of your classmates who fits the description.

1. ¿Cómo se llama una persona que tiene el pelo rubio y rizado? Se llama _____.

2. ¿Cómo se llama una persona alta? Se llama _____.

3. ¿Cómo se llama una persona que lleva lentes? Se llama _____.

4. ¿Cómo se llama un(a) estudiante que es muy guapo/bonita? Se llama _____.

5. ¿Cómo se llama un estudiante que tiene barba o bigote? Se llama _____.

✳ ¿Quién es?

Lea Gramática A.3.

B. Identify the drawings below. Use **es** or **son,** and **un/unos** or **una/unas.**

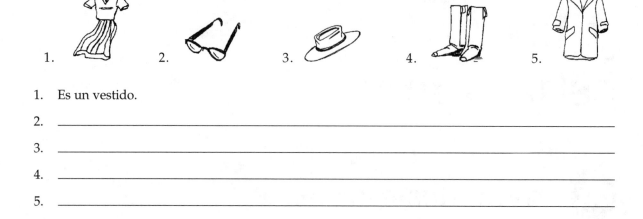

1. Es un vestido.
2. _____
3. _____
4. _____
5. _____

✳ Los colores y la ropa

Lea Gramática A.3–A.4.

C. ¿De qué color son?

El sombrero 🎩 elegante es _____[1]. El conejo 🐰 es

_____[2]. Las hojas 🍃 del árbol 🌳 son _____[3]. El

limón 🍋 es _____[4]. Las uvas 🍇 son _____[5] o

_____[6]. La bandera 🇺🇸 de los Estados Unidos es

_____[7], _____[8] y _____[9].

D. Think of the clothing you own and then write a sentence matching your clothing with a description. Use **mi** (singular) and **mis** (plural) for *my*. Use more than one word for each description.

> MODELOS: (el) vestido → *Mi vestido es blanco y largo.*
>
> (las) corbatas → *Mis corbatas son nuevas y bonitas.*

(las) blusas
(las) camisas
(las) faldas
(las) botas
(la) chaqueta
(el) saco
(el) suéter
(el) vestido
(el) abrigo
(los) pantalones

es/son

nuevo/a, viejo/a
bonito/a, feo/a
largo/a, corto/a
blanco/a, negro/a
grande, pequeño/a
verde, gris, azul, etcétera
anaranjado/a, rojo/a, etcétera

1. _____
2. _____
3. _____
4. _____
5. _____
6. _____

✳ Los números (0–39)

E. Fill in the missing vowels to form a word. In the circle to the right, write the number that corresponds to the word.

> MODELO: T R _E_ c _E_ ⑬

1. D __ C __ ◯
2. Q __ __ N C __ ◯
3. V __ __ N T I C __ __ T R __ ◯
4. T R __ __ N T __ y C __ N C __ ◯
5. __ C H __ ◯

Now check your work by adding the numbers in the circles. (Do not include the **modelo.**) The total should be **94.**

✳ Los mandatos en la clase

Lea Gramática A.5.

F. Look at the drawings and then write the command that you think Professor Martínez gave the students.

bailen	canten	escriban	lean	salten
caminen	corran	escuchen	miren	saquen un bolígrafo

1. _____

2. _____

3. _____

4. _____

5. _____

6. _____

❈ Los saludos

G. Complete the dialogues with the following words or phrases: **cansado, Cómo se llama, gracias, Igualmente, Me llamo, Mucho, usted.**

CARMEN: Hola, me llamo Carmen. ¿_____ ____ _____[1] usted?

ESTEBAN: ____ _____[2] Esteban. _____[3] gusto.

CARMEN: _____[4].

ALBERTO: Buenos días, profesora Martínez. ¿Cómo está _____[5]?

PROFESORA: Muy bien, _____[6]. ¿Y usted?

ALBERTO: Un poco _____[7].

▶ REPASO DE PALABRAS Y FRASES ÚTILES

Complete these conversations by choosing the most logical word or phrase from the list that follows.

Cómo	Cómo se llama	gracias	Hasta luego
Me llamo	Mucho gusto	Muy	Y usted

1.

2.

3.

4.

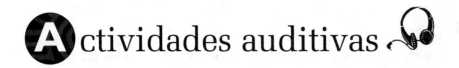ctividades auditivas

Listening Comprehension Strategies

The following strategies will help you work successfully with the **Actividades auditivas** and will increase your listening comprehension abilities. We are including strategies here with **Paso A,** then again with **Capítulo 2,** and again in **Capítulo 7.** In time, you will be able to develop your own strategies for working with this material. Follow these steps to prepare for success with your first listening comprehension experience.

- First, find a well-lit place—one where you can listen and write comfortably, without interruptions. Make sure you have the audio controls of your CD/audio player as well as the *Cuaderno* within easy reach.
- Do not start until you are thoroughly familiar with your CD/audio player and feel comfortable using it.
- Open your *Cuaderno* and find the segment you will be listening to.
- If you are ready, we can begin with the first segment, **A. Los amigos.**

❋ Los nombres de los compañeros de clase

A. Los amigos. Professor Martínez is asking the students their names.

- Now that you are ready to start: Look at the accompanying drawing(s) and make a mental note of what's depicted. Then read everything that is printed for the segment. In addition to helping you determine what is expected of you, this procedure will aid you in "creating" a context.
- Relax while listening. Let your mind create scenes that correspond to what you're hearing. Listen just to enjoy the exposure to the spoken language. This additional exposure will result in increased confidence in real-life situations.
- Before listening a second time, make sure you know exactly what information you need to listen for to answer the activity questions. As you listen, try to focus on this information.
- The drawing shows you Professor Martínez with four students and you are told to write their names in order. Listen and complete the task; the names are already given so you do not need to worry about spelling. For this task, a good strategy is to number the printed names (instead of attempting to write them down), so that you can keep up with the dialogue.

VOCABULARIO ÚTIL

pregunta   *asks*

La profesora Martínez les pregunta su nombre a los estudiantes.

❖   ❖   ❖

Listen to the dialogue between Professor Martínez and her students and write the names they mention in the order in which they are mentioned.

Students' names out of order: **Mónica, Carmen, Pablo,** and **Esteban.**

1. _____   2. _____   3. _____   4. _____

✳ ¿Quién es?

B. **¡Muchos estudiantes!** Alberto is a new student in Professor Martínez's Spanish class. He doesn't know the names of all his classmates yet, so Carmen is trying to help him.

 Now you are ready to go on. Again, look at the title and the drawing while you listen the first time to relax and enjoy the experience of hearing spoken Spanish. Then look at the **Vocabulario útil** section and read the introduction. Again you are to write some students' names, but this time you need to match each with a description of that person. Plan ahead for the second time you listen. A good strategy is to answer only two questions while listening this second time. This way, you will not feel that the speakers are leaving you behind. (Do remember that you may stop the CD/audio player any time you need to do so.) For instance, you may decide to answer only questions 2 and 4 to give you time to focus on listening for those answers. You can listen a third time to focus on the answers for questions 1 and 3. If you wish, or feel the need to do so, you may listen a fourth time to check your answers.

VOCABULARIO ÚTIL

conversan	*they are talking*
Pues…	*Well . . .*
estatura mediana	*medium height*

Alberto y Carmen conversan en la clase de español.

❖   ❖   ❖

(*Continúa.*)

Write the names of the people described.

The names out of order are: **Luis, Mónica, Nora,** and **Esteban.**

1. La chica de pelo rubio se llama _____.

2. El muchacho que lleva lentes es _____.

3. La muchacha de estatura mediana y pelo castaño se llama _____.

4. El muchacho de pelo rizado y negro es _____.

✳ Los colores y la ropa

C. **¿Qué ropa lleva?** Nora and Esteban are talking about the clothes that the other students and Professor Martínez are wearing today.

- On to segment C. **¿Qué ropa lleva?** Start by looking at the title and the drawing as you listen the first time. Remember to let your mind create scenes that correspond to what you are hearing. Before listening again, read everything printed for this segment. Next, think of a strategy: You are required to read several statements and decide if they are true or false according to what you hear. A strategy similar to the one just used will work here. Listen a second time and attempt to answer only questions 2 and 4. Listen a third time to answer questions 1 and 3. Remember that you can listen as many times as you like to answer the questions, to verify your answers, or simply to enjoy listening to the segments now that you understand them better.

  For this segment you may not need to listen more than twice, but this is a good time to learn to use and create strategies like deciding to answer only two or three questions at a time. As the material increases in difficulty, listening strategies will be quite useful.

- Now you are ready to go on by yourself. We hope this guide will prove useful for you when doing the rest of the segments in this chapter (**Paso A**) as well as when doing the other two **Pasos** and **Capítulo 1.** A similar guide is included with **Capítulos 2** and **7.**

VOCABULARIO ÚTIL

hablan	*they are talking*
pero	*but*
Oye	*Hey*
¡Es muy elegante!	*It's very elegant!*

Nora y Esteban hablan de la ropa que llevan los estudiantes y la profesora.

❖ ❖ ❖

Listen to the conversation and then indicate whether the following statements are true or false (**cierto [C] o falso [F]**).

1. _____ Lan lleva una blusa rosada.

2. _____ Alberto lleva pantalones grises y una camisa anaranjada.

3. _____ Luis lleva una chaqueta morada.

4. _____ La profesora Martínez lleva un abrigo azul muy feo.

✳ Los números (0–39)

D. ¿Cuántos estudiantes? Today in Professor Martínez's class the students are counting the number of students wearing the same color clothing.

VOCABULARIO ÚTIL

cuentan	*they are counting*
mismo	*the same*
pantalones vaqueros	*jeans*

La profesora Martínez y los estudiantes de español cuentan las personas que llevan ropa del mismo color.

❖ ❖ ❖

Indicate the number of students wearing each article of clothing mentioned.

1. _____ estudiante(s) lleva(n) blusa blanca.

2. _____ estudiante(s) lleva(n) camisa de color café.

3. _____ estudiante(s) lleva(n) pantalones vaqueros.

4. _____ estudiante(s) lleva(n) zapatos de tenis.

5. _____ estudiante(s) lleva(n) botas.

E. Los números. Professor Martínez is dictating numbers to her class today. Esteban is having problems understanding and asks her to repeat some numbers.

VOCABULARIO ÚTIL

¿Listos?	*Ready?*
Perdón	*Pardon me*
Más	*More*
solamente	*only*

La profesora Martínez practica los números con su clase de español.

❖ ❖ ❖

Listen to the interaction and write the numbers Professor Martínez dictates.

___ *9* ___ ___ *26* ___ ___ *34* ___ ___

✳ Los mandatos en la clase

F. Los mandatos en la clase de español. You will hear part of Professor Martínez's 8:00 A.M. Spanish class at the University of Texas in San Antonio. The students are participating in a Total Physical Response activity.

VOCABULARIO ÚTIL

un poco	*a little*
ejercicio	*exercise*
ahora	*now*
rápido	*fast*
¡Alto!	*Stop!*
por favor	*please*

La profesora Martínez le da instrucciones a su clase de español.

Professor Martínez's commands to the class are out of sequence. Number the commands from 1 to 8 in the order that you hear them.

_____ Caminen.   _____ Pónganse de pie.

_____ Canten «De colores».   _____ Siéntense.

_____ Corran.   _____ Digan «Buenos días».

_____ Salten.   _____ Bailen.

✳ Los saludos

G. Los saludos. Professor Martínez is greeting her students.

VOCABULARIO ÚTIL

saluda	*she greets*
¡Qué bueno!	*Wonderful!*
siempre	*always*

La profesora Martínez saluda a sus estudiantes.

¡Buenos días!

¿Cierto (**C**) o falso (**F**)?

1. _____ La profesora les dice «Buenos días» a los estudiantes.

2. _____ La profesora no está bien hoy.

3. _____ Luis está muy bien, y Mónica, excelente.

4. _____ Esteban siempre está muy mal.

H. Las despedidas. After class, Professor Martínez is saying good-bye
to her students.

¡Hasta mañana!

VOCABULARIO ÚTIL

Hasta mañana	*See you tomorrow*
Hasta pronto	*See you soon*
¡Nos vemos!	*We'll see you!*
¿Cómo se dice... ?	*How do you say . . . ?*
¡Hasta la próxima!	*Catch ya later!*

Después de la clase, la profesora Martínez se despide de sus estudiantes.

❖ ❖ ❖

Listen to the dialogue and number the «good-byes» in the order that you hear them.

_____ ¡Hasta la próxima!   _____ Nos vemos.   _____ Hasta pronto.

_____ ¡Hasta mañana!   _____ Adiós.   _____ Hasta luego.

Pronunciación y ortografía

Pronouncing and Writing Spanish: Preliminaries

NOTE: In this section of the text (and in **Ejercicios de pronunciación** and **Ejercicios de ortografía**),
only the actual exercise material will be heard on the audio program. You should stop and read the
introductions before doing the exercises.

Here are some preliminary pronunciation rules to help you pronounce Spanish words. They will be
especially useful if you need to pronounce a word you have not heard yet. Each rule will be explained in
more detail in subsequent pronunciation and orthographic exercises.

I.   VOWELS

The Spanish vowels are **a, e, i, o,** and **u.** They are pronounced as very short crisp sounds. Do not draw
them out as sometimes happens in the pronunciation of English vowels. The following vowel sounds are
approximate equivalents.

	SPANISH	ENGLISH
a	c<u>a</u>sa	f<u>a</u>ther
e	p<u>e</u>lo	w<u>ei</u>ght
i	s<u>í</u>	ch<u>ea</u>p
o	c<u>o</u>m<u>o</u>	wr<u>o</u>te
u	m<u>u</u>cho	L<u>u</u>ke

II. CONSONANTS

The pronunciation of most Spanish consonants is close to that of English. However, Spanish sounds are never exactly the same as English sounds. For this reason the following rules are offered only as guidelines.

A. The pronunciation of these consonants is almost identical in Spanish and English.

	SPANISH	SOUNDS LIKE ENGLISH			SPANISH	SOUNDS LIKE ENGLISH
ch	chile	chili		n	no	no
f	fuente	fountain		p	patio	patio
l	lámpara	lamp		s	sopa	soup
m	mapa	map		t	tiempo	time

B. These consonants have more than one pronunciation in Spanish, depending on the letter that follows.

	SPANISH	SOUNDS LIKE ENGLISH	ENGLISH MEANING
c	carro	k before **a, o, u**	car
c	círculo	s, or c before **e, i***	circle
g	general	h followed by **e, i**	general
g	gas	g followed by **a, o, u,** pronounced softer than in English	gas (element)
x	taxi	ks before a vowel	taxi
x	experto	s before a consonant	expert

C. The sounds of these Spanish consonants are almost identical to sounds in English that are represented by different letters.

	SPANISH	SOUNDS LIKE ENGLISH	ENGLISH MEANING
q	qué	k when followed by **ue, ui;** never kw	what
z	zoológico	s; never **z***	zoo

D. The sounds of these Spanish consonants are similar to English sounds that are represented by different letters.

	SPANISH	SOUNDS LIKE ENGLISH	ENGLISH MEANING
d	padre	father	father
j	ja ja	ha ha	ha ha
ll	llama	yes	call(s)
ñ	cañón	canyon	canyon

---

*In some regions of Spain, **c** before **e** or **i** and **z** are pronounced like the English th.

E. These Spanish sounds have no close or exact English equivalents.

	SPANISH	PRONUNCIATION	ENGLISH MEANING
b, v	ca<u>b</u>eza	Similar to English *b* but	*head*
	ca<u>v</u>ar	softer; lips do not always	*to dig*
		close. No difference	
		between *b* and *v*	
		in Spanish	
r	pa<u>r</u>a	Single tap of the tongue	*for*
rr	pe<u>rr</u>o	Trill	*dog*

F. In Spanish **h,** and **u** in the combination **qu,** are always silent.

	SPANISH	ENGLISH MEANING
h	ⱨablar	*to talk*
u *in* qu	qᵾe	*that*

✳ Ejercicios de pronunciación

RHYTHM AND INTONATION

A. Listen to the sentences in the following dialogues and note the difference between English stress-timed rhythm and Spanish syllable-timed rhythm. Note especially that each syllable in Spanish seems about equal in length when pronounced.

Hello, how are you?	Hola, ¿cómo está usted?
Fine, thanks. And you?	Muy bien, gracias. ¿Y usted?
I'm fine. Are you a friend of Ernesto	Estoy bien. ¿Es usted amigo de Ernesto
* Saucedo?*	Saucedo?
Yes, he's a very nice person and also very	Sí, es una persona muy simpática y muy
* intelligent.*	inteligente también.

B. Listen and then pronounce the following sentences. Concentrate on making the syllables equal in length.

1. Carmen lleva una chaqueta azul.
2. Luis tiene el pelo negro.
3. La profesora Martínez es muy bonita.

4. Alberto lleva una camisa verde.
5. Los pantalones de Nora son blancos.

Las descripciones

✳ Hablando con otros

Lea Gramática B.1.

A. Complete estos diálogos. Use **tú** o **usted** y **está** (polite) o **estás** (informal).

1. Dos amigos, Alberto y Nora, están en la universidad.

ALBERTO: Hola, Nora. ¿Cómo _____?

NORA: Bien, Alberto. ¿Y _____?

ALBERTO: Muy bien, gracias.

2. Esteban, un estudiante, y la profesora Martínez están en la oficina.

PROFESORA MARTÍNEZ: Buenos días, Esteban. ¿Cómo _____ _____?

ESTEBAN: Muy bien, profesora Martínez. ¿Y _____?

PROFESORA MARTÍNEZ: Bien, gracias.

3. El señor Pedro Ruiz habla con Ernestito, un niño pequeño.

SEÑOR RUIZ: Hola, Ernestito. ¿Cómo _____?

ERNESTITO: Bien, gracias. ¿Y _____?

SEÑOR RUIZ: Muy bien, gracias.

✳ Las cosas en el salón de clase y los números (40–69)

Lea Gramática B.2–B.4.

B. Diga qué cosas hay en su salón de clase y cómo son. Aquí tiene usted algunas palabras útiles.

blanco/a	fácil	moderno/a	pequeño/a
bonito/a	feo/a	negro/a	verde
difícil	grande	nuevo/a	viejo/a

MODELO: Hay una pizarra verde.

1. *Hay* _____

2. _____

3. _____

4. _____

5. _____

C. Cambie estas oraciones afirmativas a oraciones negativas. *Remember to place* **no** *before the verb.*

MODELO: Alberto es bajo. → *Alberto* **no** *es bajo.*

1. Carmen tiene el pelo largo. _____

2. Mónica es muy gorda. _____

3. Esteban tiene bigote. _____

4. Nora tiene barba. _____

5. Luis y Alberto son feos. _____

✳ El cuerpo humano

Lea Gramática B.5.

D. Complete correctamente.

1. En la _____ tenemos los _____, la _____ y

   la _____.

2. En la _____ tenemos el _____ y dos

   _____.

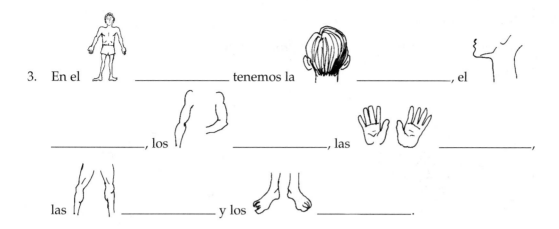

3. En el _____ tenemos la _____, el

_____, los _____, las _____,

las _____ y los _____.

✳ La descripción de las personas

Lea Gramática B.5.

E. Describa a dos personas de su familia o a dos compañeros de clase, un hombre y una mujer.

> MODELO: Mónica lleva un suéter amarillo y zapatos de tenis. Es alta. Tiene el pelo rubio y los ojos azules. Es inteligente y simpática.

Remember to use **tiene** (*has*) and **es** (*is*) with descriptions and **lleva** (*is wearing*) with clothing. Here are some words and phrases you might want to use.

tiene:	pelo castaño, pelo corto, pelo largo, pelo negro, pelo rubio, ojos azules, ojos castaños, ojos verdes, barba, bigote
lleva:	una blusa blanca, una falda nueva, pantalones cortos, un vestido bonito, zapatos de tenis
es:	divertido/a, entusiasta, generoso/a, idealista, reservado/a, tímido/a, trabajador(a)

1. _____

_____

_____

_____

_____

_____

2. _____

_____

_____

_____

_____

_____

▶ REPASO DE PALABRAS Y FRASES ÚTILES

Complete estas conversaciones con la palabra o frase apropiada según la situación.

Cuánto cuesta(n)…	gracias	tímido/a
divertido/a	perezoso/a	trabajador(a)

1.

2.

3.

4.

5.

6.

ctividades auditivas

✳ **Hablando con otros**

A. Conversaciones en la universidad. Listen to the following short conversations at the University of Texas in San Antonio. Note that some speakers are using polite (**usted**) and others are using informal (**tú**) forms of address.

VOCABULARIO ÚTIL

Varias	*A few*
El secretario	*Secretary*
Tengo	*I have*

Varias conversaciones en la Universidad de Texas en San Antonio

❖ ❖ ❖

Indicate whether each conversation is formal or informal by writing **tú** or **usted.**

1. _____ el secretario y la profesora Martínez

2. _____ el profesor López y la profesora Martínez

3. _____ los estudiantes Alberto Moore y Esteban Brown

4. _____ la profesora Martínez y su estudiante, Esteban

B. Los vecinos. Ernesto Saucedo is greeting Mrs. Silva, one of his neighbors.

VOCABULARIO ÚTIL

hoy	*today*
¡Qué amable!	*How nice of you!*

Ernesto Saucedo saluda a su vecina, la señora Rosita Silva.

❖ ❖ ❖

(Continúa.)

Listen to the dialogue and indicate which character is described by the following phrases: Ernesto (**E**), doña Rosita (**R**), or both (**los dos [LD]**).

1. ____ Lleva un vestido azul.

2. ____ Su corbata es elegante.

3. ____ Está bien.

4. ____ Es amable.

✳ Las cosas en el salón de clase y los números (40–69)

C. El primer día de clase. Ernestito is the eight-year-old son of Ernesto and Estela Saucedo. He has just returned from his first day at school this fall; his mother is asking about his classroom and the objects in it.

VOCABULARIO ÚTIL

la escuela	*school*
todos	*all*
tienen	*have*
tenemos	*we have*
la maestra	*teacher*

Estela Ramírez de Saucedo habla con su hijo Ernestito de su primer día en la escuela.

❖ ❖ ❖

Indicate which items are found in Ernestito's classroom by writing **Sí** or **No** under each drawing.

1. ____   2. ____   3. ____   4. ____

5. ____   6. ____   7. ____   8. ____

9. ____   10. ____   11. ____   12. ____

D. Las cosas en el salón de clase. Professor Martínez has asked the class to number drawings of classroom objects. Esteban has trouble following her instructions and asks for help. (*Attention:* Objects are not in order. Look for the object mentioned before writing the number underneath.)

VOCABULARIO ÚTIL

los dibujos	*drawings*
¿Comprenden?	*Do you understand?*
debajo de	*underneath*
finalmente	*finally*

La profesora Martínez habla de las cosas en el salón de clase.

❖ ❖ ❖

Write the numbers that Professor Martínez says in the blank below the appropriate drawing.

____   ____   ____   ____   ____   ____

✳ El cuerpo humano

E. Una actividad… ¡diferente! The students in Professor Martínez's class are doing a TPR activity.

VOCABULARIO ÚTIL

¡Alto!	*Stop!*
Tóquense	*Touch*
pónganse	*put*
rápidamente	*quickly*

La profesora Martínez le da instrucciones a su clase de español.

❖ ❖ ❖

(Continúa.)

Listen to what Professor Martínez says and number the parts of the body in the order that she mentions them in this TPR sequence.

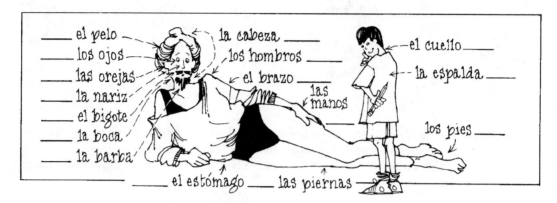

✳ La descripción de las personas

F. **El estudiante francés.** Nora and Mónica are talking about the new French foreign exchange student at the university.

VOCABULARIO ÚTIL

¡Qué romántico!	*How romantic!*
Es verdad	*That's true*
¡Qué lástima!	*What a pity!*

Nora y Mónica hablan de un estudiante francés.

❖ ❖ ❖

¿Cierto (**C**) o falso (**F**)?

1. _____ El chico se llama Pierre.

2. _____ Él es alto y delgado.

3. _____ Jean Claude habla francés y español.

4. _____ El (idioma) francés es muy romántico.

G. **¿Quién en la clase… ?** Professor Martínez is showing pictures to her class. She describes the people in the pictures and some of the students.

VOCABULARIO ÚTIL

las láminas	*pictures*
esta	*this*
hace preguntas	*asks questions*

La profesora Martínez describe láminas y a los estudiantes en la clase.

❖ ❖ ❖

Match the following people with their description in the dialogue. There may be more than one answer.

1. _____ Alberto

2. _____ Mónica

3. _____ Esteban

a. hace preguntas
b. cómica
c. tiene los ojos azules
d. alto, delgado

e. divertido
f. talentosa
g. tiene barba

✳ ¡A repasar!

H. Carmen necesita ropa nueva. Carmen Bradley is shopping at a store in a Hispanic neighborhood. She is trying to practice her Spanish by asking the clerk about prices.

VOCABULARIO ÚTIL

la tienda de ropa	*clothing store*
el vecindario hispano	*Hispanic neighborhood*
¿En qué puedo servirle?	*How may I help you?*
¿cuánto cuesta?	*how much does it cost?*
los precios	*prices*

Carmen Bradley está en una tienda de ropa en un vecindario hispano. Ella pregunta cuánto cuesta la ropa.

❖   ❖   ❖

Answer the following questions.

1. ¿Cuánto cuesta la falda blanca?   Cuesta $_____.

2. ¿Es grande o pequeña la blusa roja?   Es _____.

3. ¿Cuánto cuesta el vestido azul?   Cuesta $_____.

4. ¿Es corto o largo el vestido?   Es _____.

5. ¿Cómo es la ropa de la tienda?   Es muy _____.

Ⓟronunciación y ortografía

✳ Ejercicios de pronunciación

VOWELS

A. Vowels in Spanish are represented by five letters: **a, e, i, o,** and **u.** Listen to the vowel sounds in these words.

a   mes<u>a</u>, l<u>a</u>rgo, <u>a</u>zul, <u>a</u>brigo
e   caf<u>é</u>, cl<u>a</u>se, n<u>e</u>gro, muj<u>e</u>r
i   s<u>í</u>, t<u>i</u>za, l<u>i</u>bro, r<u>i</u>zado

o   man<u>o</u>, pel<u>o</u>, c<u>o</u>rt<u>o</u>, r<u>o</u>j<u>o</u>
u   l<u>u</u>z, bl<u>u</u>sa, m<u>u</u>cho, g<u>u</u>sto

(Continúa.)

All of the vowels in Spanish are relatively short, unlike the vowels in English. English has both short vowels (as in the words *hit, pet, sat, but*) and long vowels (as in the words *he, I, ate, who, do*). Notice that in English the word *go* is pronounced like *gow* and the word *late* as if it were *layte*. Such lengthening of vowel sounds, typical in English, does not occur in Spanish.

B. Listen and compare the following English and Spanish vowel sounds.

ENGLISH	SPANISH		ENGLISH	SPANISH
day	de		*low*	lo
say	sé		*mellow*	malo

C. Listen and then repeat the following words. Concentrate on producing short vowel sounds in Spanish.

a   tarde, amiga, camisa, mano, llama
e   camine, cante, pelo, presidente, generoso
i   idealista, inteligente, bonita, simpático, tímido
o   noche, compañero, ojo, otro, como, boca
u   pupitre, azul, su, usted, blusa

D. Now listen and pronounce the following sentences. Remember to produce short vowels and use syllable-timed rhythm.

1. Esteban es mi amigo.
2. Yo tengo dos perros.
3. Mi novio es muy guapo.

4. Nora es muy idealista.
5. Usted es una persona reservada.

✳ Ejercicios de ortografía[1]

INTERROGATIVES: ACCENT MARKS

When writing question words (*who?, where?, when?, why?, how?*) in Spanish, always use question marks before and after the question and write an accent mark on the vowel in the stressed syllable of the question word.

Listen and then write the question words you hear beside the English equivalents.

1. How? _____
2. What? _____
3. Who? _____

4. How many? _____
5. Which? _____

---
[1]Ejercicios... *Spelling Exercises*

Mi familia y mis amigos

Paso C

**A**ctividades escritas ✏️

✳️ La familia

Lea Gramática C.1, especialmente las secciones B y C.

A. Complete las oraciones con los nombres apropiados.

1. Los padres de mi padre (mis abuelos) se llaman _____ y

   _____.

2. Los padres de mi madre (mis otros abuelos) se llaman _____ y

   _____.

3. Mi padre se llama _____.

4. Mi madre se llama _____.

5. El hermano / La hermana de mi padre (mi tío/a) se llama _____. Es

   _____ (casado/a, soltero/a). Tiene _____ hijos (mis primos). Se

   llaman _____.

6. El otro hermano / La otra hermana de mi padre (mi tío/a) se llama _____ y

   es (casado/a, soltero/a). Tiene _____ hijos (mis primos). Se llaman _____

   _____.

7. Yo me llamo _____. Soy _____ (soltero/a, casado/a).

8. Tengo _____ hermanos. Se llaman _____.

B. Ahora describa a los miembros de su familia.

   MODELO: ¿Mi papá? → *Es inteligente y generoso.*

   | cómico/a | generoso/a | inteligente | reservado/a | sincero/a |
   | divertido/a | idealista | moderno/a | simpático/a | ¿ ? |

1. ¿Mi hermano/a? _____

2. ¿Mi esposo/a (novio/a)? _____

3. ¿Mi mamá? _____

4. ¿Mi abuelo/a? _____

5. ¿Mi hijo/a (sobrino/a)? _____

✳ ¿Qué tenemos?

Lea Gramática C.1–C.2.

C. ¿De quién son estas cosas?

MODELO: Los pantalones viejos *son de Guillermo.*

Guillermo

1. La profesora

2. Graciela

3. Ernestito

1. El libro de español _____

2. El vestido nuevo _____

3. Los zapatos de tenis _____

4. Carmen

5. doña Lola

6. Pablo

4. El coche deportivo nuevo _____

5. Los perros _____

6. Las plantas _____

D. Diga quién en su familia tiene estas cosas. Use **tengo, tiene, tienen, tenemos.**

> MODELO: Mi hermano → *Mi hermano tiene un coche.*

botas negras	un sombrero viejo	una casa vieja
muchos libros	un suéter blanco	una chaqueta anaranjada
pantalones azules	una bicicleta roja	una falda nueva
un coche nuevo		

1. Yo _____

2. Mi papá _____

3. Mi mamá _____

4. Mis hermanos/as _____

5. Mi hermano y yo _____

✳ Los números (10–100) y la edad

Lea Gramática C.3.

E. Diga la edad.

> MODELO: ¿Cuántos años tiene su padre? → *Mi padre tiene cincuenta y nueve años.*

1. ¿Cuántos años tiene usted?

   _____

2. ¿Cuántos años tiene su profesor(a)?

   _____

3. ¿Cuántos años tiene su hermano/a o su hijo/a?

   _____

4. ¿Cuántos años tiene su mejor amigo/a?

   _____

5. ¿Cuántos años tiene su madre o su padre?

   _____

F. ¿Cómo se escribe el total?

> MODELO: veinticinco + veinticinco = _C I N C U E N T A_ = _50_

1. treinta y cinco + treinta y cinco = __ __ __ __ __ __ __ = __

2. setenta y uno + cinco + catorce = __ __ __ __ __ __ __ = __

3. diez + cincuenta + veinte = __ __ __ __ __ __ __ = __

4. ochenta y dos + ocho + diez = __ __ __ __ = __

SUMA TOTAL = _340_

✳ Los idiomas y las nacionalidades

Lea Gramática C.4–C.5.

G. Complete las oraciones con palabras que describan el idioma, la nacionalidad o el país.

> MODELO: Gabriel García Márquez es de Colombia y habla ___*español*___.

1. Steffi Graff es una tenista _____ y habla _____.

2. Hosni Mubarak, el primer ministro de Egipto, es _____ y habla

   _____.

3. En Tokio hablan _____; es la capital de _____.

4. En Roma hablan _____; es la capital de _____.

5. Nelson Mandela es _____ y habla _____ y xhosa.

6. Madrid es una ciudad _____; es la capital de _____.

7. En Inglaterra, los Estados Unidos y Australia hablan _____.

8. Celine Dion es canadiense. Habla _____ y _____.

H. Diga si son ciertas (**C**) o falsas (**F**) estas afirmaciones. Si son falsas, diga por qué.

> MODELO: Pilar dice: «Tengo un coche alemán y hablo alemán.» →
> *F. Pilar habla alemán, pero no tiene coche.*

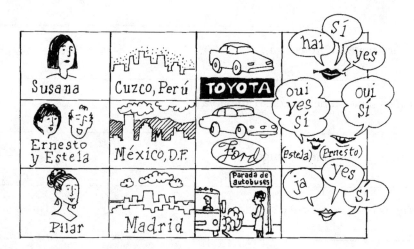

1. _____ La mujer que tiene un Toyota es de Bogotá, Colombia, y habla tres idiomas.

   _____

2. _____ La mujer que habla alemán es de Madrid.

   _____

3. _____ El hombre de México no habla francés, pero habla inglés y español.

   _____

4. ____ Estela y Ernesto Saucedo dicen: «Los dos hablamos francés, pero Ernesto no habla inglés.»

_____

5. ____ Susana dice: «Tengo un coche japonés, pero no hablo japonés.»

_____

▶ REPASO DE PALABRAS Y FRASES ÚTILES

Complete las conversaciones con la frase adecuada según la situación. Use todas las frases.

apellido   Cómo cambia el mundo   De quién es/son…   Perdón

1.

2.

3.

4.

Resumen cultural

Repase **Sobre el artista,** las cronologías y ¡Ojo! de los **Pasos A, B** y **C.** Luego complete cada oración con un nombre, una palabra o una frase de la lista.

el apellido de la madre	Fernando Botero	Fernando Valenzuela 2000
el apellido del padre	los indígenas cuna	Sergio Velázquez
Antonio Banderas	los indígenas nicaraos	1914

1. _____ de Panamá son famosos por sus molas, de muchos colores.

2. _____ es un artista de Nicaragua que pinta mujeres gordas.

3. _____ es un artista colombiano que también pinta figuras gordas.

4. En el nombre Raúl Saucedo Muñoz, Saucedo es _____.

5. En el nombre Raúl Saucedo Muñoz, Muñoz es _____.

6. Panamá asume control del canal en el año _____.

Actividades auditivas

✳ **La familia**

A. La familia de Luis. Luis Ventura is talking about his family with Professor Martínez.

VOCABULARIO ÚTIL

travieso	*mischievous*
en total	*total, in all*

Luis Ventura habla de su familia con la profesora Martínez.

❖ ❖ ❖

Escriba los nombres de los padres y los hermanos de Luis.

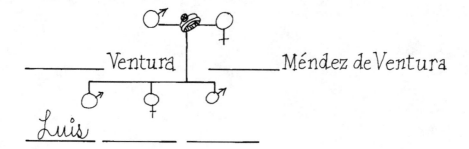

B. **El álbum de fotos.** Professor Martínez brought her photo album to class and is now showing photos of her relatives to her students.

VOCABULARIO ÚTIL

muestra	*shows*
calvo	*bald*
la novia	*girlfriend*
¡Qué pena!	*Oh, darn!; What a bummer!*
querida	*dear*

La profesora Martínez le muestra su álbum de fotos a la clase.

❖ ❖ ❖

¿Quiénes son los parientes de la profesora Martínez? Indique qué pariente es al lado de cada nombre en el álbum de fotos: el sobrino, la mamá o el hermano.

✳ ¿Qué tenemos?

C. Después de la fiesta. Álvaro and Lisa Ventura, Luis's parents, are cleaning up their house the morning after a party. Many of their son's friends attended the party and forgot some of their belongings.

VOCABULARIO ÚTIL

A ver...	*Let's see . . .*
Creo que	*I believe that; I think that*
la bolsa	*purse*
los lentes de sol	*sunglasses*

Álvaro y Lisa Ventura están en su casa después de una fiesta. Hay muchas cosas de los amigos de Luis.

❖ ❖ ❖

Diga qué cosas hay en casa de los señores Ventura y de quiénes son.

          COSAS   ES/SON

1. La _____ _____ de Alberto.

2. La _____ _____ de Mónica.

3. El _____ _____ de Carmen.

4. Los _____ _____ de Esteban.

✳ Los números (10–100) y la edad

D. En la tienda de ropa. Carla Espinosa and Rogelio Varela are students at the University of Puerto Rico, Río Piedras campus. Today they are taking inventory in the clothing store El Encanto, where they work.

VOCABULARIO ÚTIL

los dependientes	*salespeople, clerks*
exactamente	*exactly*
todos	*all*
¡a descansar!	*let's rest!*

Carla Espinosa y Rogelio Varela son estudiantes en la Universidad de Puerto Rico en Río Piedras. También son dependientes en la tienda de ropa El Encanto.

❖ ❖ ❖

Escuche la conversación e indique la cantidad de cada artículo de ropa que Carla y Rogelio cuentan.

1. _____ pantalones

2. _____ camisas

3. _____ blusas

4. _____ faldas

5. _____ trajes para hombre

6. _____ vestidos

7. _____ pantalones cortos

8. _____ pantalones largos

E. La edad de los estudiantes. Professor Martínez asks her students how old they are.

VOCABULARIO ÚTIL

menos	*fewer; less*
la pregunta	*question*
treinta y… muchos	*thirty plus*

La profesora Martínez habla de la edad con sus estudiantes.

Escriba el nombre y la edad de cada persona mencionada en la conversación.

PERSONA   EDAD

1. _____   _____ años.

2. _____   _____ años.

3. _____   _____ años.

4. _____   _____

✳ Los idiomas y las nacionalidades

F. El Club Internacional. There is an International Club at the University of Texas in San Antonio. Students from different countries meet at this club to share ideas about their cultures. Professor Martínez and her friend, Professor Alejandro López, are attending a Club party.

VOCABULARIO ÚTIL

Oye	*Listen*
cerca de	*near*
se comunican	*they communicate*
los mexico-americanos	*Mexican Americans*

Hay un Club Internacional en la Universidad de Texas en San Antonio. Ahora la profesora Martínez y el profesor López están en una fiesta del Club.

(*Continúa.*)

Complete la tabla con la información del diálogo. Los nombres de los estudiantes son **Petra**, **Nora**, **Hugo**, **Vikki**, **Esteban** y **Brigitte**.

	NOMBRE	DESCRIPCIÓN	NACIONALIDAD
1.	*Petra*	*mediana, pelo rubio*	
2.		*pelo castaño*	*argentino*
3.	*Vikki*		
4.			*francesa*
5.	*Nora*	*estudiante de la profesora Martínez*	
6.			*norteamericano*

✳ ¡A repasar!

G. Las corbatas del abuelo

VOCABULARIO ÚTIL

elegantes	*sophisticated, elegant*
feas	*ugly*
el gusto	*taste*
la moda	*style, fashion*
como tú	*like you*

Susana Yamasaki de González tiene dos hijos y vive con sus padres en Lima, Perú. Ahora conversa con su hijo menor, Andrés, que tiene nueve años.

¿Cierto (**C**) o falso (**F**)?

1. _____ El abuelo de Andrés tiene corbatas amarillas, rosadas, azules y anaranjadas.

2. _____ El abuelo tiene gusto de viejo.

3. _____ El abuelo tiene 62 años.

4. _____ Para Andrés, la moda de muchos colores es moda japonesa.

5. _____ La ropa negra es la ropa de moda de los jóvenes peruanos.

Pronunciación y ortografía

✳ **Ejercicios de pronunciación**

PRONUNCIACIÓN: **ll, ñ, ch**

The letter **ll** (**elle**) is pronounced the same as the Spanish letter **y** by most speakers of Spanish and is very similar to the English *y* in words like *you, year*.

A. Listen and then pronounce the following words with the letter **ll**.

> llama, amarillo, lleva, ellas, silla

The letter **ñ** is very similar to the combination *ny* in English, as in the word *canyon*.

B. Listen and then pronounce the following words with the letter **ñ**.

> castaño, niña, señor, año, compañera

The combination **ch** is considered a single letter in Spanish. It is pronounced the same as *ch* in English words such as *chair, church*.

C. Listen and then pronounce the following words with the letter **ch**.

> chico, chaqueta, muchacha, ocho

D. Concentrate on the correct pronunciation of **ll, ñ,** and **ch** as you listen to and pronounce these sentences.

1. La niña pequeña lleva una blusa blanca y una falda amarilla.
2. La señorita tiene ojos castaños.
3. Los niños llevan chaqueta.
4. El niño alto se llama Toño.
5. El chico guapo lleva una chaqueta gris.

✳ **Ejercicios de ortografía**

NEW LETTERS: **ll, ñ, ch**

A. Listen and write the words you hear with the letter **ñ**.

1. _____   3. _____   5. _____

2. _____   4. _____

B. Now listen and write the words you hear with the letter **ll**.

1. _____   3. _____   5. _____

2. _____   4. _____

C. Listen and write the words you hear with the letter **ch.**

1. _____ 3. _____ 5. _____

2. _____ 4. _____

ideoteca 📼

✳ Escenas culturales

Panamá

VOCABULARIO ÚTIL

istmo	*isthmus*
une	*connects*
interoceánico/a	*interoceanic*
el mar Caribe	*Caribbean sea*
el Océano Pacífico	*Pacific Ocean*
las edificaciones	*constructions*

Lea estas preguntas y luego vea el video para contestarlas.

1. Panamá es el istmo que _____.

   a. une a América Central con el mar Caribe
   b. une a América Central con América del Sur
   c. une a Panamá con América Central

2. La gente de Panamá es muy _____.

   a. agresiva   b. tacaña   c. simpática

Nicaragua

VOCABULARIO ÚTIL

el terremoto	*earthquake*
el mercado artesanal	*craft market*
la arquitectura colonial	*colonial architecture*
los volcanes	*volcanos*
el lago	*lake*
las islas habitadas	*inhabited islands*
la poesía	*poetry*
sencillo/a	*uncomplicated*
valiente	*brave*

Lea estas preguntas y luego vea el video para contestarlas.

3. La capital de Nicaragua es _____.

   a. Granada   b. Masaya   c. Managua

4. Una ciudad de arquitectura colonial es _____.

   a. Granada   b. Masaya   c. Momotombo

5. Nicaragua tiene más de _____ volcanes.

   a. 14   b. 40   c. 60

Colombia

VOCABULARIO ÚTIL

la capital	*capital (city)*
la economía estable	*stable economy*
la industria textil	*textile industry*
la playa	*beach*
el valle	*valley*
la montaña	*mountain*
el carnaval	*carnival*
el desfile	*parade*
el festival	*festival*
el baile	*dance*

Lea estas preguntas y luego vea el video para contestarlas.

6. La capital de Colombia es _____.

   a. Medellín   b. Bogotá   c. Cartagena

7. _____ son elementos muy importantes en la cultura de Colombia.

   a. El drama y la política
   b. Los carnavales y las montañas
   c. La música y el baile

✳ Escenas en contexto

Sinopsis

Un niño de seis años y su madre hablan con una nueva vecina.

VOCABULARIO ÚTIL

encantada	*pleased (to meet you)*
bienvenido/a	*welcome*

Lea estas preguntas y luego vea el video para contestarlas.

(Continúa.)

A. ¿Cierto (**C**) o falso (**F**)?

1. _____ El niño se llama Roberto.

2. _____ La nueva vecina se llama Mariela Castillo.

3. _____ Mariela Castillo es soltera.

4. _____ La madre del niño se llama Margarita Saucedo.

B. Complete con la información correcta.

1. El niño se llama _____.

2. Describa a la nueva vecina. Es _____.

3. Describa a la madre. Es _____.

Los datos personales y las actividades

Capítulo 1

Actividades escritas

※ Las fechas y los cumpleaños

Lea Gramática 1.1.

A. Escriba la fecha de nacimiento de estas personas.

> MODELO: Adriana: 17 de abril →
> *Adriana nació el diecisiete de abril de mil novecientos setenta y uno.*

1. Silvia _____

2. Alberto _____

3. Pablo _____

4. Mónica _____

5. Esteban _____

Ahora diga cuándo es el cumpleaños de algunos miembros de su familia.

> MODELO: Mi *tío* Paul nació el *catorce de abril.*

1. _____

2. _____

3. _____

¿Y cuándo nació usted? Yo nací _____

B. ¿Qué fechas son éstas? Escriba los números.

1. Cortés conquistó a los aztecas en _____ (mil quinientos veintiuno).

2. La fecha de la independencia de varios países de América Latina es _____ (mil ochocientos veintiuno).

3. Los Estados Unidos nació en _____ (mil setecientos setenta y seis).

4. El año de las Olimpíadas en Atenas, Grecia, es _____ (dos mil cuatro).

5. En mi opinión, el año más importante es 19 ___ ___ (mil novecientos _____ _____), porque yo nací en ese año.

✳ Datos personales: El teléfono y la dirección

Lea Gramática C.5, 1.2–1.3.

C. Hágales preguntas a estas personas.

> MODELO: profesora Martínez / hablar: ¿*Habla* (*usted*) *francés, profesora Martínez?*

1. Esteban / estudiar español: _____

2. Nora y Luis / leer novelas: _____

3. profesor(a) / vivir en una casa: _____

4. Pablo / comer en la cafetería: _____

5. profesora Martínez / cantar: _____

D. Ernestito le hace preguntas a su madre, Estela. Use la siguiente información para formar las preguntas de Ernestito. No olvide (*Don't forget*) usar estas palabras: **¿cuándo?, ¿cómo? ¿cuántos?, ¿dónde?** y **¿qué?**

> MODELO: El esposo de doña Rosita se llama Ramiro.
>
> Mamá, ¿cómo se llama el esposo de doña Rosita?

1. Amanda tiene 15 faldas. _____

2. Don Anselmo vive en la calle Lorenzo. _____

3. El novio de Amanda se llama Ramón. _____

4. El padre de Ernestito habla francés y español. _____

5. Mañana es el cumpleaños de Guillermo. _____

E. Lea el modelo que describe a Estela Ramírez de Saucedo.

> MODELO: Nombre: *Estela Ramírez de Saucedo*
> Dirección: *Avenida Juárez 457*
> Ciudad: *México, D.F.*   País: *México*
> Teléfono: *5-66-79-83*
> Edad: *35 años*
> Estado civil: *casada (Ernesto)*
> Hijos: *tres (Amanda, Guillermo, Ernestito)*
>
> El nombre de mi amiga es Estela Ramírez de Saucedo. Tiene 35 años. Es de México y vive en la capital, México, D.F., con su esposo Ernesto, en la Avenida Juárez, número 457. Su número de teléfono es el 5-66-79-83. Tiene tres hijos: Amanda, Guillermo y Ernestito.

Ahora use la descripción de Estela para describir a Silvia Alicia Bustamante Morelos.

Nombre: *Silvia Alicia Bustamante Morelos*
Dirección: *Paseo de la Reforma número 5064, Apartamento 12*
Ciudad: *México, D.F.*   País: *México*
Teléfono: *5-62-03-18*
Edad: *21 años*
Estado civil: *soltera*
Hijos: *no tiene*

_____

_____

_____

_____

_____

F. Lea el modelo y luego describa a un miembro de su familia. Use una hoja de papel aparte (*separate sheet of paper*) y escriba de 8 a 10 oraciones (*sentences*) sobre esta persona.

MODELO: Mi hermana se llama Gloria Álvarez Cárdenas. Es alta y bonita. Tiene el pelo rubio y los ojos castaños. Tiene 23 años y su cumpleaños es el 29 de enero. Gloria es idealista, entusiasta y generosa. Estudia psicología en la Universidad Complutense de Madrid y le gusta mucho tomar café y observar a la gente (las personas). A ella también le gusta mucho hablar por celular con sus amigos. Su número de móvil (teléfono celular) es el 9–15–61–39–45. Vive en un piso (apartamento) pequeño. Yo vivo allí también. Nuestra dirección es Calle Almendras, número 481.

✳ La hora

Lea Gramática 1.4.

G. Escriba la hora apropiada.

MODELOS: 6:30 → *Son las seis y media.*

1:50 → *Son las dos menos diez.*

1. 9:00 _____
2. 8:15 _____
3. 9:47 _____
4. 3:30 _____
5. 11:20 _____
6. 12:00 _____
7. 1:05 _____
8. 4:45 _____
9. 8:58 _____
10. 6:55 _____

H. Conteste las preguntas usando la teleguía que aparece en la siguiente página. Si es después del mediodía, ponga la hora de dos maneras. Mire el modelo.

MODELO: ¿A qué hora es *Corazón de verano*? →
Es a las 14:30 o a las dos y media de la tarde.

TV1		TV2	
9:30	**Dora la exploradora.** Dibujos animados	9:30	**Los pueblos**
10:00	**Digimon.** Las aventuras de los digimons y las niñas	10:00	**Paraísos cercanos, Isla Mauricio**
10:30	**El joven Hércules.** Serie	11:00	**La película de la mañana.** Todo sobre el amor (España 82 minutos)
11:15	**Los rompecorazones.** Episodio 182	12:30	**Vuelta ciclista de España**
12:05	**Andrómeda.** Serie. No recomendada para menores de 7 años	16:00	**China salvaje.** Los insectos de China
13:05	**Los vigilantes de la playa en Hawaii.** Marcas en la arena. Para todos los públicos	17:00	**Luchando por los animales.** Mujeres y animales
14:00	**Informativo territorial**	17:30	**Norte-Sur.** Se presentan Palestina, Chad y Mozambique
14:30	**Corazón de verano**	18:30	**Lizzie McGuire.** Aventuras en Roma
15:00	**Telediario**	19:10	**El espacio infinito.** Episodio 10. Guerreros alienígenas
16:00	**El tiempo**	20:00	**Informativo territorial**

1. ¿A qué hora es *Los vigilantes de la playa en Hawaii*?

   _____

2. ¿A qué hora es *El joven Hércules*?

   _____

(Continúa.)

3. ¿A qué hora es *El espacio infinito*, Episodio 10?

_____

4. ¿A qué hora es *China salvaje, Los insectos de China*?

_____

5. ¿A qué hora es *Dora la exploradora*?

_____

✳ Las actividades favoritas y los deportes

Lea Gramática 1.5.

I. Diga qué les gusta hacer a estas personas.

MODELO:

Pablo

A Pablo le gusta *trabajar en el jardín*.

1.

Alberto

A Alberto le gusta _____.

2.

Carmen y Esteban

A Carmen y a Esteban les gusta _____.

3.

Lan

A Lan le gusta _____.

4.

Luis

_____.

5.

Mónica

_____.

J. ¿Qué dicen estas personas? Complete con la forma apropiada de **gustar.**

MODELO:

(*Continúa.*)

K. Lea el modelo y luego describa sus actividades favoritas. Use una hoja de papel aparte y escriba de 8 a 10 oraciones.

MODELO: Hola, soy Ricardo Sícora. Vivo en Caracas, Venezuela. No tengo mucho tiempo libre porque soy estudiante y también trabajo 20 horas por semana. De noche me gusta intercambiar mensajes electrónicos con mis amigos y jugar videojuegos. Los fines de semana, me gusta salir a bailar con mis amigos en una discoteca cerca de mi casa y después tomar un café. Los sábados por la mañana me gusta andar en patineta o jugar al fútbol en algún parque de la ciudad. Los domingos por la mañana me gusta dormir hasta las 11:00. Por la tarde me gusta pasar tiempo con mi familia, salir a cenar o visitar a mis tíos. Durante las vacaciones me gusta ir a la playa y nadar y bucear. Las playas de Venezuela son muy bonitas.

Nombre _____ Fecha _____ Clase _____

▶ REPASO DE PALABRAS Y FRASES ÚTILES

Complete estas conversaciones correctamente con la frase u oración apropiada según la situación.

Cómo se escribe	no comprendo	pasado mañana	Qué hora tiene
es temprano	No lo creo	por favor	Ya es tarde

1.

2.

3.

4.

5.

6.

Resumen cultural

Complete cada oración con un nombre, una palabra o una frase de la lista.

los Andes	España	Rigoberta Menchú	la Revolución
Barcelona	Florida	José Clemente	Mexicana
el básquetbol	el fútbol	Orozco	Diego Rivera
el béisbol	Casimiro González	el obrero	la Sierra Nevada
las costumbres	Guantánamo	el Premio Nóbel	David Alfaro
mexicanas	La Habana	de la Paz	Siqueiros
Cuba	la Independencia	la República	
los deportes	de México	Dominicana	
mexicanos	Frida Kahlo		

Son las once y media de la noche.   Son las ocho y media de la noche.

1.   En 1898 los Estados Unidos le declaran la guerra a _____.

2.   En 1902 los Estados Unidos establece una base naval en _____, Cuba.

3.   Otra palabra para **baloncesto** es _____.

4.   _____ es una activista guatemalteca. En 1992 recibió

     _____.

5.   _____ es el deporte más popular en el Caribe.

6.   Los tres muralistas mexicanos más famosos son _____,

     _____ y _____.

7.   Los temas del arte de Diego Rivera son _____, _____

     y _____.

8.   _____ es una pintora mexicana famosa por sus autorretratos surrealistas.

9.   En España se puede esquiar en _____.

10. ¿Qué hora es? (20:30) _____.

Nombre _____ Fecha _____ Clase _____

ctividades auditivas

✳ Los amigos animados

A. La música en KSUN, Radio Sol

Mayín Durán habla de la música en KSUN,
Radio Sol de California.

❖ ❖ ❖

¿Qué tipos de música tienen en KSUN? Escriba **Sí** o **No.**

1. _____ rock

2. _____ argentina

3. _____ italiana

4. _____ jazz

5. _____ clásica

6. _____ romántica

7. _____ española

8. _____ mexicana

B. En el parque

Doña Lola Batini y don Anselmo Olivera
hablan de las personas en el parque.

❖ ❖ ❖

(Continúa.)

Identifique a estas tres personas. ¡Cuidado! Hay más de una respuesta posible.

1. _____ doña Rosita Silva

2. _____ Pedro Ruiz

3. _____ Clarisa

    a. Tiene seis años.
    b. Tiene dos hijas.
    c. Es la hija mayor.
    d. Lleva lentes.
    e. Lleva un vestido morado.

✳ Las fechas y los cumpleaños

¿Cuándo nació usted?

C. Los cumpleaños

La profesora Martínez habla con los estudiantes de las fechas de sus cumpleaños.

❖ ❖ ❖

Escriba la fecha de cumpleaños de estas personas.

FECHA DE CUMPLEAÑOS

1. Carmen   _____

2. Alberto   _____

3. Esteban   _____

4. La profesora   _____

✳ Datos personales: El teléfono y la dirección

D. Información, por favor

Pilar Álvarez es una chica española de 22 años. En la mañana Pilar estudia en la Universidad Complutense de Madrid; por la tarde trabaja de operadora en la Compañía Telefónica de Madrid. Ahora está en su trabajo.

❖ ❖ ❖

Escuche a Pilar y escriba los números de teléfono.

NÚMERO DE TELÉFONO

1. Ricardo Puente Arce: ___-___ ___-___ ___-___ ___

2. Melisa Becker López: ___-___ ___-___ ___-___ ___

3. Colegio Mayor Castilla: ___-___ ___-___ ___-___ ___

¿Cuál es la dirección del Colegio Mayor Castilla?

4. La dirección es _____ Goya, número _____.

✳ La hora

E. ¿Qué hora es?

VOCABULARIO ÚTIL

vamos a practicar	*we are going to practice*
en punto	*on the dot / exactly*

La profesora Martínez practica la hora con su clase. Ella tiene dibujos de varios relojes.

❖ ❖ ❖

Escuche el diálogo y escriba la hora en el reloj.

1.   2.   3.

4.   5.

F. Silvia en la terminal de autobuses

VOCABULARIO ÚTIL

sale	*leaves*
el próximo	*the next*
Para servirle	*At your service*
la salida	*departure*
cada hora	*each (every) hour*

Los fines de semana Silvia Bustamante trabaja en una terminal de autobuses. Ahora Silvia está hablando con unos clientes.

❖ ❖ ❖

(Continúa.)

Escriba en los espacios en blanco la hora de salida de los autobuses.

HORA DE SALIDA

1. Durango _____

2. Puebla _____

3. Monterrey _____ y _____

4. Guadalajara _____

✳ Las actividades favoritas y los deportes

G. Las actividades de la profesora

VOCABULARIO ÚTIL

las montañas   *mountains*
enseñar   *to teach*

La profesora Martínez habla con los estudiantes de sus actividades favoritas.

❖   ❖   ❖

Diga a quién le gusta hacer estas actividades: a Lan (**LA**), a Luis (**LU**) o a la profesora Martínez (**PM**).

1. _____ leer

2. _____ andar en bicicleta

3. _____ montar a caballo

4. _____ tocar el piano

5. _____ enseñar español

H. La nueva amiga de Guillermo

VOCABULARIO ÚTIL

travieso   *mischievous*
extraña   *strange*
contigo/conmigo   *with you / with me*

Guillermo es un adolescente de 12 años. Tiene una nueva amiga muy bonita. Se llama Marimar. Ella es muy curiosa y hace muchas preguntas.

Conteste las preguntas correctamente.

1. ¿Cómo se llama la hermana mayor de Guillermo?

    _____

2. ¿Cuántos años tiene el hermano menor de Guillermo?

_____

3. ¿Qué le gusta hacer a Amanda? (una actividad)

   _____

4. ¿Qué le gusta hacer a Ernestito? (una actividad)

   _____

5. Y a Guillermo, ¿qué le gusta hacer? (dos actividades)

   _____

   _____

✳ ¡A repasar!

I. Radio Sol… ¡su estación favorita!

VOCABULARIO ÚTIL

la estación	*station*
la promoción	*promotion*
reciben	*they receive*
la emisora	*radio station*
la llamada	*call*

Hoy KSUN, Radio Sol de California, hace una promoción especial. Las personas que llaman de las 9:00 a las 9:30 de la mañana reciben una camiseta con el nombre de la emisora.

❖　❖　❖

Llene los espacios en blanco con la información apropiada.

Nombre: *Carlos Medrano* _____

Música favorita: _____

Color favorito: _____

Dirección: *Calle Sepúlveda* _____ Número
                Calle

Camiseta (pequeña, mediana, grande): _____

Nombre: *Leti Valdés* _____

Música favorita: _____

Color favorito: _____

Dirección: *Avenida Manchester* ____ Número
                Calle

Camiseta (pequeña, mediana, grande): _____

Pronunciación y ortografía

✳ Ejercicios de pronunciación

PRONUNCIACIÓN: **r**

The Spanish **r** is not at all like the American English *r*. In Spanish there are two basic **r** sounds: one is a trill, the double **r** (**rr**); and the other is a tap, the single **r** (**r**).

A. Listen and then pronounce the following words with double **r** (**rr**).

cie<u>rr</u>e, bo<u>rr</u>ador, piza<u>rr</u>a, pe<u>rr</u>o, co<u>rr</u>ecto

If the letter **r** begins a word, it is usually pronounced with a trill. Note that at the beginning of a word, a trill is written as a single **r** rather than as a double **r**.

B. Listen and then pronounce the following words that begin with a trill.

<u>r</u>izado, <u>r</u>oja, <u>r</u>ubia, <u>r</u>eloj, <u>r</u>eservado, <u>r</u>opa

Remember that in Spanish the double **r** and the single **r** at the beginning of a word are trilled. Most other **r**'s are pronounced as a tap, that is, the tongue strikes the roof of the mouth lightly. It is very similar to the way Americans pronounce some *d*'s and *t*'s (which sound very much like *d*'s) in the middle of words: *butter, pretty, water, latter, ladder, body.* Say the expression *pot of tea* very quickly and pay attention to the *t* of *pot.*

C. Listen and then pronounce the following words with Spanish single **r**.

mi<u>r</u>e, na<u>r</u>iz, pe<u>r</u>o, o<u>r</u>ejas, cla<u>r</u>o, ca<u>r</u>a, ho<u>r</u>a

D. Now practice the same sound when the letter appears at the end of the word.

baila<u>r</u>, docto<u>r</u>, cocina<u>r</u>, habla<u>r</u>, ve<u>r</u>, lee<u>r</u>, mayo<u>r</u>, meno<u>r</u>, tene<u>r</u>, mejo<u>r</u>, se<u>r</u>

E. Listen to the following sentences and then pronounce them, concentrating on producing **r** and **rr** correctly. Don't forget to pronounce the vowels short and to use syllable-timed rhythm.

1. Cierre la puerta.
2. Luis tiene el pelo rizado.
3. El perro de Carlos es muy grande.

4. —¿Qué hora es?
   —No tengo reloj.
5. Miren arriba.

✳ Ejercicios de ortografía

Write the words you hear, paying attention to the single and double **r** sounds and how they are written.

1. _____
2. _____
3. _____
4. _____
5. _____

6. _____
7. _____
8. _____
9. _____
10. _____

ideoteca 📼

✳ Los amigos animados

Vea la sección **Los amigos animados** de las **Actividades auditivas** para hacer la actividad correspondiente.

✳ Escenas culturales

Cuba

VOCABULARIO ÚTIL

las Antillas	*Antilles*
el Paseo del Malecón	*Wharf Walk*
concurrido/a	*crowded*
la riqueza cultural	*cultural wealth*
el son cubano	*Cuban "son" music*
el bolero	*type of Cuban music*

Lea estas preguntas y luego vea el video para contestarlas.

(Continúa.)

1. El nombre original de La Habana es _____.

   a. La Habana de Cuba
   b. San Cristóbal de la Habana
   c. La Habana de Cristóbal Colón

2. La Habana Vieja es un centro histórico de _____.

   a. muchas construcciones coloniales
   b. mucha música cubana
   c. muchas playas bonitas

✳ Escenas en contexto

Sinopsis
Roberto y Martín esperan (*wait*) a alguien en el parque.

VOCABULARIO ÚTIL

ya	*already*
debe estar	*(she) should be*
no todavía	*not yet*
temprano	*early*
¿qué onda?	*what's up?*

Lea estas preguntas y luego vea el video para contestarlas.

A. ¿Cierto (**C**) o falso (**F**)?

1. _____ Ya son la tres.

2. _____ Roberto espera a su hermana.

3. _____ La prima de Roberto se llama Sabina.

4. _____ Sabina tiene 17 años.

5. _____ Sabina es morena.

6. _____ Sabina es un poco gorda.

B. Complete con la información correcta.

1. ¿Cuántos años tiene Sabina? _____

2. Describa a Sabina. Es _____ y _____. No es _____.

ecturas

¡Hola!... ¡Hasta mañana!

 PISTAS PARA LEER

Greetings are an essential part of many cultures. Here are some words for greeting and leave-taking in Hispanic cultures. Read these phrases several times and use them in your classroom!

VOCABULARIO ÚTIL

(Words included here are highlighted in the text.)

conoce	*know*
el lugar	*place*
es costumbre	*it is customary*
todos	*everybody*
darle la mano	*to shake hands*
Gusto en verte	*Good to see you*
pueden durar	*can last*
valen la pena	*are worth the trouble*

¿Cómo saluda usted a sus amigos? ¿y a las personas que no **conoce** muy bien? En la sociedad hispana, cuando uno entra en un **lugar** donde hay otras personas, **es costumbre** saludar a **todos** con «Hola», «Buenos días» o simplemente «¡Buenas!» Es muy típico también **darle la mano** a cada persona. Y cuando uno se despide, le da la mano a todos otra vez y dice «Adiós», «Nos vemos», **«Gusto en verte»** o «¡Hasta mañana!» Estos saludos son un aspecto importante de la cultura hispana. Y son característicos de muchas otras culturas también.

Para saludar a los amigos, los hispanos dicen «¿Cómo estás?» o «¿Qué tal?» Y hay frases más expresivas, como, por ejemplo, «¿Qué me cuentas?», «¿Qué pasa?» o «¿Qué hay de nuevo?» También hay saludos un poco formales: «¿Cómo está usted?», «¿Cómo le va?» y «¿Cómo está la familia?»

Los saludos y las despedidas **pueden durar** mucho tiempo, pero **valen la pena.** Para muchos hispanos, las relaciones humanas son más importantes que el tiempo.

Comprensión

Aquí tiene algunos saludos y despedidas. ¿Cuáles son formales (**F**) y cuáles informales (**I**)?

1. _____ Hola.

2. _____ ¿Cómo estás?

3. _____ ¿Qué tal?

4. _____ ¿Qué me cuentas?

5. _____ ¿Cómo está la familia?

(Continúa.)

6. _____ ¿Cómo le va?

7. _____ Gusto de verte.

8. _____ ¿Qué hay de nuevo?

9. _____ ¿Cómo está usted?

10. _____ ¿Qué pasa?

Un paso más... ¡a escribir!

Escriba tres diálogos breves en una hoja de papel aparte para practicar los saludos. Usted va a saludar a tres de las siguientes personas: su profesor o profesora, un amigo o una amiga, una amiga de su mamá, su hermano o hermana, un compañero de la clase, su primo, su abuela.

LECTURA Los amigos hispanos: Raúl, el superactivo

PISTAS PARA LEER

Raúl is a college student from Mexico who likes to play sports and do many other things. Read over the **Vocabulario útil**. Then scan the **Lectura** for some of Raúl's favorite activities. Now read the **Lectura** again and get to know him!

VOCABULARIO ÚTIL

la ingeniería	*engineering*
conoce	*knows*
A veces	*Sometimes*
Además	*Besides*
levantar pesas	*to lift weights*
pasear	*to go for a walk*
no está de acuerdo	*doesn't agree*
piensa	*thinks*

Raúl Saucedo tiene diecinueve años; es delgado y tiene el pelo largo y lacio. Raúl es de la Ciudad de México, pero estudia **ingeniería** en la Universidad de Texas en San Antonio. Allí **conoce** a varios de los estudiantes de español de la profesora Martínez. **A veces** conversa con ellos en inglés y a veces en español. ¡Cuánto les gusta hablar! Es que, como dice la profesora Martínez, hablar es aprender. Y sus estudiantes necesitan conversar para aprender el español.

Raúl estudia mucho. Pero también practica varios deportes, especialmente el fútbol. Los sábados en la mañana le gusta jugar al fútbol con sus amigos hispanos y norteamericanos. **Además,** a Raúl le gusta **levantar pesas** y nadar en la piscina de la universidad. ¡Es un joven muy activo! Por eso algunos de sus amigos lo llaman «el superactivo».

Los sábados por la tarde, generalmente, a Raúl le gusta salir a **pasear**. Por la noche, prefiere ir al cine o a bailar en una fiesta. Sus amigas opinan que él baila muy bien. Pero Raúl **no está de acuerdo.** Él **piensa** que, como dice la expresión en inglés, ¡baila con dos pies izquierdos!

Bueno, ¿y qué le gusta hacer a Raúl los domingos? Pues… los domingos son para estudiar y hacer la tarea. Son días muy importantes para este joven tan superactivo.

Comprensión

¿Cierto (**C**) o falso (**F**)?

1. _____ Raúl es norteamericano.

2. _____ Raúl es estudiante en la Universidad de México.

3. _____ Es viejo y bajo.

4. _____ No es muy activo.

5. _____ A Raúl le gusta hacer ejercicio.

6. _____ Los domingos le gusta ir al cine.

7. _____ Raúl es muy buen estudiante.

8. _____ Tiene varios amigos hispanos.

9. _____ La opinión de Raúl es que él no baila muy bien.

10. _____ Para Raúl es importante estudiar.

Un paso más… ¡a escribir!

A. ¿Cuáles de las actividades de Raúl le gusta hacer a usted? Marque con ✓ en la columna apropiada.

	SÍ ME GUSTA…	NO ME GUSTA…
conversar en español	_____	_____
jugar al fútbol	_____	_____
levantar pesas	_____	_____
nadar en la piscina	_____	_____
ir al cine	_____	_____
estudiar y hacer la tarea	_____	_____
bailar en discotecas	_____	_____

B. Ahora hágale una entrevista a uno de sus compañeros de clase. Luego escriba una composición sobre esa persona en una hoja de papel aparte, con el título «Las actividades de (*nombre*)». Para empezar, puede usar las siguientes preguntas: **¿Qué te gusta hacer los viernes por la noche? ¿Qué te gusta hacer los sábados y los domingos?**

Mis planes y preferencias Capítulo 2

Actividades escritas

✳ **Los planes**

Lea Gramática 2.1.

A. Escoja ocho de las siguientes personas y describa qué van a hacer durante el fin de semana.

MODELO: Este fin de semana mi novio y yo vamos a salir a bailar.

yo	una amiga / un amigo	mis padres	mi hermano/a y yo
mi hijo/a	mi novio/a (esposo/a)	mi profesor(a)	mi mejor amigo/a y yo
mis amigos	mi abuelo/a	mi primo/a	¿ ?

1. _____

2. _____

3. _____

4. _____

5. _____

6. _____

7. _____

8. _____

 B. Lea el modelo y luego describa sus planes para el próximo fin de semana. Use una hoja de papel aparte y escriba de 10 a 12 oraciones.

(Continúa.)

Me llamo Carla Espinoza. Vivo y estudio en la Universidad de Puerto Rico. Este fin de semana voy a descansar y salir con mis amigos. El viernes por la noche mis amigos y yo vamos a ir a una fiesta en casa de mi prima. Allí vamos a comer, escuchar música y hablar. El sábado por la mañana voy a correr en la playa y nadar un poco. Me gusta mucho ir a la playa. Después voy a ir a la biblioteca y estudiar para mi clase de historia. El sábado por la noche voy a salir a bailar con mi novio. Él se llama Jorge; es guapo y simpático y le gusta mucho bailar. El domingo por la mañana voy a desayunar en casa con mi mamá y después voy a salir a pasear con el perro. Por la tarde una amiga y yo vamos a ir de compras. El domingo por la noche voy a preparar la cena para mi familia y después voy a leer o ver la televisión.

✳ Las clases

Lea Gramática 2.2.

C. Escriba las clases que usted tiene y la hora de cada una. Luego complete las oraciones con información acerca de sus clases.

HORA	LUNES	MARTES	MIÉRCOLES	JUEVES	VIERNES
____	_____	_____	_____	_____	_____
____	_____	_____	_____	_____	_____
____	_____	_____	_____	_____	_____
____	_____	_____	_____	_____	_____
____	_____	_____	_____	_____	_____

1. Mi primera clase los lunes es _____.

2. Mi tercera clase los miércoles es _____.

3. Mi segunda clase los jueves es _____.

4. Mi quinta clase los _____ es _____.

5. Mi _____ clase los _____ es español.

6. Mi clase más fácil/difícil es _____.

7. Mi clase favorita es _____.

D. Lea el modelo y luego describa sus clases en la universidad. Use una hoja de papel aparte y escriba de 10 a 12 oraciones.

MODELO: Hola, soy Ignacio Padilla. Estudio arquitectura en la Universidad Autónoma de México en el Distrito Federal. Este semestre tengo cuatro clases. Mi primera clase los lunes y miércoles es trigonometría de las 8:00 hasta las 10:00, con el profesor Salazar. Después de esa clase me gusta tomar un refresco en la cafetería y hablar con mi novia, Silvia. Mi segunda clase, historia precolombina de México, es a las 11:00. La cultura de los aztecas es muy interesante, especialmente la construcción de las pirámides. La profesora se llama Araceli Alarcón y es muy entusiasta. Después del almuerzo, por la tarde tengo una clase de arte y diseño de las 2:00 hasta las 4:00, con el profesor Ibáñez. Es mi clase más difícil, pero es también muy importante para mi especialidad, la arquitectura. Los jueves tengo sólo una clase de geografía de las 5:00 hasta las 7:00 de la tarde. Después de mis clases me gusta descansar y pasar tiempo con mis amigos.

✳ Las preferencias y los deseos

Lea Gramática 2.3.

E. Hable de sus deseos para el día de su cumpleaños.

1. ¿Quiere usted tener una fiesta grande?

   _____

2. ¿Quiere usted recibir visitas ese día?

   _____

3. ¿Quiere usted salir a bailar con su novio/a (esposo/a)?

   _____

4. ¿Qué quieren hacer sus padres? / ¿Qué quiere hacer su esposo/a (novio/a)?

   _____

5. ¿Qué quieren hacer usted y sus amigos?

   _____

F. Diga las preferencias de usted y de las otras personas.

   MODELO: ¿Prefiere usted bailar o jugar al béisbol? → *Prefiero bailar.*

1. ¿Prefiere usted jugar al tenis o al ráquetbol?

   _____

2. ¿Prefiere usted cocinar o ir a un restaurante?

   _____

3. ¿Prefiere usted andar en bicicleta o en motocicleta?

   _____

4. ¿Prefiere usted bucear o nadar?

   _____

5. ¿Prefiere usted trabajar en el jardín o limpiar la casa?

   _____

6. ¿Qué prefieren sus padres, ver la televisión o ir al cine?

   _____

7. ¿Qué prefiere su hijo/a, patinar o jugar al fútbol?

   _____

8. ¿Qué prefiere su hermano/a, esquiar o jugar al voleibol?

   _____

✳ El tiempo

Lea Gramática 2.4.

G. Mire estos dibujos con cuidado y diga qué tiempo hace y qué quieren hacer las personas que aparecen en cada uno.

Acapulco, México/marzo

Bariloche, Argentina/julio

Parque nacional, Los Paraguas, Chile/octubre

1.

2.

3.

1. Es primavera y hace viento. Las chicas quieren navegar.

2. _____

_____

3. _____

_____

el Caribe/mayo

Madrid, España/enero

México, D.F./agosto

4.

5.

6.

4. _____

_____

5. _____

_____

6. _____

_____

H. ¿Qué actividades asocia usted con el tiempo?

    MODELO: ¿Qué prefiere usted hacer cuando *hace mal tiempo?* →
               Cuando hace mal tiempo, prefiero leer en casa.

hace buen tiempo	hace mucho viento	llueve
hace frío	hace sol	nieva
hace mucho calor		

1. ¿Qué prefiere usted hacer cuando _____?

    _____

2. ¿Qué prefiere usted hacer cuando _____?

    _____

3. ¿Qué prefiere usted hacer cuando _____?

    _____

4. ¿Qué prefiere usted hacer cuando _____?

    _____

5. ¿Qué prefiere usted hacer cuando _____?

    _____

I. Lea los planes y preferencias de la profesora Martínez y luego, en una hoja de papel aparte, escriba de 10 a 12 oraciones sobre los planes, deseos y preferencias de usted.

    MODELO: Me gustan mucho los meses de invierno. En el invierno hace frío aquí en San Antonio. Me gusta escuchar música y leer al lado de la chimenea, especialmente cuando llueve. Pero cuando nieva, prefiero ir a las montañas. Me gusta esquiar y jugar en la nieve. En el verano siempre voy a Guanajuato. ¡Es una ciudad muy bonita! Este verano voy a viajar a México. Primero voy a ir a Guanajuato a visitar a mis parientes. Un fin de semana voy a acampar en las montañas con toda la familia. Después voy a ir a Puerto Vallarta por una semana. Hace mucho calor allí, pero me gusta la playa. Quiero nadar, leer y descansar. Luego voy a ir a la Ciudad de México. En el verano llueve mucho allí, pero no hace frío. Voy a visitar muchos museos y voy a cenar en mis restaurantes favoritos. También quiero pasear por el Parque de Chapultepec[1] y visitar los jardines flotantes[2] de Xochimilco. ¿Y usted?

    [1]Parque… parque grande en el centro de México, D.F.   [2]jardines… *floating gardens*

Complete estas conversaciones con la oración adecuada según la situación.

A qué hora	Nos vemos	Qué buena idea
Ni pensarlo (*No way*)	Por qué	Yo también

1.

2.

3.

4.

Resumen cultural

Complete las oraciones y conteste las preguntas con nombres, palabras o frases de la lista.

Bariloche	Galápagos	el peso	la Universidad de
Bogotá	invierno	Pichincha	Salamanca
las calles	el kínder	las plazas	la Universidad de
calor	Shakira Mebarak	la preparatoria	Santo Domingo
Penélope Cruz	Carmen Naranjo	la primaria	la Universidad del
el euro	la ONU	Quito	Valle de México
frío	otoño	Sevilla	verano

1. En los Estados Unidos se usa el dólar, pero en España se usa _____.

2. En México los cuatro niveles de educación son _____, la secundaria,

   la _____ y la universitaria.

3. En muchas ciudades hispanas la gente se reúne en _____ para charlar

   y descansar.

4. _____ es una autora costarricense.

5. ¿Qué ciudad de Sudamérica tiene el mismo clima en invierno y en verano?

   _____

6. Estamos en Santiago, Chile, en enero. ¿Qué estación es? ¿Qué tiempo hace? Es

   _____. Hace _____.

7. Estamos en Santander, España, en enero. ¿Qué estación es? ¿Qué tiempo hace? Es

   _____. Hace _____.

8. _____ es la universidad más antigua de España, fundada en 1218.

9. _____ es la universidad más antigua de América Latina, fundada en 1538.

10. Ecuador se independiza de España el 24 de mayo de 1822, cuando el general Sucre gana la

    Batalla de _____.

Actividades auditivas

Listening Comprehension Strategies

You have now worked on listening comprehension segments for **Pasos A, B,** and **C,** and for **Capítulo 1.** Now that the material is a bit more advanced, we suggest more strategies to help you get the most out of these segments. Feel free to come up with your own strategies as well. Please note that we start with segment **C. Los planes de Amanda.**

- Remember to find a comfortable, well-lit place to work and to acquaint yourself with your CD/audio player before starting your assignment.
- Remember that you will have a more positive experience if you allot sufficient time to listen and relisten as necessary to understand the dialogues and to be able to answer the questions.

✳ Los amigos animados

A. La familia de Esteban

Esteban Brown hace una presentación sobre los miembros de su familia en la clase de español.

❖ ❖ ❖

¿Cuáles son las preferencias de los miembros de la familia de Esteban? Hay más de una respuesta posible.

1. _____ Esteban
2. _____ su madre
3. _____ su padre
4. _____ Michael

a. Le gusta nadar.
b. Prefiere bailar.
c. Le gusta hacer preguntas.
d. Prefiere jugar al fútbol.
e. No le gusta estudiar.
f. Prefiere hablar español.
g. Le gusta jugar al tenis.

B. ¡Un momentito, por favor!

Pilar Álvarez está en su trabajo, en la Compañía Telefónica de Madrid.

❖ ❖ ❖

Escuche a Pilar y escriba el nombre completo y el número de teléfono de la persona que menciona.

1. Nombre: el doctor Manuel Hernández _____

2. Número de teléfono: ___-___ ___-___ ___-___ ___

Los planes

C. Los planes de Amanda

- Ready to start? Look at the title and the drawing while you listen once to relax and enjoy . . . and to see how much you already understand. Now before listening a second time, make sure that you read all the information printed for this segment and that you know exactly what information you need to listen for so you can focus on it.
- The drawing shows a young girl, Amanda, and her brother. The little boy seems to want to go wherever his older sister is going; he is saying "I'm going with you!" Your task is to put Amanda's plans in the correct order. As you listen, focus on the action words and number them 1–4 right above the word, so that you can keep up with the dialogue.
- Listen a third time (or more if you wish) to check to see if you have the activities in order.

VOCABULARIO ÚTIL

el centro	*downtown*
los adultos	*adults*
¿De acuerdo?	*OK?*

Hoy es sábado y Ernestito conversa con su hermana sobre los planes de Amanda para esta tarde.

Ponga en el orden correcto estos planes, marcando los espacios en blanco del 1 al 4.

a. _____ Amanda va a descansar con su amiga.

b. _____ Ernestito va a ir al centro con «los adultos».

c. _____ Amanda va a jugar al tenis con Graciela.

d. _____ Amanda va a ir al centro con algunos amigos.

Las clases

D. Una clase divertida

For this segment, you should follow the same strategies used for segment **C.** So after reading the title and looking at the drawing while you listen the first time, you will need to read everything written for this segment. Then decide which two questions you will answer the second time you listen and which ones you will answer the third time. You may want to listen a fourth time to check your work, if you wish.

(Continúa.)

el estacionamiento   *parking lot*
aprendo   *I learn*

Lan Vo habla con Raúl Saucedo en el estacionamiento de la universidad.

¿Cierto (**C**) o falso (**F**)?

1. ____ A Lan no le gusta la clase de español.

2. ____ Raúl dice que las clases de lenguas son aburridas.

3. ____ En la clase de Lan los estudiantes hacen muchos ejercicios de gramática todos los días.

4. ____ Raúl dice que va a visitar la clase de la profesora Martínez.

E. Los horarios de Mónica y Pablo

> The illustration tells you that Mónica and Pablo are enjoying their conversation. The key word **horario** and the two tables that follow reveal that they are talking about class schedules. Since your task is to complete the class schedules, you know you have to listen for classes and times. To avoid stress, make sure you attempt to complete only one schedule at a time. Do Mónica's first.
>
> - You need to listen for the days on which Mónica has classes.
> - Since you know most students usually have the same classes on two or three different days, when you hear Mónica say **lunes, miércoles y viernes,** you know now that you only have to concentrate on listening for the times and the classes. Note that some answers are given to you.
> - You also know that you can fill out Monday as you listen and then go back and add the same information for Wednesday and Friday after you have stopped the CD/audio player.
> - Make it even easier for yourself by writing only the first three or four letters of each class while listening; then go back and complete the words once you have stopped the CD/audio player.
> - Follow the same procedure for Mónica's Tuesday/Thursday schedule, and for all of Pablo's schedule.

¡Pobrecita!   *Poor thing!*
estamos libres   *we're free (we have free time)*
la cafetería   *cafeteria*

Mónica Clark y Pablo Cavic hablan de sus horarios de clase.

El horario de Mónica

HORA	LUNES	MARTES	MIÉRCOLES	JUEVES	VIERNES
8:00	español				
9:00			química		química
10:00					
11:00					
12:00					
1:00	literatura inglesa				literatura inglesa
2:00					
3:00					
4:00					

El horario de Pablo

HORA	LUNES	MARTES	MIÉRCOLES	JUEVES	VIERNES
8:00		español			
9:00					
10:00	historia				
11:00					
12:00	matemáticas		matemáticas		matemáticas
1:00					
2:00					
3:00					
4:00					

✳ Las preferencias y los deseos

F. El Hotel Camino Real

 Remember to listen a first time while you look at the title and the accompanying drawing. Also, it is a good idea to get into the habit of making sure you know what to listen for before playing the segment.

- The task for this particular segment is to listen to the ad and decide whether the activities listed (1–8) can be done at the Hotel Camino Real.
- Take a few seconds to map out a strategy: Set a simple goal for yourself, such as listening just for every even-numbered activity (2, 4, 6, 8). Once you start listening, concentrate on those activities only.
- Listen again for the odd-numbered activities. You can listen a third time if you are not sure about any activity.

VOCABULARIO ÚTIL

el anuncio comercial	*advertisement*
la alberca	*swimming pool (Mex.)*
¡Disfruten!	*Enjoy!*

Ahora en KSUN, Radio Sol, vamos a escuchar un anuncio comercial del Hotel Camino Real de la ciudad de Cancún, en México.

Hotel Camino Real

❖ ❖ ❖

¿Son posibles estas actividades en el Hotel Camino Real? Escriba **Sí** o **No.**

1. _____ pasar las vacaciones con la familia   5. _____ comer en un restaurante excelente

2. _____ cocinar   6. _____ patinar en el hielo

3. _____ nadar en el mar   7. _____ tomar lecciones de esquí acuático

4. _____ nadar en una alberca   8. _____ jugar al fútbol

G. ¡Vamos al cine!

 After reading what is printed and looking at the illustration, you will realize that this segment reveals few easy clues. All you know for sure is that two people, Nora and Raúl, are talking after Spanish class and that one doesn't have a class at 10:00, one prefers to study, and so on. Also, from the title and from question number 5 you can predict that at least one of these people will go to the movies. But don't worry: Strategies like the following will make your listening comprehension less difficult.

- The directions say you merely have to determine who makes the statements listed.
- The first time you listen to the segment simply try to get the gist of it and to form a mental picture of what is going on in the dialogue.
- Don't attempt to answer all the questions the second time you listen. If you can, great; but do not put undue pressure on yourself. Needing to listen two or three times to something new, and not in your native language, is quite normal. So plan on listening at least three times— once to focus on the even-numbered questions (2, 4, 6), a second time to focus on the odd-numbered questions (1, 3, 5), and a third time to check your work if you feel it is necessary.

VOCABULARIO ÚTIL

esta tarde	*this afternoon*
¡hasta los viernes!	*even on Fridays!*
¡No te creo!	*I don't believe you!*

Nora Morales habla con Raúl Saucedo después de la clase de español.

¿Quién dice esto, Nora (**N**) o Raúl (**R**)?

1. _____ No tengo clase a las diez.

2. _____ Voy a jugar al tenis por dos horas.

3. _____ ¿Quieres ir a la cafetería?

4. _____ Voy a lavar mi ropa.

5. _____ En la noche, voy a ir al cine.

6. _____ Prefiero estudiar.

7. _____ Es una nueva película italiana. ¿Quieres ir?

✳ El tiempo

H. El pronóstico del tiempo

 The drawing for this segment shows a radio announcer. The map behind her suggests that this is either a newscast or a weather forecast. The title helps you determine that you will be listening to a weather forecast. Look at what is expected of you.

- You need to decide what to wear, since you are going to travel to the cities listed.
- By now it is clear the forecast won't tell you what items of clothing you will need. You have to determine what is appropriate by listening to the weather report.
- Note that there are articles of clothing listed above the city names. You can make your task easier by using your knowledge of vocabulary (clothes and weather) to write the weather associated with each article; **frío** with **abrigo,** for instance.
- Now set a goal for yourself: The first time you listen, focus on the even-numbered cities only. Plan to write the weather of each city in the left margin. The second time you listen, focus on the odd-numbered cities, again writing the weather in the left margin.
- If you need to, listen a third and a fourth time to make sure you have the right weather next to the right city.
- Now, stop the CD/audio player and look at the weather for each city and at the weather you associated with each article of clothing. Then quickly match them.
- If you feel frustrated at any time, stop listening. Sometimes the problem is that you did not hear an answer. If this is the case, you can simply look up the answer in the Answer Key. Then, return to the segment and listen for the missing answer. It will be there!
- At other times, frustration tells you that you are not quite ready for this assignment. Perhaps you need to go back and review the chapter before attempting to complete this activity.
- Use the Answer Key to check your work and receive instant reinforcement.

(Continúa.)

We hope these suggestions have shown you how the use of listening strategies makes working with the **Actividades auditivas** much easier. We also hope that you will use some of the strategies provided and feel comfortable creating new ones depending on the type of task you have to complete. In **Capítulo 7** we provide another guide to listening strategies. There we remind you of the basic steps already covered here and of the need for mapping out your strategies before listening.

VOCABULARIO ÚTIL

el pronóstico	*forecast*
grados centígrados	*degrees centigrade*
hermoso	*beautiful*

Ahora vamos a escuchar el pronóstico del tiempo en KSUN, Radio Sol.

Imagínese que hoy usted va a viajar a estas ciudades. ¿Qué ropa va a llevar?

Algunas posibilidades: abrigo, botas, pantalones cortos, sandalias, suéter, traje de verano, etcétera

1. Londres _____

2. Madrid _____

3. Buenos Aires _____

4. Santo Domingo _____

5. Nueva York _____

✳ ¡A repasar!

I. **La fiesta de Carmen**

VOCABULARIO ÚTIL

| las novelas | *novels* |
| la ciencia ficción | *science fiction* |

Los estudiantes de la profesora Martínez tienen una fiesta en casa de Carmen. Alberto, Carmen y Pablo conversan.

¿Cuáles son las actividades preferidas de las siguientes personas? Hay más de una respuesta posible.

1. _____ Alberto
2. _____ Carmen
3. _____ Pablo

a. Le gusta leer.
b. Prefiere hablar español.
c. Le gusta bailar.
d. Prefiere las novelas de ciencia ficción.
e. Le gusta jugar con sus perros.
f. Prefiere escuchar música.
g. Le gusta tener fiestas en su casa.

Pronunciación y ortografía

✳ Ejercicios de pronunciación

STRESSING THE CORRECT SYLLABLE

Most words in Spanish are not written with an accent mark. When you read words aloud, it is easy to know which syllable is stressed. There are three rules:

If the word ends in a *vowel* (**a, e, i, o, u**) or the *consonants* **n** or **s**, pronounce the word with the stress on the next-to-the-last syllable. For example: **ca-sa, ba-ño, a-ños, pe-so, e-ne-ro, can-ten, de-par-ta-men-to, ba-jen, ca-mi-nen.**

If the word ends in a *consonant* (except for **n** or **s**), pronounce the word with the stress on the last syllable. For example: **lu-gar, ter-mi-nal, es-pa-ñol, ver-dad, na-riz, me-jor, fa-vor.**

Regardless of what letter a word ends with, if there is a written accent mark, you must stress the syllable where the accent appears. For example: **es-tó-ma-go, sué-ter, lá-piz, ár-bol, au-to-mó-vil, ja-po-nés, per-dón, a-quí.**

A. Look at the following words and pronounce them with the stress on the next-to-the-last syllable. Note that they all end in a vowel, **n,** or **s.** Say the word first and then listen for confirmation.

1. barba
2. piernas
3. italiano
4. morado
5. nombre
6. cabeza
7. pongan
8. castaños
9. Argentina
10. hablen

B. These words end in a consonant (other than **n** or **s**) and are therefore stressed on the last syllable.

1.	verdad	6.	señor
2.	azul	7.	hospital
3.	borrador	8.	reloj
4.	pared	9.	profesor
5.	regular	10.	mejor

C. These words are written with an accent mark. Stress the syllable with the written accent.

1.	francés	6.	suéter
2.	fácil	7.	difícil
3.	café	8.	alemán
4.	teléfono	9.	sábado
5.	está	10.	inglés

✳ Ejercicios de ortografía

WORD STRESS

If a word of three syllables or more is stressed on any syllable other than the last or next to last, it must be written with an accent mark.

Listen and write the following words with accents on the third from last syllable. For example: **música, página, miércoles.**

1. _____		9. _____	
2. _____		10. _____	
3. _____		11. _____	
4. _____		12. _____	
5. _____		13. _____	
6. _____		14. _____	
7. _____		15. _____	
8. _____			

ideoteca 📼

✳ Los amigos animados

Vea la sección **Los amigos animados** de las **Actividades auditivas** para hacer la actividad correspondiente.

✳ Escenas culturales

Ecuador

VOCABULARIO ÚTIL

la iglesia	*church*
el palacio	*palace*
el siglo dieciséis	*sixteenth century*
el lugar	*place*
la belleza natural	*natural beauty*
el archipiélago	*archipelago*
el paraíso	*paradise*
el amante de la naturaleza	*nature lover*

(Continúa.)

Lea estas preguntas y luego vea el video para contestarlas.

1. La ciudad capital de Ecuador es _____.

   a. San Francisco   b. Galápagos   c. Quito

2. La iglesia de _____ es la más vieja de Ecuador.

   a. San Francisco   b. América del Sur   c. Quito

3. El archipiélago _____ es un paraíso natural.

   a. de San Francisco   b. del Océano Atlántico   c. de Galápagos

✳ Escenas en contexto

Sinopsis
Roberto habla con la agente de viajes
(*travel agent*) sobre sus planes.

VOCABULARIO ÚTIL

bucear	*to scuba dive*
la isla	*island*
el Caribe	*Caribbean*
maravilloso/a	*fabulous, great*
caro/a	*expensive*
barato/a	*inexpensive*
Belice	*Belize*
húmedo/a	*humid*
el folleto	*brochure*
el avión	*plane*
¿necesito?	*do I need?*
arreglar	*to arrange*

Lea estas preguntas y luego vea el video para contestarlas.

A. ¿Cierto (**C**) o falso (**F**)?

1. _____ Durante sus vacaciones, Roberto quiere acampar.

2. _____ Roberto prefiere ir a una isla.

3. _____ Es más barato ir al Caribe en el verano.

4. _____ Llueve mucho en el Caribe en el invierno.

5. _____ Belice es otra isla en el Caribe.

B. Conteste con la información correcta.

1. Roberto quiere _____ durante sus vacaciones.

2. ¿Qué tiempo hace en el Caribe en verano?

   _____

3. Y en invierno, ¿qué tiempo hace?

   _____

4. ¿Qué tiempo hace en Belice?

   _____

ecturas

 ## Nombres y apellidos

 PISTAS PARA LEER

In this **Nota cultural** you will learn about some popular Spanish names. Go over the list of names in the writing activity. What do they all have in common? Now do the reading with this question in mind: What are three characteristics of Hispanic names?

VOCABULARIO ÚTIL

Al nacer	*At birth*
algunas	*some*
el apellido de soltera	*maiden name*
corta	*short*
el sobrenombre	*nickname*
lo sabe	*knows it*
honrar	*to honor*
el santo	*saint*
católica	*Catholic*
¡compártalo!	*share it!*

Al nacer, los hispanos reciben generalmente dos nombres. María Teresa, Jorge Luis y Mari Carmen son **algunas** combinaciones típicas. El nombre completo de la profesora Martínez, por ejemplo, es Adela Elisa Martínez Briceño. Adela es el nombre de su abuela materna; Elisa, el de su abuela paterna. Martínez es el apellido de su padre y Briceño, el **apellido de soltera** de su madre. Sí, porque en el mundo hispano es costumbre usar también el apellido de la madre.

(Continúa.)

Muchos nombres tienen una forma **corta** y familiar, que es el **sobrenombre.** El sobrenombre de Elena es Nena; el de Jorge, Yoyi; y el de Alberto, Beto. La profesora Martínez también tiene un sobrenombre, pero para ella el sobrenombre es algo muy personal y sólo su familia **lo sabe.** Sus amigos la llaman simplemente Adela.

A los hispanos les gusta **honrar** a sus parientes. Dar a un niño el nombre del padre, un tío o una abuela es una manera de apreciar a esa persona. En algunos casos, el primer nombre es el de un **santo.** Por ejemplo, un niño de familia **católica** nace el día cinco de septiembre y sus padres le dan el nombre de Tomás. El niño celebra entonces su cumpleaños en septiembre y además celebra el día de su santo, en este caso el siete de marzo, día de Santo Tomás de Aquino.

¿Tiene usted dos nombres? ¿Le gusta usar dos apellidos o prefiere sólo su apellido paterno? Si tiene un sobrenombre, ¡**compártalo** con sus compañeros de clase!

Comprensión

Diga si las siguientes oraciones son ciertas o falsas. Si son falsas, haga la corrección necesaria.

> MODELO: Los hispanos generalmente reciben un solo nombre. →
> *Es falso. Los hispanos generalmente reciben dos nombres.*

1. Los hispanos llevan sólo el apellido del padre.

   _____

2. El sobrenombre es la forma familiar de un nombre.

   _____

3. Los amigos de Adela saben el sobrenombre de ella.

   _____

4. Algunos hispanos católicos celebran el día de su santo.

   _____

Un paso más... ¡a escribir!

¿Cuáles son nombres? ¿Cuál es el apellido del padre y cuál es el de la madre? Al final, ¡invente dos nombres!

> MODELO: Virginia Elisa Fernández Morales →
> *Los nombres son Virginia y Elisa. Fernández es el apellido del padre. Morales es el apellido de la madre.*

1. María Luisa García Fernández

   _____

2. José Ignacio Martínez Gutiérrez

   _____

3. Irma Angélica Hernández Ochoa

   _____

4. Tomás Benito Valdés González

_____

5. ¿ ? _____

6. ¿ ? _____

 **LECTURA** Los amigos hispanos:
Aquí está Nora Morales.

 PISTAS PARA LEER

Nora studies history at the University of Texas in San Antonio. She is also a student in Professor Martínez's Spanish class. Scan the reading for cognates (words that are similar in English and Spanish, such as *personas* and *cultura* in the first paragraph). Then read the **Lectura** to learn about Nora's favorite classes.

VOCABULARIO ÚTIL

¿Qué tal?	*What's up?*
la mitad	*half*
chistoso	*funny*
A veces	*Sometimes*
tengo que decirle	*I have to tell him*
despacio	*slowly*

Pues, sí… ¡aquí estoy! **¿Qué tal?** Me llamo Nora y nací en San Antonio, Texas. Me gusta mucho vivir en esta ciudad. Aquí hay muchas personas que hablan español y nuestra cultura es muy hispana. Es lógico, ¿no? ¡La **mitad** de la población de San Antonio es hispana!

Nací el cuatro de julio de 1981. Entonces… ¿cuál es mi edad? Soy de estatura mediana; tengo el pelo castaño y los ojos verdes. Me fascina estudiar historia, especialmente la historia de México, porque de allí son mis padres. Y también me gusta mucho el idioma español; este semestre tengo una clase de español muy divertida con la profesora Martínez.

Tengo también una clase de química y otra de biología. En la clase de biología hay un muchacho mexicano muy amable y **chistoso;** se llama Raúl Saucedo. **A veces** practico el español con él y hablamos de México. Raúl habla muy rápido y con muchas palabras nuevas para mí. Siempre **tengo que decirle…** «Más **despacio,** por favor. ¡Más despacio!»

(Continúa.)

Comprensión

Diga si las siguientes oraciones son ciertas o falsas. Si son falsas, haga las correcciones necesarias.

> MODELO: Los padres de Nora son de España. →
> *Es falso. Los padres de Nora son de México.*

1. Nora nació el Día de la Independencia de los Estados Unidos.

   _____

2. Nora habla en español con un amigo norteamericano de la clase de biología.

   _____

3. A Nora le gusta mucho su clase de español.

   _____

4. Nora es alta y tiene el pelo negro.

   _____

Un paso más... ¡a escribir!

Describa a su mejor amigo/a en una hoja de papel aparte. Use estas preguntas como guía: ¿Cómo se llama su amigo/a? ¿Cuándo nació? ¿Qué edad tiene? ¿Cuáles son sus características físicas? ¿Qué les gusta hacer a ustedes cuando están juntos?

Los lugares Capítulo 3
y las
actividades

 ctividades escritas ✏

✳ Los lugares

Lea Gramática 3.1.

A. ¿Adónde va usted para hacer estas cosas?

> MODELO: ¿Adónde va usted para comprar comida? → *Voy al supermercado.*

> ¿Adónde va usted…

1. para comer? _____

2. para nadar? _____

3. para estudiar? _____

4. para comprar libros? _____

5. para comprar papel y lápices? _____

6. para tomar el sol? _____

B. ¿Qué hacemos en los siguientes lugares?

> MODELO: En la farmacia → En la farmacia *compramos medicinas.*

1. En un museo _____

2. En una zapatería _____

3. En un almacén _____

4. En un lago _____

5. En una iglesia _____

6. En la biblioteca _____

C. Lea este párrafo sobre San José, Costa Rica. Luego, en una hoja de papel aparte, escriba de 10 a 12 oraciones sobre los lugares y las atracciones turísticas en la ciudad donde usted vive.

> MODELO: San José, la capital de Costa Rica, es una ciudad antigua que también tiene zonas modernas. Hay muchos museos; por ejemplo, el Museo de Jade y el Museo de Oro. Cerca de donde yo vivo está el Parque España, entre las Avenidas 7ª (séptima) y 3ª (tercera). El Correo Central, en la Calle 2ª (segunda), es un edificio viejo y elegante y adentro hay un pequeño café. Detrás del correo está el Banco Nacional de Costa Rica. La Plaza de la Cultura está entre las Avenidas 1ª (primera) y 2ª. Alrededor de la plaza hay muchas tiendas y pequeños restaurantes; allí también está el Teatro Nacional. A veces voy de compras en el Centro Comercial el Pueblo. Allí está uno de mis restaurantes favoritos, La Cocina de Leña. La universidad de Costa Rica está en San Pedro y los jueves hay conciertos en la Facultad de Bellas Artes. Me gusta mucho vivir en San José porque la ciudad está en el centro del país y es fácil llegar a muchos lugares bonitos. Las playas del Pacífico o del Atlántico están a dos o tres horas de la capital y a veces mis amigos y yo pasamos el fin de semana en la costa.

✳ Las actividades diarias

Lea Gramática 3.2–3.3.

D. Escriba las actividades de un día típico en su vida. Use verbos de esta lista: **asistir a, caminar, charlar, escribir, estudiar, explorar el Internet, hablar, hacer (la tarea), jugar, leer, llegar, manejar, planchar, regresar, salir, trabajar.** Recuerde que las formas que necesita usar son las formas que corresponden al pronombre **yo: asisto, charlo, escribo, hago,** etcétera.

> MODELO: ¿A las cinco de la tarde? → *(Yo) Estudio en la biblioteca.*

1. ¿A las siete y media de la mañana? _____

2. ¿A las nueve de la mañana? _____

3. ¿A mediodía? _____

4. ¿A las dos de la tarde? _____

5. ¿A las cuatro de la tarde? _____

6. ¿A las seis y media de la tarde? _____

7. ¿A las ocho y media de la noche? _____

8. ¿A las diez y cuarto de la noche? _____

9. ¿A medianoche? _____

E. Suponga que usted va a compartir una habitación en la residencia estudiantil con otro/a estudiante. Usted quiere saber si van a tener conflictos o no. Escriba cinco preguntas (o más) sobre las actividades diarias o hábitos. Use verbos como **almorzar, bailar, beber, charlar, comer, dar fiestas, desayunar, divertirse, dormir, escuchar, fumar, hablar, hacer ejercicio, invitar, jugar, lavar, limpiar, leer, levantar pesas, llegar, recibir, recoger, regresar, salir, tocar (el piano, etcétera), trabajar, usar, ver la televisión.** Recuerde: Las formas corresponden al pronombre **tú: almuerzas, charlas, comes, sales,** etcétera.

MODELO: ¿Lees? ¿Lees mucho o poco? ¿Te gusta leer en tu casa, en la biblioteca o afuera?

1. _____

_____

2. _____

_____

3. _____

_____

4. _____

_____

5. _____

_____

F. Lea este párrafo sobre la rutina de Raúl Saucedo. En una hoja de papel aparte, escriba de 10 a 12 oraciones sobre su propia (*own*) rutina los sábados.

MODELO: Soy estudiante de primer año en la Universidad de Texas en San Antonio y vivo en una residencia estudiantil de la universidad. Todos los días me levanto muy temprano y asisto a clases. Los sábados mi rutina es diferente. Los sábados me levanto un poco más tarde. ¡Cómo me gusta dormir hasta las nueve! Me ducho rápido porque a las nueve y media desayuno en un restaurante con varios amigos. Siempre desayuno huevos fritos con tocino y pan tostado. Después regreso a la residencia y estudio varias horas. A la 1:00 almuerzo en la cafetería de la residencia. Me gusta comer una hamburguesa o tacos y un refresco. Vuelvo a la residencia y estudio un poco más o juego videojuegos. A las cuatro, corro o nado por una hora y después me ducho y descanso. A las seis de la tarde ya estoy listo para salir con mis amigos. Nos gusta ir al cine o al teatro o a alguna discoteca para bailar. Después siempre comemos algo en algún restaurante en el centro de San Antonio. Vuelvo a casa a las 2:00 de la mañana y me acuesto inmediatamente.

✳ Las tres comidas

Lea Gramática 3.4.

G. Complete el cuadro con las comidas (carnes, papas fritas, legumbres, etcétera) que le gustan y con las que detesta (no le gustan).

ME ENCANTAN Y LAS COMO CON FRECUENCIA.	LAS DETESTO Y NUNCA LAS COMO.
1. _____	1. _____
2. _____	2. _____
3. _____	3. _____
4. _____	4. _____

H. Cambie las siguientes oraciones por preguntas.

    MODELO: El desayuno en España es ligero. → *¿Es ligero el desayuno en España?*

1. El restaurante español está cerca.

    _____

2. La comida mexicana es muy sabrosa.

    _____

3. Tu hermano prefiere la comida vegetariana.

    _____

4. La profesora desayuna pan tostado y té.

    _____

5. Ellos comen carne.

    _____

6. Los niños necesitan tomar leche.

    _____

✳ ¿De dónde es usted?

Lea Gramática 3.5.

I. Complete las siguientes oraciones con la nacionalidad correcta. Use los mapas al comienzo (*beginning*) y al final del libro de texto.

    MODELO: Ricardo Sícora es de Caracas, es *venezolano.*

1. Armando Pinillos López es de Lima, es _____

2. Juan Llorens Munguía es de Barcelona, es _____

3. Patricia Quiñones Romo es de La Paz, es _____

4. Margarita Acosta García es de Quito, es _____

5. Rodrigo Lara Bonilla es de Bogotá, es _____

6. Cristina García Quijano es de Buenos Aires, es _____

7. Miguel Luis Peyro Carrillo es de Acapulco, es _____

8. Luz Marina Mora Sánchez es de San José, es _____

J. ¿Conoce usted a algunas personas de otros países? Lea el modelo y luego, en una hoja de papel aparte, escriba de 10 a 12 oraciones sobre dos de sus amigos extranjeros. Incluya, por lo menos, la siguiente información básica sobre cada persona: ¿Cómo se llama la persona? ¿Cuántos años tiene? ¿De dónde es? (ciudad, país) ¿Dónde vive él/ella ahora? ¿Dónde vive su familia? ¿Qué estudia esa persona? ¿Es casado/a o soltero/a? ¿Tiene hijos? ¿Qué le gusta hacer?

MODELO: Mi amiga se llama María Elena Pizano. Es boliviana, de La Paz, pero ahora es ciudadana estadounidense. Tiene veinte años. Ella y sus padres viven en San Francisco. Sus hermanos viven en Bolivia. Es soltera y no tiene hijos. No estudia; trabaja en un almacén. Los fines de semana le gusta jugar al tenis con sus amigos y salir a bailar con su novio Gerardo. También le gusta salir a cenar o ir a algún concierto.

▶ REPASO DE PALABRAS Y FRASES ÚTILES

Use algunas de estas palabras y expresiones para completar correctamente lo que dicen las personas que aparecen en cada situación. Consulte las expresiones de cortesía al comienzo del libro de texto.

A dónde va   De nada   Lo siento
De acuerdo   De veras

1.

2.

(Continúa.)

A las ocho en el Restaurante El Criollo.

_____ _____, a las ocho.

3.

Resumen cultural

Llene los espacios en blanco con uno de estos nombres, palabras o frases.

Arizona	estado libre asociado	Nueva Jersey	territorio
Barcelona	Florida	Nuevo México	Texas
Cabeza de Vaca	Antoni Gaudí	Edward James Olmos	la Universidad de
César Chávez	Granada	país latinoamericano	Barcelona
Sandra Cisneros	la Iglesia de la	el Parque Güell	Venezuela
Colombia	Sagrada Familia	Pablo Picasso	Verdadismo
Colorado	John Leguizamo	*Stand and Deliver*	*Zoot Suit*
Cortés	Managua	Alfonsina Storni	30.000
Ecuador	Soraida Martínez	Tegucigalpa	30.000.000

1. _____ es un famoso arquitecto español.

2. ¿Cómo se llama el estilo de arte abstracto con comentario social? _____

   ¿Quién es la creadora de este estilo de arte? _____

3. Los mexicoamericanos viven principalmente en los estados de California,

   _____, _____, _____ y

   _____.

4. Muchos cubanos viven en los estados de California, _____ y

   _____.

5. Hay más de _____ de hispanos que residen en los Estados Unidos.

6. _____ y _____, diseñados por Antoni Gaudí, están en

   la ciudad española de _____.

7. _____ es la autora de *The House on Mango Street*.

8. John Leguizamo y Shakira Mebarak son de _____.

9. La capital de Nicaragua es _____.

10. Quito es la capital de _____.

11. _____ funda la organización United Farmworkers en California.

12. Puerto Rico es un _____.

13. _____ es el primer explorador español en el territorio de los Estados Unidos.

14. _____ es una famosa poeta argentina.

ctividades auditivas

❊ Los amigos animados

A. El Club Pacífico

Un anuncio del Club Pacífico en KSUN, Radio Sol de California.

❖ ❖ ❖

¿Qué actividades son mencionadas en el anuncio sobre el Club Pacífico?

1. _____ nadar y montar a caballo

2. _____ jugar al fútbol

3. _____ hacer ejercicio en el club

4. _____ leer una novela popular

5. _____ correr o descansar en el parque

6. _____ practicar deportes

B. El tiempo en México y en Buenos Aires

Adriana Bolini es argentina y viaja mucho
por su trabajo. Ahora está en la Ciudad
de México y conversa con un amigo.

Complete la información sobre el tiempo.

	BUENOS AIRES	MÉXICO
En enero	*hace buen tiempo*	
En julio		

✳ Los lugares

C. Guillermo, el desorganizado

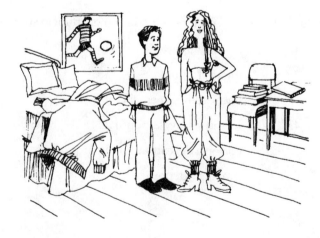

VOCABULARIO ÚTIL

le ayuda	(*she*) *helps him*
tengo que	*I have to*
¡Caray!	*Darn! Oh brother!* (*expression of disgust or impatience*)
las mañanas	*mornings*

Es hora de ir a al escuela. Guillermo, el hermano
de Amanda, no sabe dónde están sus cosas.
Amanda le ayuda.

¿Dónde están las cosas de Guillermo? Empareje correctamente.

1. Los cuadernos ——.

2. Los libros ——.

3. La chaqueta ——.

4. Los zapatos negros ——.

a. está detrás de la puerta
b. están en la biblioteca
c. están en sus pies
d. están encima de la mesa
e. están al lado izquierdo de la puerta
f. están debajo de la silla

D. ¿Dónde está la Facultad de Ciencias?

VOCABULARIO ÚTIL

¿Me puedes decir... ?	*Can you tell me . . . ?*
Por supuesto	*Of course*
las canchas de tenis	*tennis courts*
el Centro Universitario	*University Center*

Es el primer día de clases y Raúl le pide instrucciones a Nora. Los dos conversan en la plaza central.

❖ ❖ ❖

¿Dónde están estos edificios en la Universidad de Texas en San Antonio?

1. La Facultad de Ciencias está ————————————————————

2. La Facultad de Ingeniería está ————————————————

3. Los laboratorios de Ciencias están ————————————————

4. Las canchas de tenis están ————————————————————

5. La parada de autobuses está ————————————————————

E. El permiso

VOCABULARIO ÚTIL

el permiso	*permission*
la tienda de videos	*video store*
la acción	*action*

Amanda está en el colegio y quiere ir al centro. Llama a su mamá para pedirle permiso.

❖ ❖ ❖

(Continúa.)

Llene los espacios en blanco con la información necesaria.

GUILLERMO DICE	AMANDA DICE
Residencia ____ ____ _____[1] Saucedo.	Quiero hablar con mamá.
Mamá _____ ____[2] el mercado.	Mamá no _____ ____[3] mercado los viernes.
¿Tienes un problema?	_____ a ____[4] de compras y necesito permiso.
¿Qué _____ ____[5] comprar?	Voy ____ _____[6] una película en la tienda de videos.

❋ Las actividades diarias

F.   Un fin de semana ideal

VOCABULARIO ÚTIL

los dulces	*candy*
¡Bah!	*Oh! (expression of disgust)*
Paso	*I spend*
los videojuegos	*video games*
Duermo	*I sleep*

Es viernes y Amanda conversa con sus dos hermanos, Guillermo y Ernestito, después de la cena.

¿A quién se refieren las siguientes actividades ideales, a Amanda (**A**), a Guillermo (**G**) o a Ernestito (**E**)?

1.   ____ Come dulces todo el día.

2.   ____ Pasa el día en el centro de videojuegos.

3.   ____ Juega con su perro, Lobo.

4.   ____ Duerme hasta muy tarde.

5.   ____ Anda en patineta.

6.   ____ Mira la televisión.

7.   ____ Lee una novela.

✳ Las tres comidas

G. ¿Qué te gusta desayunar?

VOCABULARIO ÚTIL

rico	*delicious*
calcio	*calcium*
Que les vaya bien	*Have a good day*
la comida chatarra	*junk food*

Son las siete de la mañana y los niños Saucedo desayunan con su madre, Estela.

Conteste correctamente.

1. ¿Por qué dicen «gracias» los chicos?

_____

2. ¿Qué es lo que no le gusta a Ernestito?

_____

3. ¿Qué no quiere comer Ernestito?

_____

4. ¿Cuáles son dos cosas que a Ernestito le gusta desayunar?

_____

5. Según la mamá, ¿cuál es la comida más importante del día?

_____

✳ ¿De dónde es usted?

H. La fiesta de Pilar

VOCABULARIO ÚTIL

te presento	*I'll introduce you to*
Encantada	*Very pleased to meet you*
¡Bienvenida!	*Welcome!*
Es un placer	*It's a pleasure*
tejana	*Texan*

Ciudades mencionadas

Managua, Nicaragua
San Antonio, Texas
Madrid, España
Valparaíso, Chile
La Habana, Cuba

(Continúa.)

Clara Martin está en una fiesta en Madrid, en casa de Pilar Álvarez, su amiga madrileña. Hay estudiantes de varios países en la fiesta.

❖   ❖   ❖

¿De dónde son los estudiantes que Clara conoce en la fiesta?

	CIUDAD	PAÍS
1. David Fuentes	_____	_____
2. José Estrada	_____	_____
3. María Luisa Correa	_____	_____
4. Ester Fernández	_____	_____

 ¡A repasar!

I. Raúl conoce a los estudiantes de la profesora Martínez.

VOCABULARIO ÚTIL

la pareja	*partner*
tampoco	*neither*

Raúl llama a su nueva amiga, Nora, y la invita a jugar al tenis. En las canchas, Raúl conoce a los amigos de Nora.

❖   ❖   ❖

1. ¿Qué estudia Raúl? _____

2. ¿Qué estudia Nora? _____

3. ¿Qué va a hacer Nora mañana a las 11:00? _____

4. ¿Qué van a hacer ella y sus amigos después? _____

5. ¿Dónde van a jugar al tenis? _____

6. ¿Dónde van a almorzar? _____

ⓟronunciación y ortografía

✴ Ejercicios de pronunciación

I. PRONUNCIACIÓN: THE SILENT **h**

The letter **h** is never pronounced in Spanish.

🎧 **A.** Listen and then pronounce the following words that are written with the letter **h.**

h̲able, h̲ombros, h̲ombre, h̲ola, h̲asta luego, h̲ermano, h̲ijo, h̲ispano, h̲ace, ah̲ora

🎧 **B.** Listen and then pronounce the following sentences. Be sure not to pronounce the letter **h.**

1. ¿Qué hora es?
2. Los hombros del hombre son muy grandes.
3. Tengo tres hermanos; no tengo hijos.
4. —Hablo con usted mañana.
   —Hasta luego.
5. Hace mal tiempo ahora.

II. PRONUNCIACIÓN: **b, v**

The letters **b** and **v** are pronounced exactly the same in Spanish. Usually the lips are close together, but they are not completely closed. There is no equivalent sound in English, because English *b* is pronounced with the lips completely closed and English *v* is pronounced with the upper teeth on the lower lip.

🎧 **A.** Listen and then pronounce the following words, concentrating on producing an identical soft **b** sound for both **b** and **v.**

a̲buela, no̲vio, fa̲vorito, a̲venida, de̲bajo, fe̲brero, ca̲beza, nue̲vo, lle̲va, cor̲bata, automó̲vil

When preceded by the letters **m** or **n**, both **b** and **v** are pronounced hard as the English letter *b*, as in *boy*.

🎧 **B.** Listen and then pronounce the following words. Concentrate on producing a hard **b** sound for both **b** and **v.**

in̲vierno, hom̲bros, hom̲bre, som̲brero

🎧 **C.** Concentrate on the correct pronunciation of the letters **b** and **v** as you listen and then pronounce the following sentences.

1. El hombre lleva sombrero.
2. No hablen; escriban en sus cuadernos.
3. Yo nací en febrero y mi novio nació en noviembre.
4. Mi abuelo lleva corbata.
5. El automóvil nuevo está en la novena avenida.
6. Mi clase favorita es biología.
7. En el invierno llevo abrigo.
8. El libro está debajo del pupitre.
9. La primavera es mi estación favorita.
10. La estudiante nueva no habla bien el español.

✳ Ejercicios de ortografía

I. THE SILENT h

The letter **h** is silent in Spanish. If a word is spelled with an **h**, however, you must remember to write it, even though you do not hear it.

Listen and write the following words and phrases.

1. _____   6. _____

2. _____   7. _____

3. _____   8. _____

4. _____   9. _____

5. _____   10. _____

II. WRITING b, v

The spelling of words written with a **b** or a **v** must be memorized, since there is no difference in pronunciation.

Listen and write the words you hear, using **b** or **v.**

1. _____   6. _____

2. _____   7. _____

3. _____   8. _____

4. _____   9. _____

5. _____   10. _____

III. WORD STRESS

If a word ends in a consonant (except **n** or **s**), it is normally stressed on the last syllable. For example: **hospital, universidad.** If the word ends in a consonant and is not stressed on the last syllable, an accent mark must be written on the stressed syllable.

Listen and write the words you hear. All must be written with an accent mark.

1. _____   4. _____

2. _____   5. _____

3. _____

 ideoteca 📼

✳ Los amigos animados

Vea la sección **Los amigos animados** de las **Actividades auditivas** para hacer la actividad correspondiente.

✳ Escenas culturales

los Estados Unidos

VOCABULARIO ÚTIL

la diversidad	*diversity*
la población	*population*
compuesto/a de	*made up of*
el lugar	*place*
el crecimiento	*growth*
las costumbres	*customs*
el mosaico de razas	*mosaic of races*

(Continúa.)

Lea estas preguntas y luego vea el video para contestarlas.

1. La población de los Estados Unidos está compuesta de _____.

   a. inmigrantes de Inglaterra, Alemania, Italia e Irlanda

   b. inmigrantes de América Latina

   c. inmigrantes de muchas partes del mundo

2. La influencia de la población hispana es evidente en _____.

   a. el norte del país

   b. la comida, el arte y las costumbres

   c. la arquitectura colonial

✳ Escenas en contexto

Sinopsis
Juan Carlos y Eduardo hablan antes de su clase.

VOCABULARIO ÚTIL

el grupo	(*musical*) *group*
con frecuencia	*frequently*
¡qué bacán!	*cool!*
Oye...	*Hey . . .*

Lea estas preguntas y luego vea el video para contestarlas.

A. ¿Cierto (**C**) o falso (**F**)?

1. _____ Juan Carlos y Eduardo hablan antes de su clase de sociología.

2. _____ Son las once de la mañana.

3. _____ Juan Carlos y Eduardo tienen la misma clase de sociología.

4. _____ A Juan Carlos le gusta mucho la música jazz.

5. _____ Eduardo trabaja en un restaurante mexicano.

B. Complete con la información correcta.

1. Juan Carlos y Eduardo hablan antes de su clase de _____.

2. El apellido de Juan Carlos es _____ y el de Eduardo es

   _____.

3. La clase de sociología es a _____.

4. Eduardo trabaja en _____.

5. Este fin de semana, Juan Carlos va a _____.

ecturas

 ## La variedad musical

 PISTAS PARA LEER

Here is a look at the world of Hispanic music, with emphasis on some of its popular artists. Scan the text for their names. Are you familiar with any of these people? Read the text a second time, focusing on the impact of Hispanic music in the United States.

VOCABULARIO ÚTIL

el éxito	*hit*
bailable	*dance (song or music)*
indígena	*native, indigenous*
el nivel	*level*
el papel estelar	*starring role (in a movie)*
el suceso	*event, development*

Lila Downs en concierto

La música hispana es muy variada. Los **éxitos** del momento se escuchan en todas partes: números **bailables,** canciones románticas, ritmos de rock. Pero la música folclórica también se escucha con entusiasmo. Hay países, como Bolivia y Perú, que tienen una tradición **indígena** muy rica. Estos países producen varios tipos de música con instrumentos nativos. Los ritmos tradicionales de origen africano, como la salsa de Puerto Rico y la bachata de la República Dominicana, también son muy populares en todo el mundo hispano.

Hoy en día la música latina está teniendo impacto en los Estados Unidos y a **nivel** internacional. Hay cantantes de mucho éxito, como el puertorriqueño Marc Anthony y la colombiana Shakira. Marc Anthony se conoce especialmente por sus canciones de salsa. Y Shakira es una joven que escribe canciones poéticas con ritmo de rock. Una de las cantantes más famosas es Christina Aguilera, quien se distingue por su potente voz. Entre las más versátiles está Lila Downs, con un repertorio muy rico que incluye música tradicional mexicana. Lila canta dos hermosas canciones en la popular película *Frida* (2002).

Estos artistas cantan en inglés y en español, y varios, como Shakira y Marc Anthony, representan bien el fenómeno cultural llamado *crossover.* Pero no sólo los artistas jóvenes reciben el aplauso entusiasta del público estadounidense. Hay músicos mayores muy famosos en este país y en todo el mundo. Entre ellos está la cubana Celia Cruz, con sus canciones bailables y un **papel estelar** en la película *Mambo Kings* (1992). De Cuba también son Omara Portuondo e Ibrahim Ferrer, cantantes del aclamado film y disco *The Buena Vista Social Club* (1999).

(Continúa.)

La presencia musical hispana en los Estados Unidos no es un **suceso** reciente. Ya en los años 20 del siglo pasado se pone muy de moda aquí el tango argentino. Luego los estilos hispanos aparecen en las películas musicales de Hollywood y en las obras de teatro de Broadway. Por último, en los años 40 y 50 hay una explosión de música latina en Nueva York, con influencia puertorriqueña y cubana. Lo que sí podemos decir es que hoy en día muchos cantantes y músicos hispanos están en el *mainstream* de la sociedad norteamericana. Y su música se caracteriza por su gran variedad.

Comprensión

Identifique.

1. _____ salsa
2. _____ Marc Anthony
3. _____ tango
4. _____ Shakira
5. _____ instrumentos nativos
6. _____ bachata
7. _____ *Buena Vista Social Club*
8. _____ Bolivia y Perú
9. _____ Lila Downs
10. _____ cantantes de *crossover*

a. música bailable del Caribe
b. se usan para interpretar la música folclórica
c. cantante puertorriqueño
d. música de moda en los Estados Unidos en los años 20
e. países de rica tradición musical indígena
f. cantante colombiana muy famosa
g. música tradicional de la República Dominicana
h. un film y un disco muy popular de música tradicional cubana
i. canciones de rock muy populares
j. cantante muy versátil que canta en una película popular
k. cantantes hispanos que son famosos en la sociedad estadounidense

Un paso más... ¡a escribir!

¿Qué tipo de música le gusta escuchar a usted? Primero, marque sus preferencias. Luego entreviste a un compañero o a una compañera de clase para saber qué tipo de música escucha. Entonces escriba una composición de dos párrafos titulada «La música favorita de (*nombre*)».

TIPO DE MÚSICA	ME GUSTA MUCHO	UN POCO	NO ME GUSTA
clásica	_____	_____	_____
jazz	_____	_____	_____
rock	_____	_____	_____
rap	_____	_____	_____
hip-hop	_____	_____	_____
folclórica	_____	_____	_____
popular	_____	_____	_____
otro tipo de música	_____	_____	_____

LECTURA Los amigos hispanos: Adela Martínez, profe de español

 PISTAS PARA LEER

Professor Martínez was born in San Antonio, Texas. Here she describes her favorite activities and her summer courses. As you read, visualize her favorite activities and the places she describes.

VOCABULARIO ÚTIL

tiene sentido	*it makes sense*
llegamos a conocernos	*we'll get to know each other*
De vez en cuando	*Once in a while*
me pone	*it makes me*
le hago la lucha	*I try (coll. Mex.)*
el descanso	*rest*
estadounidense	*U.S. citizen*
picante	*hot, spicy*
aburrirlos	*to bore you*

¿Tiene usted pasatiempos? ¿Qué actividades hace en su tiempo libre? ¡Ay, esas son preguntas de una clase de español! Claro, **tiene sentido,** pues soy «profe» de español. Pero no quiero hablarle de mi trabajo solamente. Mejor le cuento de mis pasatiempos y mis actividades. Así **llegamos a conocernos** un poquito mejor, ¿qué le parece?

Pues bien, uno de mis pasatiempos favoritos es conversar con los amigos en algún café o restaurante. Siempre discutimos una variedad de temas con entusiasmo, como la cultura hispana, la literatura, el cine y la política. **De vez en cuando** monto a caballo; es una actividad muy divertida. En mi tiempo libre también escucho música. Me gusta la música folclórica y la clásica.

¿Qué hace usted cuando está triste? ¡Ay, más preguntas! Soy una profesora muy típica, ¿verdad? Bueno, cuando yo estoy triste toco la guitarra. La guitarra siempre **me pone** contenta. A mis estudiantes les fascina escucharme cantar canciones tradicionales como «Cielito lindo». La verdad es que no canto muy bien, pero, como decimos los mexicanos, **le hago la lucha.** Y mis estudiantes piensan que soy una gran cantante. ¡Qué buenos chicos!

¿Qué le gusta hacer a usted durante los veranos? ¿Generalmente estudia? ¿Trabaja? ¿Viaja? Pues yo combino el trabajo con el **descanso** y la diversión. Durante los veranos doy cursos de español en la ciudad de Guanajuato, México. Guanajuato es la capital del estado del mismo nombre, que está en el centro del país. Es una ciudad pequeña, muy hermosa, de aspecto colonial y con una historia muy interesante. En Guanajuato es fácil llegar a todas partes y la gente es amable y amistosa. Es el sitio ideal para los cursos de verano, creo yo.[1]

(Continúa.)

---

[1]*Guanajuato is the capital city of the state of Guanajuato, located in a mountainous region in the central part of Mexico. It was in this state that the uprising for independence from Spain took place in 1810. The city, situated in a valley and on the slopes of two mountains, is known for its historical politics, colonial style, and beauty. Every year in the fall, Guanajuato attracts international tourists for the Festival Cervantino, the week-long theater festival that pays homage to Miguel de Cervantes. The city also houses the infamous mummies discovered around Guanajuato, displayed in the Panteón Museum.*

Estos cursos son muy estimulantes para mí, además, porque a mis clases llegan personas de diferentes países. Normalmente tengo estudiantes árabes, chinos, japoneses, franceses y un gran número de canadienses y **estadounidenses.** Juntos hacemos excursiones, salimos por la noche a bailar y visitamos los museos. A veces los invito a mi casa a comer algo sabroso y **picante.** ¡Cuánto les gusta hablar de México cuando me visitan!

Bueno, pero mejor no les hablo más de mí, que no quiero **aburrirlos...**

Comprensión

Complete los siguientes comentarios. Más de una respuesta puede ser correcta.

1. Cuando la profesora Martínez está triste...

   a. conversa con sus amigos en un café.

   b. toca la guitarra y canta.

   c. monta a caballo.

2. La profesora viaja a Guanajuato todos los veranos porque...

   a. enseña un curso de español en esa ciudad.

   b. sus padres viven en Guanajuato.

   c. no hay cursos de verano en otras ciudades.

3. A los estudiantes de la profesora Martínez les gusta escucharla cantar porque...

   a. ella tiene una voz fantástica, de soprano.

   b. ella sabe cantar canciones mexicanas muy bonitas.

   c. con la música ellos pueden comprender la cultura de México.

4. A la profesora le gusta tener tiempo libre porque...

   a. entonces sale a cenar con sus amigos.

   b. necesita escribir libros sobre política mexicana.

   c. detesta su trabajo.

Un paso más... ¡a escribir!

Describa la ciudad donde usted nació o la ciudad donde vive ahora. ¿Es grande o pequeña? ¿Cómo se llama? ¿En qué estado del país está? Describa a la gente de su ciudad: ¿es amistosa, indiferente, alegre, amable? Termine su descripción con esta oración: **Mi ciudad es ideal para...**

La vida diaria y los días feriados

Capítulo 4

Actividades escritas

✳ Los días feriados y las celebraciones

Lea Gramática 4.1–4.2.

A. ¿Qué actividades asocia usted con los días feriados?

1. En Navidad me gusta _____.
2. Durante la Semana Santa quiero _____.
3. El Día de la Madre voy a _____.
4. El Día de la Independencia me gusta _____ con _____.
5. El día de mi cumpleaños prefiero _____.
6. La noche del Año Nuevo me gusta _____.
7. En Nochebuena voy a _____ con _____.
8. El Día de los Enamorados quiero _____ con _____.
9. El Día de Acción de Gracias siempre me gusta _____ con

   _____.

10. El Día del Padre voy a _____.

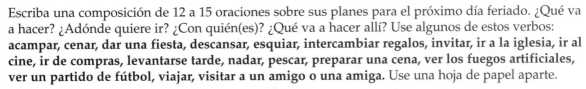

B. Escriba una composición de 12 a 15 oraciones sobre sus planes para el próximo día feriado. ¿Qué va a hacer? ¿Adónde quiere ir? ¿Con quién(es)? ¿Qué va a hacer allí? Use algunos de estos verbos: **acampar, cenar, dar una fiesta, descansar, esquiar, intercambiar regalos, invitar, ir a la iglesia, ir al cine, ir de compras, levantarse tarde, nadar, pescar, preparar una cena, ver los fuegos artificiales, ver un partido de fútbol, viajar, visitar a un amigo o una amiga.** Use una hoja de papel aparte.

✳ La rutina diaria

Lea Gramática 4.3–4.4.

C. Complete lógicamente los espacios en blanco con estos verbos: **bañarse, desayunar, despertarse, dormir, hablar, levantarse, preparar, salir, volver.** Puede usar los verbos más de una vez.

Soy Mónica. Vivo en casa con mis padres y asisto a la Universidad de Texas en San Antonio. Todos

los días (yo) ____ _____[1] a las seis de la mañana y luego ____

_____[2]. ____ _____[3] con agua caliente y jabón. Mi

mamá también ____ _____[4] a las seis de la mañana todos los días. Ella

_____[5] el desayuno para toda la familia. Todos (nosotros)

_____[6] a las siete. Después cada uno _____[7] para el

trabajo o para la escuela. A las tres de la tarde yo _____[8] de mis clases y

_____[9] a casa. _____[10] un poco porque siempre estoy muy

cansada. Después _____[11] con mi familia.

D. Escriba una composición de 12 a 15 oraciones sobre un lunes típico en su vida. Use una hoja de papel aparte. (Puede usar la composición de Mónica en la **Actividad C** como modelo.)

E. Narre lo que hacen estas personas. Use las siguientes palabras para expresar el orden de las actividades de cada persona: **primero, luego, después, mientras, antes** y **finalmente.**

MODELO: Alberto no puede despertarse. →

Primero se levanta. Luego bebe café. Después se ducha y finalmente se despierta.

1. Mónica va a la universidad.

_____

_____

_____

2. Luis quiere llegar a tiempo a clase.

_____

_____

_____

3. La profesora Martínez va a salir.

_____

_____

_____

F. Mire los dibujos y describa lo que hace Ernesto.

MODELO: Después de despertarse, Ernesto se levanta.

1. Después de _____,

   Ernesto _____ _____.

2. Antes de _____,

   Ernesto _____ _____

   _____ _____.

3. Son las 8:00 de la mañana. Después de

   _____, Ernesto

   _____ el periódico.

4. Finalmente, Ernesto _____

   después de _____ el sombrero.

5. Antes de _____, Ernesto

   _____ café.

✳ Los estados físicos y anímicos

Lea Gramática 4.5.

G. Diga cómo está usted o qué tiene según la situación.

   MODELO: Si no desayuno, a mediodía *tengo mucha hambre.*

1. Soy estudiante, tengo cinco clases, estoy casada y tengo tres hijos pequeños. _____

   _____

2. Si mi hijo maneja el coche sin permiso, _____

   _____

3. Si escucho ruidos misteriosos a medianoche, _____

   _____

4. Voy a casarme con mi novio/a porque _____

   _____

5. _____ porque ya son las ocho menos diez y tengo

   clase de español a las ocho.

H. Diga cuál es su reacción cuando se encuentra en los siguientes estados físicos y mentales.

MODELOS: ¿Qué hace usted cuando está triste? →
Cuando estoy triste escucho música.

¿Qué hace usted cuando tiene prisa? →
Cuando tengo prisa manejo rápidamente.

¿Qué hace usted cuando…

1. está aburrido/a? _____

2. está cansado/a? _____

3. está enojado/a? _____

4. está alegre? _____

5. tiene sed? _____

6. tiene sueño? _____

7. tiene frío? _____

8. tiene hambre? _____

I. Todos tenemos días buenos y días malos. Escriba una composición de 12 a 15 oraciones sobre sus estados físicos y anímicos. ¿Qué hace usted cuando está contento/a? ¿Qué prefiere hacer cuando está alegre? Cuando tiene hambre, ¿qué prefiere comer? Y, ¿qué hace usted cuando está triste? ¿Prefiere estar solo/a? ¿Escucha música? ¿Habla con un amigo / una amiga o con un familiar? ¿Qué hace cuando está preocupado/a? Y cuando tiene sueño, ¿qué hace usted? Use una hoja de papel aparte.

Resumen cultural

Llene los espacios en blanco con uno de estos nombres, palabras o frases.

aztecas	disfraces	Inti Raymi	la salsa
el carnaval	las Fallas	José Martí	su santo
carrozas	las Fiestas de San	mayas	1821
la cumbia	Fermín	Octavio Paz	1910
el Día de los Reyes	la Guelaguetza	José Guadalupe	
Magos	incas	Posada	

1. El 6 de enero en muchos países hispanos se celebra _____.

2. En muchos países del Caribe y de América Central, _____ se celebra en febrero o marzo.

3. El 24 de junio en Perú se celebra la Fiesta del Sol, _____.

4. En Oaxaca, México, cada julio se celebra _____, una fiesta de bailes y comida regionales.

(Continúa.)

5. Durante el carnaval mucha gente lleva _____ y bailan y cantan en las

   calles.

6. _____ es la música típica de Colombia.

7. _____ es un famoso poeta cubano, autor de *Versos sencillos*.

8. En la ciudad española de Valencia se celebra la fiesta de _____, en la cual

   queman grandes esculturas de cartón y madera.

9. En muchos países hispanos las personas celebran su cumpleaños, pero también celebran el día

   de _____; si se llama José, celebra el día de San José, el 19 de marzo.

10. _____ es un artista mexicano que se hace famoso por sus grabados de

    crítica social durante la dictadura de Porfirio Díaz.

11. Los quichés, cakchiqueles, mam y tz'utujiles son tribus de indígenas _____

    que todavía habitan Guatemala.

12. Guatemala se independiza de España en el año _____.

Actividades auditivas 🎧

✳ Los amigos animados

A. Carla llama a dos profesores.

Carla Espinosa necesita hablar de los
exámenes finales con dos de sus profesores.
Hoy, martes, los está llamando por teléfono.

❖ ❖ ❖

Escriba los días y las horas de consulta de los profesores.

	DÍAS	HORAS
1. el profesor Rico	_____	_____
2. la profesora Lecuna	_____	_____

B. Silvia habla con un cliente.

Silvia Bustamante está trabajando en la
terminal de autobuses.

Escriba la hora de salida de los autobuses que van a la ciudad de Tampico.

El primero: _____   El segundo: _____   El último: _____

❈ Los días feriados y las celebraciones

C. El salón de fiestas Alegría

VOCABULARIO ÚTIL

imagínese	*imagine*
la boda	*wedding*
preocuparse	*to worry*
alquilar	*to rent*

Ahora en KSUN, Radio Sol, vamos a escuchar un
anuncio comercial del salón de fiestas Alegría.

¿Qué ocasiones especiales se mencionan en el anuncio sobre el salón de fiestas Alegría?

a. _____ el Día del Padre   e. _____ la Navidad

b. _____ el Día de la Madre   f. _____ el Día de los Enamorados

c. _____ el Año Nuevo   g. _____ una boda

d. _____ la graduación   h. _____ un cumpleaños

D. Nada que celebrar

VOCABULARIO ÚTIL

el cuate	pal (*slang term for "very good friend," Mex.*)
Ah, ya	*I get it*
¡Anímate!	*Cheer up!*
el chaperón	*chaperone*

Diego Herrero, el hermano de Graciela, está jugando al básquetbol con su amigo Rafael. Los dos chicos son estudiantes en el Colegio Sagrado Corazón.

Escoja la respuesta más lógica.

1. Diego está triste porque…

   a. no tiene su tarea.

   b. no juega muy bien al básquetbol.

   c. no tiene novia y es el Día de los Enamorados.

2. Rafael dice que…

   a. las novias no son importantes.

   b. hay muchas muchachas en el colegio.

   c. Diego no necesita tener novia.

3. Rafael va a bailar en una discoteca con Graciela esta noche porque…

   a. es el cumpleaños de Graciela.

   b. es viernes.

   c. son novios.

4. Diego va a la discoteca también porque…

   a. Graciela necesita un chaperón.

   b. le gusta tomar cerveza.

   c. quiere bailar con Amanda.

✳ La rutina diaria

E. La solución perfecta

VOCABULARIO ÚTIL

a cinco cuadras   *five blocks away*
De ahora en adelante *From now on*

La profesora Martínez conversa con Alberto sobre sus
actividades de la mañana.

❖   ❖   ❖

¿Quién dice lo siguiente, la profesora Martínez (**P**), Alberto (**A**) o los compañeros de la clase de
Alberto (**CC**)?

1. _____ ¿Por qué siempre llega tarde a clase?

2. _____ Vivo a cinco cuadras de la universidad.

3. _____ En la mañana me ducho, me pongo la ropa, me peino, desayuno, me lavo los dientes.

4. _____ ¡Siempre tarde!

5. _____ Usted duerme mucho.

6. _____ Tengo la solución perfecta: de ahora en adelante usted va a despertarse a las seis y media.

7. _____ ¡Qué temprano!

F. Una carta de Lola Batini

VOCABULARIO ÚTIL

la carta   *letter*
Por acá   *Here*
les enseño   *I teach them*
dar una vuelta *to go for a walk*
                (or a ride)
el vecindario   *neighborhood*

Lola Batini es una maestra mexicana de 42 años
que vive en la Ciudad de México. Ahora le está
escribiendo una carta a Celia, una amiga que vive
en Chicago. Escuchemos la carta.

❖   ❖   ❖

¿Cuándo hace doña Lola estas actividades? Complete las oraciones correctamente.

1. _____ les enseña a las niñas a leer.

2. _____ les enseña matemáticas, ciencias naturales, historia y geografía.

3. _____ va a su casa y descansa un poco.

4. _____ se acuesta.

5. _____ su rutina es diferente.

✳ Los estados físicos y anímicos

G. El examen de Pilar

VOCABULARIO ÚTIL

Para	*Stop*
Vale, vale	*OK, OK (Spain)*
perder el autobús	*to miss the bus*
si pierdes uno	*if you miss one*
buena suerte	*good luck*

José Estrada va caminando al Parque del Retiro[1] cuando ve a su novia, Pilar Álvarez. ¡Pilar va corriendo!

❖ ❖ ❖

¿Cierto (**C**) o falso (**F**)?

1. _____ Pilar quiere desayunar con José hoy.

2. _____ El autobús pasa en diez minutos.

3. _____ Pilar está preocupada porque tiene un examen hoy.

4. _____ José corre porque él también va a tomar el autobús.

5. _____ José va a hacer ejercicio en el Parque del Retiro.

H. Madrid en un día

VOCABULARIO ÚTIL

A este paso	*At this pace (At this rate)*
disfrutar	*to enjoy*
el espíritu de aventura	*sense of adventure*
supongo	*I suppose*

Lugares mencionados

la Plaza de España	una plaza famosa que tiene un monumento dedicado a Miguel de Cervantes, el autor de *Don Quijote*
el Palacio Real	el palacio de los reyes de España

Es verano y Pedro y Andrea Ruiz están de vacaciones en España. Hoy están caminando por la Plaza de España en Madrid, para luego visitar el Palacio Real.

❖ ❖ ❖

---

[1]Parque... un parque muy grande en el centro de Madrid

¿Cierto (**C**) o falso (**F**)?

1. _____ Los dos tienen calor porque hace calor.

2. _____ Andrea quiere visitar más lugares turísticos.

3. _____ Pedro tiene mucha hambre y prefiere comer en un restaurante elegante.

4. _____ Andrea está cansada y quiere comer.

5. _____ Pedro admite que es imposible ver Madrid en un día.

✳ ¡A repasar!

I. Fiestas y deportes

VOCABULARIO ÚTIL

la fiesta de quince años	*coming out party*
requieren	*they require*
el esfuerzo	*effort*
chistoso	*funny*

Es un día de primavera en la Ciudad de México. Don Anselmo, un señor de 75 años de edad, y su amigo don Eduardo, quien tiene 80 años, están conversando en el parque.

Diga quién hace las siguientes actividades: don Eduardo, su esposa o don Anselmo.

1. _____ Se levanta temprano.

2. _____ Se acuesta tarde.

3. _____ Es mayor que su esposa.

4. _____ Baila menos que su esposo.

5. _____ No va a muchas fiestas pero practica deportes.

6. _____ Juega al dominó y a las cartas.

Pronunciación y ortografía

❋ Ejercicios de pronunciación

I. PRONUNCIACIÓN: j, g

The letter **g** before the letters **e** and **i** and the letter **j** are pronounced the same in Spanish. They are very similar to the letter *h* in English. The pronunciation of the **g** and **j** sound varies somewhat in different parts of the Spanish-speaking world. In some countries, it is pronounced stronger, with more friction in the throat, than in others.

A. Listen and then pronounce the following words with the letters **g** (followed by **e** or **i**) and **j**.

> colegio, sociología, gimnasio, inteligente, generoso, ojos, joven, roja, viejo, bajo, anaranjado, traje, hijo, mujer, junio, ejercicios, dibujo

B. Listen and then pronounce the following sentences. Be sure to pronounce the **g** and **j** correctly.

1. El libro rojo es el libro de sociología.
2. El libro anaranjado es el libro de geografía.
3. ¿Tienes aquí tu traje de gimnasia?
4. Señora, su hijo tiene los ojos muy bonitos.
5. Ese joven es muy inteligente y le gusta jugar al tenis.

II. PRONUNCIACIÓN: y

In Spanish the letter **y** is pronounced like the Spanish vowel **i** if it appears at the end of a word. Otherwise it is pronounced the same as the Spanish letter **ll**.

A. Listen and then pronounce the following words, in which **y** is pronounced **i**.

> y, hay, soy, muy

B. Now listen and pronounce these words, in which **y** is pronounced like **ll**.

> playa, leyendo, mayo, yo, uruguayo

❋ Ejercicios de ortografía

I. THE LETTERS j AND g

The letter **g**, before the vowels **e** or **i**, and the letter **j** are pronounced the same.

Listen to these words and write them with the letter **g** or the letter **j**.

1. _____   6. _____

2. _____   7. _____

3. _____   8. _____

4. _____   9. _____

5. _____   10. _____

11. _____   14. _____

12. _____   15. _____

13. _____

II. THE LETTERS **y** AND **ll**

The letter **y** is pronounced similarly to the letter **ll: mayo, amarillo.** In the word **y** (*and*) it is pronounced as the vowel **i.** If it appears at the end of a word as in **voy, hoy,** it is also pronounced as **i,** but together in a diphthong with the preceding vowel.

Listen to the following words and write them with either **y** or **ll.**

1. _____   11. _____

2. _____   12. _____

3. _____   13. _____

4. _____   14. _____

5. _____   15. _____

6. _____   16. _____

7. _____   17. _____

8. _____   18. _____

9. _____   19. _____

10. _____   20. _____

Videoteca

✳ **Los amigos animados**

Vea la sección **Los amigos animados** de las **Actividades auditivas** para hacer la actividad correspondiente.

(*Continúa.*)

✳ Escenas culturales

Guatemala

VOCABULARIO ÚTIL

hermoso/a	*beautiful*
las ruinas	*ruins*
la pirámide	*pyramid*
el templo	*temple*
la selva tropical	*rainforest*
el traje colorido	*colorful outfit*

Lea estas preguntas y luego vea el video para contestarlas.

1. Antigua fue la ciudad capital de Guatemala hasta _____.

   a. 1983   b. 1783   c. 1773

2. La ciudad de Tikal es famosa por sus ruinas de la cultura _____.

   a. maya   b. azteca   c. zapoteca

3. Los indios mayas-quichés se visten con trajes _____.

   a. que ellos fabrican

   b. que compran en el mercado

   c. de color gris: saco, pantalones y corbata

✳ Escenas en contexto

Sinopsis

Roberto habla con un empleado en una tienda de discos.

VOCABULARIO ÚTIL

¿En qué te puedo servir?	*How may I help you?*
devolver	*to return (an item)*
el recibo	*receipt*
reembolsar	*to reimburse*
¡Qué pena!	*That's too bad!*
fíjate	*"ya know," look*
el/la guitarrista	*guitarist*

Lea estas preguntas y luego vea el video para contestarlas.

A. ¿Cierto (**C**) o falso (**F**)?

1. ____ El disco fue (*was*) un regalo de Navidad.

2. ____ Roberto trae su recibo.

3. ____ Roberto quiere comprar el nuevo disco de Ragazzi.

4. ____ El nuevo disco de Ragazzi sale el viernes.

5. ____ Roberto decide comprar un disco de otro grupo, Maná.

B. Complete con la información correcta.

1. Roberto recibió el disco para _____.

2. El empleado no puede (*is not able*) devolverle el dinero porque Roberto _____.

3. Al final Roberto decide _____ y cambiar (*exchange*) su disco por el nuevo disco de Ragazzi.

 **ecturas**

 **LECTURA** ## Poesía: «Cinco de mayo» por Francisco X. Alarcón

Selección de su libro *Jitomates risueños* (1997)

 PISTAS PARA LEER

Francisco X. Alarcón (1954) is a famous Chicano poet and educator. In his poem "Cinco de mayo," Alarcón describes an important Mexican holiday that celebrates the victory of Mexico against the French army in the city of Puebla, on May 5, 1862.

VOCABULARIO ÚTIL

la batalla	*battle*
agitar banderas	*to wave flags*
un baile con piropos	*flirting dance*
la horchata	*cold drink made of almonds or rice*
las tostaditas	*corn chips*
un grito de alegría	*cry of joy*
ya mero	*almost*

El Cinco de mayo en Los Ángeles, California

Cinco de mayo

una **batalla**
en los libros
de historia

una fiesta
de música
y colores

una ocasión
para **agitar**
banderas

un baile
con piropos
y piñata

horchata
tostaditas
y guacamole

un mango
con chile
y limón

un grito
de alegría
y primavera

¡sí, **ya mero**
salimos
de vacaciones!

Comprensión

1. ¿A qué batalla se refiere el poeta en el primer verso?

    _____

2. ¿Qué comidas y bebidas se mencionan en el poema?

    _____

3. El cinco de mayo hay fiesta con baile. ¿Qué otras cosas hay? Mencione cuatro.

    _____

4. ¿Por qué dice el poeta que pronto salimos de vacaciones? ¿A qué vacaciones se refiere?

    _____

Un paso más... ¡a escribir!

¿Le gustaría tener más días feriados durante el año? Invente uno para ponerlo en el calendario y descríbalo en uno o dos párrafos. ¿Cómo se llama el día? ¿En qué fecha se celebra? ¿Cuáles son las actividades típicas de ese día?

LECTURA Los amigos hispanos: Las distracciones de Pilar

 PISTAS PARA LEER

Pilar Álvarez Cárdenas is 22 and lives in Madrid, Spain. She studies graphic arts at the Universidad Complutense de Madrid. She also works part-time for the telephone company. Here Pilar describes herself. She says her life is typical. Do you agree? As you read, visualize the places she mentions.

VOCABULARIO ÚTIL

el diseño	*design*
el piso	*apartment (Spain)*
madura	*mature*
analizar	*to analyze*
el móvil	*cellular phone (Spain)*
doy un paseo	*I take a walk*
rodeadas	*surrounded*
el cortao	*espresso coffee with milk*
céntrico	*central (conveniently located)*

La Gran Vía en Madrid

(Continúa.)

¿Cómo es mi vida? Más o menos típica, pienso yo. Mis amigos dicen que soy una persona alegre. Me gustan las fiestas, el teatro, los museos y especialmente el cine. Por lo general estoy bastante ocupada estudiando o trabajando. Me siento contenta con mi carrera de **diseño** y artes gráficas. Creo que soy como muchas jóvenes españolas de hoy.

En Madrid vivo en un **piso** pequeño con mi hermana Gloria. Ella es tres años menor que yo, aunque es muy **madura** para su edad. En casa a veces la llamamos «Hermanita Mayor». Gloria estudia psicología y le gusta **analizar** a la gente. Es fácil ver a mi hermana por la calle con su **móvil** en mano. Así habla con sus amigas y amigos: ¡sus «pacientes»! Cuando Gloria analiza mi personalidad, la escucho con paciencia. La verdad, quiero mucho a mi hermana, pero debo admitir que no es fácil vivir con una psicóloga.

Nuestro piso está cerca del Parque del Retiro y del Museo del Prado.[1] Cuando no quiero estudiar más, **doy un paseo** por el Retiro. Ese parque enorme tiene muchos árboles y un hermoso lago. Es tan agradable caminar allí cuando hace sol. Y como vivimos **rodeadas** de cines, pues a veces me escapo a ver alguna película. Me gustan los documentales recientes de Estados Unidos y México, pero las películas que me encantan son las que cuentan historias humanas diferentes. Mi director español favorito es Almodóvar.[2] Siempre voy a ver sus nuevos filmes.

Cerca de nosotras hay también una discoteca muy buena. Los sábados por la noche bailo allí con mi novio y nuestros amigos. Y visito el Museo del Prado casi todos los domingos. Nunca me aburro de ver las obras de Goya y Velázquez, mis artistas preferidos. Después de ir al museo, paseo por la Gran Vía[3] y me tomo un **cortao** en algún café.

Mi hermana dice que vivimos en un lugar ideal porque todo está cerca y siempre hay algo que hacer. A mí también me gusta vivir en un sitio tan **céntrico**. Pero este piso tiene un problema para mí. ¡Es difícil estudiar aquí con tantas distracciones!

Comprensión

¿A quién se refiere cada descripción: a Pilar (**P**), a Gloria (**G**) o a las dos (**LD**)?

1. _____ Estudia psicología.

2. _____ Vive en un apartamento con su hermana.

3. _____ Le gusta analizar a la gente.

4. _____ Estudia diseño y artes gráficas.

5. _____ Vive cerca del Parque del Retiro y del Museo del Prado.

6. _____ Dice que viven en un lugar ideal.

7. _____ Le gusta caminar cuando hace sol.

8. _____ Es la hermana menor.

9. _____ Va a bailar a una discoteca los sábados por la noche.

10. _____ Le gustan los documentales y las películas de Almodóvar.

Un paso más... ¡a escribir!

Escriba una composición de dos o tres párrafos describiendo su vida como lo hace Pilar. Puede usar estas preguntas como guía: **¿Cómo es su personalidad? ¿Qué le gusta hacer en su tiempo libre? ¿Dónde vive? ¿Hay lugares interesantes cerca de donde usted vive?** Descríbalos.

---

[1]*The Museo del Prado houses approximately 3,000 paintings. The best of these represent artists from the 1500s, 1600s, and early 1800s. Paintings by El Greco, Diego Velázquez, and Francisco de Goya are the pride of the collection.*
[2]Pedro Almodóvar, director de *Todo sobre mi madre* (1999), *Hable con ella* (2003) y *La mala educación* (2004).
[3]La Gran Vía es una avenida en el centro de Madrid.

Las clases y el trabajo Capítulo 5

Actividades escritas

✳ Las actividades en la clase de español

Lea Gramática 5.1.

A. Lea las oraciones y llene los espacios en blanco con los pronombres apropiados: **me, te, le, nos** o **les.**

MODELO:    Somos amigos: tú *me* dices las respuestas de la tarea de matemáticas y yo *te* digo las (respuestas) de la tarea de español, ¿vale?

1. Luis y yo tenemos una buena amiga en el banco. Ella _____ explica cuando tenemos problemas. Nosotros siempre _____ decimos «Gracias».

2. Para el Día de San Valentín, Esteban _____ escribió una tarjeta romántica a Nayeli, una nueva estudiante. Nayeli _____ escribió una carta larga a Esteban.

3. La profesora Martínez _____ pregunta a mí y a Mónica si queremos ir a Guanajuato con ella. Nosotros _____ contestamos: —Sí, sí, ¡por supuesto!

4. La profesora _____ hace la misma pregunta a Carmen y a Nora. Ellas

también aceptan la invitación. _____ dicen: —¡Sí! ¡Gracias!

5. Esteban dice: —Hola, Luis. ¿_____ lees la carta de mi nueva amiga,

Nayeli, por favor?

Luis: —Sí, Esteban. Con mucho gusto _____ leo la carta si tú _____ dices

qué tienes en esa caja.

B. Escoja el verbo apropiado para completar cada oración: **aprender, comprender, decir, empezar, enseñar, escribir, escuchar, explicar, hablar, hacer, hacer preguntas, preparar, recoger, terminar.** No olvide usar la forma correcta de cada verbo. Puede usar los verbos más de una vez.

1. En la clase la profesora _habla_ y los estudiantes _escuchan_.

2. Cuando yo no _____ algo, el profesor me _____.

3. Es necesario _____ el **Capítulo 4** hoy porque mañana vamos a

_____ el **Capítulo 5.**

4. En la clase de español (yo) _____ a la profesora con cuidado y

comprendo casi todo lo que ella _____.

5. Todas las tardes _____ mi tarea.

6. En clase, cuando los estudiantes no _____ la gramática o el vocabulario,

ellos le _____ a la profesora.

7. El profesor _____ la clase todas las noches.

8. El profesor _____ la tarea de los estudiantes antes de empezar las

actividades del día.

9. Cuando la profesora _____ el vocabulario nuevo en la pizarra, nosotros

_____ las palabras en nuestros cuadernos.

10. Nosotros _____ mucho porque el profesor enseña muy bien.

C. Lea este párrafo sobre la clase de francés de Ángela Lucero. Luego escriba un párrafo de 12 a 15 oraciones sobre lo que usted hace durante su clase de español. Use una hoja de papel aparte.

MODELO: Mi clase de francés empieza a las 9:00 en punto. Unos minutos antes, yo saludo a mis compañeros. Luego escucho las explicaciones de la profesora. Ella dice en inglés: «*Class, today we are going to read. Miss Lucero, please, read . . .* » Oigo mi nombre, entonces abro el libro y leo en voz alta. Después la profesora dice: «*Let's answer the questions.*» Yo saco mi cuaderno y mi lápiz y escribo las respuestas. Algunas veces termino antes y hago la tarea de matemáticas o leo los mensajes de texto en mi celular. La profesora es simpática, pero la clase es muy aburrida y no aprendo mucho francés. Finalmente, cuando es hora de salir, le doy la tarea a la profesora, les digo adiós a mis amigos y salgo.

✳ Las habilidades

Lea Gramática 5.2.

D. Escriba oraciones sobre actividades que usted no sabe hacer pero que otras personas sí saben hacer. Piense en actividades como **cocinar, nadar, navegar por Internet, patinar en el hielo,** etcétera.

> MODELOS: Yo no sé reparar carros, pero mi novio sí sabe.
>
> Yo no sé hablar francés, pero mi amiga Nicole sí sabe.

1. _____
2. _____
3. _____
4. _____
5. _____
6. _____

E. Piense en cinco personas famosas y escriba una oración sobre cada una describiendo la actividad que sabe hacer muy bien.

> MODELO: La argentina Gisela Dulko sabe jugar al tenis muy bien.

1. _____
2. _____
3. _____
4. _____
5. _____

F. ¿Puede(n) o no puede(n)? Escriba sí o no y por qué.

> MODELO: ¿Puede usted ver la televisión y estudiar español a la vez (*at the same time*)? →
> *Sí, porque soy muy inteligente.*

1. ¿Puede usted comer y hablar a la vez?

   _____

2. ¿Puede un perro hablar inglés? ¿Y puede comprender inglés?

   _____

3. ¿Puede usted escribir bien con la mano izquierda? [(No) Soy zurdo/a. = *I am (not) left-handed.*]

   _____

4. ¿Pueden nadar los peces? ¿los pájaros (*birds*)?

   _____

5. ¿Pueden los estudiantes dormir y aprender a la vez?

   _____

✳ Las carreras y las actividades del trabajo

Repase Gramática 2.5 y lea Gramática 5.3–5.4.

G. Usted está en una fiesta y está identificando a varias personas que su amigo/a no conoce. Describa las actividades profesionales de esas personas.

> MODELO: Esas señoras que están allí son *enfermeras* y trabajan en el hospital San Martín.

1. Este señor que está aquí es _____. Examina a sus pacientes en su consultorio.

2. Estas señoras que están aquí son _____ bilingües y enseñan en una escuela en Buenos Aires.

3. Este señor que está aquí enfrente es _____. Trabaja en un taller de reparaciones que está al lado del parque.

4. Esta joven que está aquí detrás corta el pelo en la peluquería El Esplendor. Es

   _____.

5. Esos señores que están allí son _____. Están investigando la construcción de un puente como el Golden Gate de San Francisco.

6. Esa señorita que está allí trabaja de _____ en el Banco Nacional de México.

7. Esa joven alta que está allí es _____. Ayuda a sus clientes a administrar (*to manage*) el dinero.

8. Aquellas señoritas que están allá cerca de la puerta cantan en el Club de Catalina. Son

   _____.

9. Aquel señor que está allá es _____. Atiende mesas en el restaurante El Patio Andaluz.

10. Aquellos señores que están allá son _____. Investigan a las familias que maltratan a sus hijos.

H. ¿Qué están haciendo?

> MODELO: Es domingo y son las seis de la mañana. Usted está en su casa. ¿Qué está haciendo? →
> *Estoy durmiendo. ¡Es muy temprano!*

1. Es lunes y usted está en su trabajo. ¿Qué está haciendo?

   _____

2. Es martes. Son las seis de la tarde y usted está en la biblioteca. ¿Qué está haciendo?

   _____

3. Son las ocho de la noche. El cocinero está en el restaurante. ¿Qué está haciendo?

   _____

4. Es viernes por la tarde. Usted y su novio/a (esposo/a) están en el cine. ¿Qué están haciendo?

   _____

5. Es jueves por la mañana y el médico está en el hospital. ¿Qué está haciendo?

   _____

6. Es/Son la(s) _____ de la _____. Usted y su mejor

   amigo/a están en _____. ¿Qué están haciendo?

   _____

I. Escriba una composición de 12 a 15 oraciones sobre el trabajo que tiene actualmente (*currently*) o su trabajo ideal. ¿Qué tiene que hacer en su trabajo? ¿Cuáles son sus actividades allí? ¿A qué hora entra y a qué hora sale? ¿Es simpático su jefe/a? ¿Es bueno el sueldo? ¿Le gusta su trabajo? ¿Por qué? ¿Cuáles son los aspectos positivos de su trabajo? ¿y los negativos? Use una hoja de papel aparte.

✳ Las actividades futuras

Lea Gramática 5.5.

J. Termine esta nota con sus planes para su próximo cumpleaños. Use actividades como **desayunar, almorzar, ir al cine, pasear por la playa, salir a bailar, tener una fiesta,** etcétera. Luego puede darle la nota a su novio/a, a su esposo/a, a su mejor amigo/a o a sus padres.

Querido/a _____:

El (fecha) _____ *es el día de mi cumpleaños.*

Por la mañana tengo ganas de _____

_____

También me gustaría _____

_____

A mediodía pienso _____

_____

Por la tarde quiero _____

_____

Por la noche quisiera _____

_____

_____
(*su firma*)

K. Piense en su futuro. Escriba una composición de 12 a 15 oraciones sobre sus planes y deseos. ¿Qué va a hacer? ¿Qué le gustaría hacer después de graduarse? ¿Tiene ganas de descansar unos meses o piensa buscar empleo inmediatamente? ¿Quisiera viajar? ¿Adónde? ¿Le gustaría mudarse (*to move*) a otra ciudad / otro estado? ¿Qué otras cosas piensa hacer? Si usted ya se graduó (*graduated*), hable de sus planes para después de casarse (*getting married*) o jubilarse (*retiring*). Use una hoja de papel aparte.

L. Narre las actividades de estas personas usando los verbos que aparecen después del título. Use también **primero, después, luego, más tarde, finalmente.** Al terminar, describa qué le gustaría hacer a cada persona.

MODELO: El coche de Alberto es viejo. (**hablar, irse, llevar, pagar, reparar, revisar**)

Alberto lleva su carro al taller de mecánica. Primero, Alberto habla con el mecánico. Luego, el mecánico revisa el carro y habla con Alberto sobre los problemas y cuánto cuesta el servicio. Después, el mecánico repara el carro. Más tarde, Alberto le paga a la cajera pero,... ¡le gustaría irse sin pagar!

1. La profesora Martínez regresa del trabajo. (**acostarse, beber, cenar, llegar, preparar, tener sueño**)

_____

_____

_____

2. La terapeuta atiende al paciente. (**ayudar, dar masaje, examinar, jugar/divertirse, traer**)

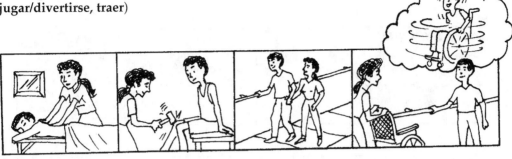

_____

_____

_____

3. Esteban trabaja en un restaurante. (**atender, invitarla, limpiar, recoger, servir**)

_____

_____

_____

4. La doctora Hernández está muy cansada. (**dormir, examinar, hablar, leer, llegar, operar**)

_____

_____

_____

(*Continúa.*)

5. Un buen abogado trabaja mucho. (**defender, entrar, hablar/consultar con, jugar, pagar**)

_____

_____

_____

Resumen cultural

Complete con la información cultural del **Capítulo 5.**

1. ¿Cómo se llama el héroe nacional que proclama la independencia de Venezuela en 1811?

   _____

2. ¿Qué quiere decir este gesto?  _____

3. ¿Cómo se dice @ en español? _____

4. ¿Qué quiere decir este gesto? _____

5. ¿Qué tribu principal de indígenas habita Venezuela cuando llega Cristóbal Colón?

   _____

6. ¿Cómo se llama el famoso pintor venezolano que pinta murales de contenido social y de

   protesta? _____

7. ¿Qué quiere decir este gesto?  _____

8. ¿Cómo se dice _link_ en español? _____

9. Nombre cuatro palabras del inglés que se usan en el español.

_____

10. Nombre cuatro palabras del español que se usan en el inglés.

_____

11. Nombre tres palabras usadas en inglés que son originalmente de idiomas indígenas.

_____

ctividades auditivas

✳ Los amigos animados

A. Andrés está aburrido.

Hoy es domingo y Susana Yamasaki conversa
con Andrés, su hijo menor.

❖   ❖   ❖

¿Cuál de las siguientes actividades quiere hacer (**Q**) Andrés y cuáles no quiere hacer (**N**)?

1. _____ leer su libro favorito

2. _____ jugar con sus amiguitos

3. _____ andar en patineta

4. _____ ir al cine

5. _____ ir al parque

B. ¡Feliz cumpleaños!

Hoy es el cumpleaños de Graciela y hay una fiesta en su casa. Ahora Graciela conversa con su hermano Diego.

Durante la fiesta de cumpleaños, ¿qué descubren Diego y Rebeca que tienen en común? Ponga un círculo en las respuestas correctas.

a. Están en la cocina.

b. Les gusta la comida de la fiesta.

c. Hoy es su cumpleaños.

d. Quieren bailar.

e. Tienen una hermana.

✳ Las actividades en la clase de español

C. Dos clases muy diferentes

VOCABULARIO ÚTIL

la traducción   *translation*

Ashley Reed es una amiga de Carmen Bradley. Ashley también toma una clase de idiomas, pero de francés. Ahora conversan en la cafetería de la universidad.

¿Con quién asocia usted estas afirmaciones, con Carmen (**C**) o con Ashley (**A**)?

1. _____ Es una chica entusiasta, y le gusta mucho su clase de idiomas.

2. _____ Cree que su clase de idiomas es aburrida.

3. _____ En su clase aprende verbos y más verbos.

4. _____ En su clase de idiomas la profesora nunca habla inglés.

5. _____ Le gusta escuchar a su profesora.

6. _____ En su clase de idiomas la gramática y las traducciones son muy importantes.

7. _____ En su clase de idiomas hacen entrevistas, cantan y ven videos.

8. _____ Quiere viajar a España.

✳ Las habilidades

D. Un trabajo para Mónica

VOCABULARIO ÚTIL

conseguir	*to get*
el club nocturno	*nightclub*
diseñar sitios Web	*to design websites*
por tu cuenta	*on your own*

Mónica Clark quiere ganar un poco de dinero trabajando después de las clases. Ahora está charlando con Luis Ventura en la cafetería de la universidad.

❖ ❖ ❖

Complete correctamente.

1. Mónica no va a buscar empleo en un _____. Sólo sabe cocinar para grupos

   pequeños.

2. Mónica no va a buscar empleo en un banco porque _____

3. Mónica no va a buscar empleo en un _____ porque no sabe cantar muy bien.

4. Mónica puede _____ por su cuenta porque _____

   diseñar sitios Web.

E. El modesto

VOCABULARIO ÚTIL

impresionarla	*to impress her*
las que hago yo	*the ones that I make*
¡No me diga!	*You don't say!; you're kidding!*
la modestia	*modesty*
demasiado	*too much*
ordinaria	*ordinary*

Adriana Bolini conversa con Víctor Ginarte, un nuevo compañero del trabajo. Víctor quiere salir con Adriana y trata de impresionarla.

(Continúa.)

Indique a quién describen estas oraciones, a Víctor (**V**), a Adriana (**A**) o a ninguno de los dos (**N**).

1. _____ Es un cocinero excelente y sabe hacer pizzas.

2. _____ Es una persona ordinaria.

3. _____ Sabe tocar la guitarra y cantar.

4. _____ Trabaja en una pizzería.

5. _____ Sabe pilotear un avión.

6. _____ Al fin, decide no salir a comer pizza con su compañero del trabajo.

✳ Las carreras y las actividades del trabajo

F. Grandes planes

VOCABULARIO ÚTIL

¡Qué gusto oírte!	*How nice to hear from you!*
recuerda	*remember*
los angelitos	*little angels*
la administración de negocios	*business administration*
mientras tanto	*meanwhile*
me despido	*I'll say good-bye*

Hoy es sábado y Lola Batini conversa por teléfono con Celia, su amiga que vive en Chicago, Illinois.

❖ ❖ ❖

¿A quién representan estos dibujos, a Lola (**L**), a Celia (**C**) o a las dos (**LD**)?

1. _____

2. _____

3. ____

4. ____

G. La casa nueva

VOCABULARIO ÚTIL

terminada	*finished*
Está instalando	*He is installing*
Sí, cómo no.	*Yes, of course.*

Ernesto y Estela van a tener una casa nueva. En este momento está casi terminada. Ahora Ernesto está hablando con el supervisor del proyecto.

❖ ❖ ❖

Conteste brevemente.

1. ¿Por qué no puede hablar Ernesto con el plomero? ¿Qué está haciendo él?

   _____

2. ¿Por qué no puede hablar Ernesto con el electricista? ¿Qué está haciendo él?

   _____

3. Por la tarde, ¿qué está haciendo el electricista?

   _____

4. ¿Con quién puede hablar Ernesto finalmente? _____

✳ Las actividades futuras

H. Los futuros doctores

VOCABULARIO ÚTIL

el regalo	*gift, present*
la talla	*size*
¡Igual que yo!	*Like me!; The same as I!*
especializarme	*to specialize*

(Continúa.)

Carla Espinosa trabaja de dependienta en una tienda de ropa en San Juan, Puerto Rico. En estos momentos está conversando con un joven cliente.

¿Cierto (**C**) o falso (**F**)?

1. _____ El cliente busca un regalo para su hermana.

2. _____ El cliente conoce a Carla porque los dos son estudiantes en la Universidad de Río Piedras.

3. _____ Él estudia literatura y ella estudia medicina.

4. _____ Carla piensa especializarse en España.

5. _____ El cliente quiere entrar en una buena escuela de medicina.

6. _____ El cliente decide comprarle un pijama a su mamá.

I.   ¡Vamos a correr!

VOCABULARIO ÚTIL

el pan dulce   *sweet rolls* (*Mex.*)

Son las ocho de la mañana de un sábado de primavera. Nora Morales llama a Luis Ventura por teléfono.

¿Cierto (**C**) o falso (**F**)?

1. _____ Cuando Nora llama, Luis está durmiendo.

2. _____ Luis no tiene ganas de correr hoy.

3. _____ Nora insiste en que Luis necesita hacer un poco de ejercicio.

4. _____ Luis quiere leer el periódico antes de correr.

5. _____ Nora quiere correr la semana próxima.

6. _____ Van a tomar un café y comer pan dulce antes de correr.

❋ ¡A repasar!

J.   ¡Qué noche más larga!

VOCABULARIO ÚTIL

la cuenta	*bill, check*
¡Ya era hora!	*About time!*
la demora	*wait*
listas	*ready*
Ya voy	*I'm coming*

Es un viernes por la noche y Luis está trabajando en el restaurante México Lindo. Es mesero y hoy todos están muy ocupados; hay muchos clientes. El gerente le pide ayuda a Luis.

❖   ❖   ❖

¿Con quién asocia usted estas afirmaciones, con Luis (**L**), con el gerente (**G**) o con los clientes (**C**)?

1. _____ Estoy muy ocupado; tengo cuatro mesas en este momento.

2. _____ Necesito tener más meseros. Sólo Luis está aquí hoy.

3. _____ No me gusta cuando los clientes esperan mucho tiempo. Necesito pedirles disculpas (perdón) a los clientes de las mesas cinco y seis.

4. _____ ¡Este hombre cree que yo tengo cuatro manos!

5. _____ ¡El servicio no es muy bueno hoy!

ronunciación y ortografía

✳ Ejercicios de pronunciación

I. PRONUNCIACIÓN: **p, t, c,** AND **qu**

The following consonants are pronounced very tensely: **p, t, qu** before **e** and **i**; and **c** before **a, o,** and **u**. In English these consonants are often pronounced in a more relaxed fashion and with a small explosion of air; no such explosion of air occurs in Spanish. Note also that the Spanish **t** is pronounced with the tip of the tongue touching the back of the upper teeth, whereas the English *t* is pronounced with the tongue further back, on the alveolar ridge.

A. Listen to the following words in English and Spanish.

ENGLISH	SPANISH	ENGLISH	SPANISH	ENGLISH	SPANISH
patio	patio	*taco*	taco	*casino*	casino
papa	papá	*tomato*	tomate	*Kay*	que

B. Listen and then pronounce the following words tensely, avoiding any escape of extra air.

pelo, piernas, piso, pizarra, planta, pluma, puerta, pequeño, Perú, perro, padre, poco, precio, país

taxi, tiza, traje, tiempo, teatro, televisión, trabajo, tocar, tomar, tenis

cabeza, castaño, corto, café, camisa, corbata, cuaderno

qué, quién, quiero, quince

C. Concentrate on the correct pronunciation of **p, t,** and **c/qu** as you listen and pronounce the following sentences.

1. El pelo de Luis es muy corto.
2. La camisa de Raúl es de color café.
3. Carmen tiene un traje de tenis nuevo.
4. ¿Quién tiene una corbata nueva?
5. Nora tiene un carro pequeño.

II. PRONUNCIACIÓN: LINKING

Words in spoken Spanish are normally not separated, but rather are linked together in phrases called breath groups.

A. Listen to the breath groups in the following sentence.

Voy a comer / y después / quiero estudiar / pero tal vez / si tengo tiempo / paso por tu casa.

Words within a phrase or breath group are not separated but pronounced as if they were a single word.

B. Notice especially the following possibilities for linking words. (*C* = consonant and *V* = vowel.)

$C + V$ más_o menos, dos_o tres, tienes_el libro

$V + V$ él o_ella, voy_a_ir, van a_estudiar, su_amigo, todo_el día

C. Notice also that if the last sound of a word is identical to the first sound of the next word, the sounds are pronounced as one.

$C + C$ los_señores, el_libro, hablan_naturalmente

$V + V$ Estoy mirando a_Alicia, ¡Estudie_en México!, ¿Qué va_a_hacer?

D. Listen and then pronounce the following sentences. Be sure to link words together smoothly.

1. No me gusta hacer nada aquí.
2. Los niños no tienen nada en las manos.
3. El libro está aquí.
4. Linda va a hablar con Norma.
5. Mi hijo dice que son nuevos los zapatos.

✳ Ejercicios de ortografía

I. THE LETTERS c AND q

The letter **c** followed by **a, o,** or **u** and the letters **qu** followed by **e** and **i** are both pronounced with the sound of the letter *k*. Only foreign words in Spanish are written with the letter **k.**

Listen and write the words or phrases you hear. Be careful to use the letters **c** and **qu** correctly.

1. _____
2. _____
3. _____
4. _____
5. _____

6. _____
7. _____
8. _____
9. _____
10. _____

II. WORD STRESS

A word that ends in a vowel and is stressed on the last syllable must carry a written accent on the last syllable. For example: **mamá.**

A. Listen and then write the words you hear stressed on the last syllable.

1. _____   4. _____

2. _____   5. _____

3. _____

A word that ends in the letters **n** or **s** and is stressed on the last syllable must have a written accent on the last syllable. For example: **detrás.** This includes all words ending in **-sión** and **-ción.**

B. Listen and write the words you hear stressed on the last syllable.

1. _____   6. _____

2. _____   7. _____

3. _____   8. _____

4. _____   9. _____

5. _____   10. _____

Words that end in an **-n** or **-s** in the singular and that are stressed on the final syllable, like **francés** or **comunicación,** do not need a written accent mark on forms with an additional syllable. This includes feminine forms, such as **francesa,** and plural forms, such as **franceses** and **comunicaciones.**

C. Listen and write the following pairs of words.

1. _____ → _____

2. _____ → _____

3. _____ → _____

4. _____ → _____

5. _____ → _____

Videoteca

✳ Los amigos animados

Vea la sección **Los amigos animados** de las **Actividades auditivas** para hacer la actividad correspondiente.

✳ Escenas culturales

Venezuela

VOCABULARIO ÚTIL

el noreste	*northeast*
cálido/a	*warm*
el libertador	*liberator*
el recurso económico	*economic resource*
el petróleo	*oil*
la naturaleza	*nature*
el río	*river*
el tepuye	*flat-topped mountain*

Lea estas preguntas y luego vea el video para contestarlas.

1. ¿Quién es Simón Bolívar? _____

2. ¿Cuál es el recurso económico más importante de Venezuela? _____

✳ Escenas en contexto

Sinopsis

Mariela quiere hablar con una consejera.

VOCABULARIO ÚTIL

consejero/a	*counselor*
¿Me comunica con... ?	*Can I please speak with . . . ?*
disculpe	*excuse me*
¿De parte de quién?	*Who's calling?*
dejar un recado	*to leave a message*
hacer una cita	*to make an appointment*
el currículum	*résumé*

Lea estas preguntas y luego vea el video para contestarlas.

A. ¿Cierto (**C**) o falso (**F**)?

1. _____ La señora Valenzuela es la consejera.

2. _____ En este momento la consejera está almorzando.

3. _____ La recepcionista le dice que Mariela debe volver a llamar en dos semanas.

4. _____ Mariela hace una cita para el viernes a las nueve de la mañana.

5. _____ La recepcionista le dice que es recomendable traer el currículum.

B. Complete con la información correcta.

1. Mariela quiere _____ con la consejera Valenzuela.

2. En este momento la consejera _____.

3. Mariela quiere hablar con la consejera sobre las posibilidades de _____.

 **ecturas**

La educación en el mundo hispano

PISTAS PARA LEER

Learn about the educational system in the Hispanic world. Read about some important universities and about academic programs for foreign students in Spanish-speaking countries. Consider the possibility of studying Spanish abroad!

VOCABULARIO ÚTIL

consta	(*it*) *consists*
la etapa	*stage, phase*
escogen	*they choose*
la facultad	*department*
	(*at a university*)
gratuita/gratis	*free of charge*
la tasa de alfabetismo	*literacy rate*
extranjeros	*foreigners*

San Jose, Costa Rica. Estos estudiantes de secundaria participan en un experimento en la clase de química.

La educación en el mundo hispano **consta,** por lo general, de cuatro **etapas:** la educación primaria, la secundaria, la preparatoria y la universitaria. Después de la secundaria, los estudiantes reciben enseñanza preparatoria si quieren seguir estudios universitarios. En la universidad **escogen** una carrera —medicina, derecho o ingeniería, por ejemplo— y estudian de cuatro a cinco años en la **facultad** de su elección.

La educación es un aspecto vital de la sociedad en muchos países hispanos. La escuela primaria es **gratuita** en casi todas partes. Y la **tasa de alfabetismo** llega a más del 90 por ciento en Argentina, Colombia, Costa Rica, Chile, Cuba, Ecuador, España, Paraguay, Puerto Rico, Uruguay y Venezuela. El sistema educativo de Uruguay es excelente. En este país la educación es gratuita para los estudiantes de primaria, secundaria y universitaria. Por eso la tasa del alfabetismo en Uruguay es tan alta: el 96 por ciento. Cuba también tiene una tasa de alfabetismo muy alta: el 95 por ciento. Todo lo relacionado con la educación es **gratis** para los cubanos, desde los libros hasta el transporte a la escuela.

Algunas de las universidades más respetadas del mundo están en países hispanos. En España la más antigua es la Universidad de Salamanca, que se funda en 1218. La República Dominicana tiene la primera universidad en América Latina: la Universidad de Santo Domingo, establecida en 1538. Luego se funda la Universidad Autónoma de México (UNAM) en 1551. Hay otras muy importantes, como la Universidad Autónoma de Barcelona, la Complutense de Madrid y la Universidad de Santiago de Chile.

Las universidades hispanas preparan a miles de estudiantes anualmente; muchas tienen programas académicos para **extranjeros.** La Universidad Complutense de Madrid, por ejemplo, ofrece cursos de español en el verano y todo el año. Si usted quiere seguir aprendiendo español, ¡explore las muchas oportunidades que le ofrecen las universidades hispanas!

Comprensión

1. Describa el sistema escolar en el mundo hispano. ¿Cuántas partes tiene? ¿Cuánto tiempo duran los estudios universitarios? ¿Cuáles son algunas de las carreras que los estudiantes escogen?

   _____

2. La tasa de alfabetismo en Uruguay y Cuba es alta. Explique por qué.

   _____

3. ¿Cuál es la universidad más antigua de España? ¿y la de América Latina?

   _____

 Un paso más… ¡a escribir!

Mire la foto que acompaña esta **Nota cultural** y descríbala en un párrafo. Por ejemplo, ¿piensa usted que a estos estudiantes les gusta su clase? ¿Por qué? ¿Se ven interesados en el experimento? ¿Parece una clase interesante?

 # LECTURA **La diversidad económica**

 PISTAS PARA LEER

Learn some interesting facts about the economy of several Hispanic countries. Go over the **Vocabulario útil.** What products are listed? As you read, take note of these products and the natural resources mentioned. Do you agree that economic diversity characterizes the Hispanic world? How is it diverse?

VOCABULARIO ÚTIL

en vías de desarrollo	*developing*
el recurso natural	*natural resource*
el yacimiento de platino	*platinum deposit*
el oro	*gold*
el bálsamo	*balsam*
el aceite	*oil*
agrícola/agrario	*agricultural*
la caña de azúcar	*sugar cane*
el cobre	*copper*
el vino	*wine*

El mundo hispano es muy diverso en su cultura y su economía. Hay países de cultura indígena, como Bolivia, y otros de cultura europea, como Argentina. Hay países prósperos, como España, Chile y Costa Rica, y otros **en vías de desarrollo,** como Honduras y Guinea Ecuatorial. Pero en su totalidad, los países hispanos forman un grupo muy rico: tienen una historia fascinante, industrias modernas, una variedad de **recursos naturales** y sitios turísticos hermosos.

(Continúa.)

La diversidad económica caracteriza al mundo hispano. Colombia, por ejemplo, exporta principalmente café y petróleo, pero también tiene los **yacimientos de platino** más grandes del mundo. Y la industria colombiana del **oro** emplea a muchos trabajadores. El Salvador produce más **bálsamo** que ningún otro país hispano. El bálsamo es un **aceite** vegetal que se usa para preparar perfume y algunos medicamentos.

La economía de muchos países hispanos depende de la agricultura. El 70 por ciento de la producción **agrícola** de Honduras viene de la costa norte del país, donde cultivan café, bananas y cereales. Nueve países producen y exportan plátanos (bananas): Colombia, Costa Rica, Ecuador, Guatemala, Honduras, México, Nicaragua, Panamá y Venezuela. Otro país con una economía basada en la agricultura es Guinea Ecuatorial, la única nación de habla hispana en África. El café, la banana y el cacao son algunos de sus productos agrícolas.

La **caña de azúcar** es un recurso natural muy importante en los países del Caribe, especialmente en Cuba y la República Dominicana. Pero la caña también se cultiva en España. La región de Andalucía, al sur, tiene un clima favorable para la caña de azúcar. La industria azucarera española se concentra allí.

Buenos Aires, la capital de Argentina, tiene una población de 10 millones de habitantes. Es una ciudad moderna, el centro industrial y comercial de todo el país. En otras regiones de Argentina hay ricos recursos naturales. Argentina exporta muchos de sus productos **agrarios** y minerales. También tiene una base industrial extensa. La economía de Chile es una de las más

El cultivo de la caña de azúcar en la República Dominicana

prósperas de América Latina. Chile es el mayor productor de **cobre** en el mundo. Además, su industria del **vino** emplea a mucha gente. Los vinos chilenos son famosos y excelentes.

¿Tiene usted ahora una idea de lo rico y diverso que es el mundo hispano? Esperamos que siga descubriendo esta diversidad.

Comprensión

Diga a qué país o países se refiere cada descripción.

1. Su economía es fuerte y tiene muchas minas de cobre.

   _____

2. La economía depende principalmente de la agricultura.

   _____

3. Este país de habla hispana está en África.

   _____

4. La caña de azúcar es uno de sus recursos naturales.

   _____

Los vinos chilenos son famosos por todo el mundo.

5. Su capital es el centro industrial de todo el país. _____

Un paso más... ¡a escribir!

Escriba un informe de una página sobre uno de los países mencionados en la **Lectura.** ¿Dónde está? ¿Cuántos habitantes tiene? ¿Hay lugares turísticos? Incluya información sobre la economía del país. ¿Cuáles son sus recursos naturales? ¿sus industrias? ¿sus productos de exportación?

La residencia

Capítulo 6

Ⓐctividades escritas

✳ El vecindario y la casa

Lea Gramática 6.1–6.2.

A. Haga comparaciones.

MODELO:

Alberto   Esteban   Luis

(es: más alto que; el más alto de) → *Alberto es más alto que Esteban.*
Esteban es más alto que Luis.
Alberto es el más alto de los tres.

el sofá   el sillón   la mesita

1. (es: más grande o más pequeño/a que; el/la más grande o más pequeño/a de)

_____

_____

_____

el abuelo   **el hombre**   **el niño**

2. (es: mayor o menor que; el mayor o menor de)

_____

_____

_____

el carro   **la casa**   **la bicicleta**

3. (es: más caro/a o más barato/a que; el/la más caro/a o más barato/a de)

_____

_____

_____

Amanda $1,000   **Graciela** $1,000   **Ernestito** $500

4. (tiene: tanto dinero como; no... tanto dinero como)

_____

_____

_____

la casa de los Ruiz   **la casa de los Saucedo**   **la casa de los Silva**

5. (tiene: tantas ventanas como; no... tantas ventanas como)

_____

_____

_____

6. (es: tan moderno como; no… tan moderno como)

_____

_____

_____

B. ¿Mejor o peor? Explique qué es mejor o peor y por qué.

MODELO: ¿Tener un baño o tener varios? →
Es peor tener varios baños porque es difícil limpiar los baños.

1. ¿Vivir en el desierto o vivir en el centro de una ciudad grande?

_____

_____

2. ¿Tener una casa pequeña o tener una casa grande?

_____

_____

3. ¿Vivir solo/a o vivir con la familia?

_____

_____

4. ¿Poner alfombra o poner piso de madera (*hardwood floor*)?

_____

_____

5. Comprar una casa con patio grande o comprar un condominio sin patio?

_____

_____

 C. Un día típico. En dos o tres párrafos, describa un día típico en su casa y en su vecindario con su familia. ¿Qué hace usted con sus padres? ¿con sus hermanos? ¿con sus hijos? ¿con sus amigos? ¿Qué hacen juntos los fines de semana? Escriba los párrafos en una hoja de papel aparte.

 D. Escoja uno de estos temas y escriba una composición de 12 a 15 oraciones.

1. Describa su casa o apartamento. Diga cómo son el exterior y el interior. Describa las cosas que usted tiene en cada cuarto: los muebles, los aparatos, los cuadros.

2. Describa su vecindario en detalle. Comente sobre todo lo que hay en su vecindario: las casas, los apartamentos, las tiendas, los restaurantes, las escuelas, los parques y demás edificios.

✳ Las actividades en casa

Lea Gramática 5.4.

E. Escriba cinco oraciones sobre quién en su familia tiene la obligación o el deber de hacer estos quehaceres domésticos.

> MODELO: mi hijo / tener que / lavar el carro → *Mi hijo tiene que lavar el carro.*

yo		limpiar la casa
mi madre/padre		cocinar/preparar la cena
mi(s) hermano(s)	tener que	pasar la aspiradora
mi(s) hermana(s)	deber	tender las camas
mis abuelos	necesitar	sacar la basura
mi(s) hijo(s)/hija(s)		ayudar a mamá
mi novio/a		¿ ?
mi esposo/a		
nadie		

1. _____

2. _____

3. _____

4. _____

5. _____

F. Escoja seis de los quehaceres a continuación y diga con qué frecuencia hay que hacerlos. Use **hay que** y **es necesario** para indicar obligación; use estas expresiones para indicar la frecuencia: **todos los días, cada noche, cada semana, todos los fines de semana, diariamente, a veces, nunca, muchas veces, a menudo, frecuentemente.**

Quehaceres: bañar al perro, barrer el patio, cocinar, hacer las compras, regar las plantas, desempolvar

> MODELO: lavar el carro → *Hay que lavar el carro cada semana.*

1. _____

2. _____

3. _____

4. _____

5. _____

6. _____

G. Escriba una composición de 12 a 15 oraciones sobre todas sus obligaciones en casa. ¿Qué tiene que hacer todos los días por la mañana? ¿Tiene que preparar el desayuno? ¿Tiene que lavar los platos? ¿Tiene que tender las camas? ¿Debe pasar la aspiradora? ¿Debe desempolvar los muebles? ¿Necesita preparar el almuerzo? Y por la tarde, ¿qué debe hacer? ¿Necesita preparar la cena? ¿Debe sacar la basura de la cocina? ¿Es necesario regar las plantas? ¿Debe barrer el patio? ¿Tiene que lavar la ropa? ¿Tiene que plancharla? ¿Tiene otras obligaciones? ¿Cuáles son?

✳ Las actividades con los amigos

Lea Gramática 6.3.

H. ¿Qué hizo la familia Saucedo ayer? Mire los dibujos y diga qué hizo cada persona.

MODELO: Ernestito jugó con su perro, Lobo.

1. Ernestito _____

2. Lobo _____

3. Amanda _____

4. Ernesto _____

5. Estela _____

6. Guillermo _____

I. Diga si usted hizo estas actividades o no el día de su último cumpleaños.

> MODELO: ¿Bailó? → *Sí, bailé mucho en una fiesta en mi casa.*

1. ¿Se levantó temprano? _____

2. ¿Desayunó con su familia o con sus amigos? _____

3. ¿Charló por teléfono con su mejor amigo/a? _____

4. ¿Asistió a clases o se quedó en casa? _____

5. ¿Limpió su casa? _____

6. ¿Recibió muchos regalos? _____

7. ¿Cenó en un restaurante con su novio/a (esposo/a)? _____

8. ¿Bailó en una discoteca con sus amigos? _____

✳ Las presentaciones

Lea Gramática 6.4–6.5.

J. Escoja entre **saber** y **conocer.** Recuerde: Asocie **conocer** con «personalmente» y **saber** con «intelectualmente». Llene cada espacio en blanco con la forma correcta del verbo.

1. —¿_____ dividir sin calculadora, Esteban?

   —No, Carmen, yo no _____. ¡Es muy difícil!

2. —Profesora, ¿_____ usted el Zoológico de San Diego?

   —No, no lo _____. ¿Lo _____ ustedes?

3. —Raúl, ¿_____ si hay un buen restaurante mexicano cerca de la

   universidad?

   —Sí, hay uno excelente. Lo _____ muy bien porque como allí con frecuencia.

4. —Carmen, ¿es grande la casa de Lan?

   —No _____. No _____ su casa.

5. —Nora, ¿_____ dónde puedo comprar una guitarra buena?

   —Sí, Esteban, sí _____. Pero no _____ cuánto cuestan.

6. —Mónica, ¿_____ a la familia de la profesora Martínez?

   —No, solamente _____ a uno de sus primos.

7. —Profesora Martínez, ¿_____ usted cocinar?

   —No, Esteban, yo no _____ cocinar, pero _____

   preparar sándwiches muy buenos.

8. —¿_____ ustedes Madrid?

   —No, no conocemos esa ciudad, pero _____ que es la capital de España.

K. Llene los espacios en blanco usando estos pronombres de complemento directo: **lo/la, los/las.**

1. —Lan, ¿conoces a Esteban Brown?

   —Sí, _____ conozco bien. Somos amigos y compañeros de clase.

2. —Mónica, ¿vas a ver a tus amigos esta noche?

   —Sí, mamá. _____ voy a ver en el cine a las 7:00 de la noche.

3. —Pablo, ¿dónde están tus hermanos? No _____ veo.

   —Están aquí en el jardín, al lado del arbusto. No _____ ves porque no hay luz.

4. —¿Dónde están Luis y Nora? No _____ veo.

   —Profesora, no _____ ve porque no están aquí. Están enfermos hoy.

5. —Lan, ¿vas a invitar a Carmen y a Mónica a la fiesta?

   —Sí, claro que _____ voy a invitar. Son mis amigas.

L. Escriba un pequeño diálogo presentándole un nuevo amigo / una nueva amiga a su abuelo/a.

YO: _____

MI ABUELO: _____

_____

MI AMIGO/A: _____

_____

ⓡesumen cultural

Complete con la información cultural del **Capítulo 6.**

1. De 1824 hasta 1838 Costa Rica formó parte de las Provincias _____

   _____ .

2. En 1986 el presidente de Costa Rica, _____, recibió el

   _____ .

3. La poeta Gioconda Belli es de _____ .

4. En Puerto Rico la palabra **sato** quiere decir _____ .

5. Los españoles trajeron perros de guerra, llamados _____, para ayudar en la

   colonización de las Américas.

6. En España hay ciudades muy viejas que datan del _____ .

(Continúa.)

7. En general, las casas y los apartamentos en las ciudades hispanas son pequeños. Por lo tanto muchos hispanos van a _____ para pasear y conversar.

8. En la típica ciudad hispana hay muchas zonas mixtas. Describa una zona mixta.

_____

9. ¿Cuándo tienen lugar las fiestas de las Posadas en México?

_____

10. ¿Qué hace la gente del barrio para celebrar las Posadas?

_____

11. En México otra palabra para **plaza** es _____.

Actividades auditivas

✳ **Los amigos animados**

A. **Experimentos fantásticos**

Ramón Gómez está de visita en casa de la familia Saucedo para ver a su novia, Amanda. Pero Amanda no está lista, así que Ramón conversa con Ernestito.

¿En qué clase —biología (**B**) o educación física (**E**)— hace Ramón las siguientes actividades?

1. _____ Hace ejercicio.

2. _____ Hace experimentos fantásticos.

3. _____ Practica deportes.

4. _____ Corre.

5. _____ Usa un laboratorio.

B. El ingeniero y el profesor

Pablo Cavic y Raúl Saucedo están en la cafetería de la universidad, conversando sobre sus futuras carreras.

¿Quién diría lo siguiente, Pablo (**P**) o Raúl (**R**)?

1. _____ Tengo que estudiar física.

2. _____ Mis clases son difíciles.

3. _____ Me gusta mucho el idioma español.

4. _____ Necesito tener paciencia para poder enseñar bien.

5. _____ Me gusta ayudar a la gente.

❋ El vecindario y la casa

C. ¡Mira, tenemos nuevos vecinos!

VOCABULARIO ÚTIL

se mudan	*they are moving*
el estilo de moda	*contemporary style*
seguramente	*most likely*

Las amigas Rosita Silva y Lola Batini están mirando por la ventana de la casa de Rosita. Están observando al señor y a la señora Rivas, que se mudan hoy a un apartamento del vecindario.

Escoja la mejor respuesta.

1. _____ lleva unos pantalones rojos.

   a. Doña Rosita   c. La señora Rivas

   b. El doctor Rivas   d. Doña Lola

(*Continúa.*)

2. ____ tiene las piernas largas y lleva unos pantalones cortos.

    a. Doña Rosita

    b. El doctor Rivas

    c. La señora Rivas

    d. Doña Lola

3. Los muebles de ____ son de color morado y azul.

    a. la sala

    b. la cocina

    c. el dormitorio

    d. el comedor

4. Para ____ los Rivas tienen muebles muy bonitos y modernos, según doña Lola.

    a. el baño

    b. la cocina

    c. el dormitorio

    d. el comedor

5. Las dos amigas creen que ____ porque su televisor es enorme.

    a. los Rivas ven mucho la televisión

    b. a los Rivas les gusta ver a la actriz Adela Noriega

    c. a los Rivas no les gustan las telenovelas

    d. los Rivas miran mucho el horno de microondas

D. Condominios El Paraíso

VOCABULARIO ÚTIL

pagar	*to pay*
cómodos	*comfortable*
privado	*private*
la alberca	*swimming pool (Mex.)*
No hay nada como	*There is nothing like*
el hogar	*home*

Y ahora KSUN, Radio Sol, le presenta un mensaje de Condominios El Paraíso, que están en Mazatlán, México.

❖ ❖ ❖

Complete los espacios en blanco.

¿Están cansados de pagar el _____[1] cada mes? Tenemos la solución perfecta.

Nuestros _____[2] son grandes y cómodos, con tres _____[3],

dos baños y una gran _____[4] con balcón privado. Tienen una

_____[5] moderna y comedor separado. Venga a vernos. Estamos en la avenida

Mirador del Sur, número _____[6], aquí en Mazatlán. Recuerde, Condominios El

Paraíso.

✳ Las actividades en casa

E. Limpieza a Domicilio Espinosa

VOCABULARIO ÚTIL

la Limpieza a Domicilio	*Housecleaning*
sacudimos	*we dust*
Disfrute	*Enjoy*
el tiempo libre	*free time*

Ahora KSUN, Radio Sol, presenta un mensaje comercial de sus amigos en Limpieza a Domicilio Espinosa.

❖   ❖   ❖

Complete el párrafo con la información necesaria.

Limpieza a Domicilio Espinosa: ¡el mejor servicio! _____¹ toda su casa por un

precio muy bajo. Pasamos la aspiradora y _____² de la sala y los dormitorios.

_____³ la cocina, el comedor y el patio, y _____⁴ por

solamente _____⁵ dólares. Disfrute de su tiempo libre mientras nosotros hacemos sus

_____⁶. Llámenos al _____⁷.

F. A la abuela le gusta el fútbol.

VOCABULARIO ÚTIL

todavía	*still*
el campeonato	*championship*
¿Podría?	*Could I?*
emocionante	*exciting*
mete más goles	*scores more goals*

Raúl Saucedo está visitando a su abuela, doña María Eulalia, en Guanajuato, México. Ahora conversan después de la cena.

❖   ❖   ❖

¿Quién diría esto, la abuela (**A**) o Raúl (**R**)?

1. _____ ¡Ahhh, sólo aquí puedo comer una comida tan deliciosa!

2. _____ Debe estar cansada después de preparar esta cena. Yo voy a lavar los platos.

3. _____ No voy a ver una telenovela. Prefiero ver el partido de fútbol.

4. _____ Las abuelas de mis amigos no son como usted.

5. _____ Prefiero el América, ¡el mejor equipo de México!

✳ Las actividades con los amigos

G. Un verano divertido

VOCABULARIO ÚTIL

me divertí	*I had fun*
hiciste/hice	*you did/I did*
chistosa	*funny*
la aficionada	*fan*
¡Increíble!	*Unbelievable!; Incredible!*

Raúl Saucedo está en la cafetería de la Universidad de Texas en San Antonio. Conversa con su amigo Esteban Brown sobre sus actividades del verano.

❖ ❖ ❖

¿Qué actividades hizo Raúl con su abuela durante el verano? Indique si es cierto (**C**) o falso (**F**) lo que expresan los dibujos.

1. _____

2. _____

3. _____

4. _____

5. _____

6. _____

✳ Las presentaciones

H. El nuevo compañero

VOCABULARIO ÚTIL

el bailador	*dancer*
a tus órdenes	*at your service*
con permiso	*excuse me*

Alfredo Gil es un joven uruguayo que estudia
arquitectura en la Universidad Autónoma de México.
Ahora está en una fiesta en casa de Nacho Padilla,
quien también estudia arquitectura.

¿A quiénes corresponden estas descripciones? **¡OJO!** Puede haber más de una respuesta y algunas se
usan más de una vez.

1. _____ Estudia arquitectura.

2. _____ Canta y toca la guitarra.

3. _____ Baila muy bien.

4. _____ Es la novia de Nacho.

5. _____ Le presentó sus amigos a Alfredo.

6. _____ Es un nuevo compañero de Uruguay.

7. _____ Le gustaría escuchar las canciones de Maribel.

8. _____ Tiene una fiesta en su casa.

a. Jorge Ávalos
b. Alfredo Gil
c. Carlos Hernández
d. Maribel
e. Silvia Bustamante
f. Nacho Padilla

✳ ¡A repasar!

I. Andrea quiere comprar casa.

VOCABULARIO ÚTIL

se quedó	*stayed*
compartir	*to share*
tienes razón	*you're right*
te advierto	*I'm telling you already*

Lugares mencionados

Satélite y San Ángel	barrios en la Ciudad de México

Los esposos Ruiz, Andrea y Pedro, necesitan una
casa nueva. En este momento Andrea habla con
Pedro. Ella salió ayer a ver varias casas. Él se quedó en casa; está muy ocupado escribiendo su nueva
novela. Andrea le muestra fotos de las casas y los dos comparan una con otra.

(Continúa.)

¿Cierto (**C**) o falso (**F**)?

1. _____ La casa de Satélite es más cara que la casa de San Ángel.

2. _____ La casa de San Ángel tiene más dormitorios que la casa de Satélite.

3. _____ Los Ruiz necesitan cinco dormitorios.

4. _____ Pedro está preocupado por el precio de la casa de San Ángel; Andrea no le dice el precio.

5. _____ Andrea realmente no quiere la casa de San Ángel.

Pronunciación y ortografía

✳ Ejercicios de pronunciación

I. PRONUNCIACIÓN: **g** AND **gu**

The letter **g** is usually soft in Spanish, that is, the back of the tongue is near the roof of the mouth, but never completely closes it off, as it does in the pronunciation of English *g*. Remember that the **u** in the combinations **gui** and **gue** is never pronounced.

A. Listen and repeat the following words, concentrating on a soft pronunciation of the letter **g**.

> diga, estómago, abrigo, traigo, amiga, portugués, elegante, lugar, jugar, pregunta, llegar, hamburguesa, regular

When the letter **g** is preceded by the letter **n**, it may be pronounced hard as in the English letter *g* in the word *go*.

B. Listen and repeat the following words with **ng**, concentrating on a hard pronunciation of the letter **g**.

> tengo, pongo, vengo, domingo

C. Listen and then repeat the following sentences, concentrating on the correct pronunciation of the letter **g**.

1. Tengo un estómago muy delicado.
2. El domingo vamos a un lugar muy elegante para comer.
3. Yo me pongo el abrigo cuando hace frío.
4. Mañana traigo mi libro de portugués.
5. A Gustavo le gusta jugar al tenis.
6. Si vas a tocar la guitarra el domingo, no vengo.

II. PRONUNCIACIÓN: s

The letter **s** between vowels is always pronounced with the hissing sound of *s*, never with the buzzing sound of English *z*. Place your finger on your Adam's apple and pronounce *s* and *z* in English. You will feel the difference!

Listen and pronounce the following words. Be sure to avoid the *z* sound.

José, Susana, vaso, mesa, Rosa, Luisa, camisa, piso, esposa

✳ Ejercicios de ortografía

I. THE COMBINATIONS gue AND gui

Remember that the letter **g** is pronounced like **j** before the letters **e** and **i**, as in **gente** and **página**. In order for the letter **g** to retain a hard pronunciation before these vowels, the letter **u** is inserted, as in **portuguesa** and **guitarra**.

Listen and write the following words with **gue** and **gui**.

1. _____   3. _____

2. _____   4. _____

II. SEPARATING DIPHTHONGS

If the ending of a word rhymes with **María** or **frío,** an accent mark must be written on the **i.**

Listen and write the following words with an accent mark on the **i.**

1. _____   5. _____

2. _____   6. _____

3. _____   7. _____

4. _____   8. _____

ideoteca 📼

✳ Los amigos animados

Vea la sección **Los amigos animados** de las **Actividades auditivas** para hacer la actividad correspondiente.

✳ Escenas culturales

Costa Rica

VOCABULARIO ÚTIL

la paz	*peace*
los ticos	*nickname of Costa Ricans*
la biodiversidad	*biodiversity*
el refugio	*refuge*
la reserva biológica	*biological reserve*
la vida silvestre	*plants and animals of the forest*
la tortuga baula	*leatherback turtle*
el volcán	*volcano*
el bosque	*forest*

Lea estas preguntas y luego vea el video para contestarlas.

1. ¿Cómo son los ticos (costarricenses)?

   _____

2. Costa Rica tiene un sistema de _____ que protegen (*protect*) la naturaleza.

3. ¿Cuáles son los atractivos turísticos de Costa Rica?

   _____

✳ Escenas en contexto

Sinopsis
Juan Carlos habla con una agente de bienes raíces (*real estate*).

VOCABULARIO ÚTIL

el sol   *monetary unit of Peru*
razonable   *reasonable*

Lea estas preguntas y luego vea el video para contestarlas.

A. ¿Cierto (**C**) o falso (**F**)?

1. _____ Juan Carlos quiere alquilar un apartamento.

2. _____ Juan Carlos prefiere vivir cerca de la universidad.

3. _____ Juan Carlos dice que sólo necesita un dormitorio.

4. _____ Juan Carlos prefiere cocina con lavaplatos.

5. _____ Juan Carlos ofrece pagar 1.600 soles por mes.

B. Complete con la información correcta.

1. Juan Carlos prefiere un apartamento con _____,

   _____ y _____.

2. Juan Carlos puede pagar entre _____ y _____ soles al mes.

ecturas

 **LECTURA** ## Habla la gata Manchitas.

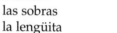

PISTAS PARA LEER

The Saucedo family has a very special cat. Her name is Manchitas (*Spots*), and she is a very observant animal with strong opinions! As you read, visualize Manchitas's life. If you have a pet, think about what it might observe in similar situations.

VOCABULARIO ÚTIL

las pulgas	*fleas*
los amos	*masters*
los seres humanos	*human beings*
¡Busca ratones!	*Go look for mice!*
ladran	*they bark*
las sobras	*leftovers*
la lengüita	*little tongue*

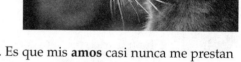

Estas **pulgas,** ¡estas pulgas! Aquí estoy en el sofá, muy aburrida. Es que mis **amos** casi nunca me prestan atención. Sólo los niños de esta familia, Ernestito y Guillermo, juegan conmigo. Y no siempre me gusta jugar con ellos. A veces me tratan mal, como un juguete. ¡Ay!

Mis amos, Ernesto y Estela, no saben que soy muy observadora. Ellos probablemente piensan que a mí sólo me gusta comer y dormir. ¡Ay! Los **seres humanos** no comprenden a los animales, y mucho menos a nosotros, los felinos.

Todos los días mis amos hacen las mismas cosas. Estela, mi ama, se levanta temprano y va a la cocina para tomar esa bebida negra y caliente que ellos toman todas las mañanas, el «café». Después, mi ama llama a mi amo, pero el señor siempre quiere dormir un poco más. Entonces ella abre las cortinas y en el dormitorio entra mucha luz. «¡Qué horror!», grita mi amo. «¡Es mucha luz! ¡No puedo abrir los ojos, Estela!»

Luego mi ama toca a la puerta de su hija Amanda y la muchacha sale de su cuarto. Amanda siempre saluda a su mamá; le dice «¡Buenos días!» La joven de esta familia no tiene problemas en despertarse. ¡Pero Ernestito y Guillermo sí tienen problemas! Estela va a su dormitorio y los despierta. Ellos también quieren dormir más. «¡Vamos, a la escuela!», dice mi ama. Y los dos niños se levantan poco a poco.

Ernesto se baña, se viste, lee el periódico, toma la bebida negra y dice algunas cosas complicadas que yo no comprendo. Mi ama y la señora Berta (que hace trabajos domésticos y también vive en esta casa) preparan el desayuno de la familia. Todos desayunan juntos casi siempre. (Mmmm. Los seres humanos comen mucho mejor que nosotros los gatos.) Después, Ernesto y sus hijos salen y mi ama se queda en casa.

Estela entonces me lleva afuera, diciendo: «¡Anda, vete, Manchitas! **¡Busca ratones!**» Hace frío por la mañana y no me gusta estar afuera; por eso siempre busco un poquito de sol o salto a la ventana. Desde la ventana puedo mirar a mi ama, que está adentro. Ella se baña, se viste, se maquilla, tiende la cama… ¡todos los días lo mismo! Y luego Berta sacude los muebles y pasa la aspiradora. ¡Miau! ¡No me gusta ese aparato!

Mi ama sale con Berta por la tarde. Creo que van al mercado, porque luego regresan con comida. Y yo me quedo en el patio, muy solita. Para divertirme me subo a la cerca del jardín. En el jardín vive Lobo, el perro de Ernestito. Y en la casa de al lado hay un perro que se llama Sultán. Los dos perros saltan y saltan para llegar adonde estoy yo. ¡Ja! No pueden subir; están muy gordos. ¡Y cómo **ladran**! A Ernestito le gusta Sultán; dice que quiere traerlo a vivir con nosotros. Pero ya tiene perro. ¿Dos perros en esta casa? ¡Miau!

Por las noches mis amos comen y me dan las **sobras**. Después de comer, van a visitar a los vecinos o a caminar por el barrio. Los niños miran el objeto de luz, que ellos llaman la «televisión». ¡Cómo les gusta mirar a otros seres humanos en ese objeto!

Por fin, todos se acuestan. Y yo, pues, me doy un buen baño con mi **lengüita** y me duermo también en el sofá. Y aquí estoy ahora. ¡Miau! ¡Cuánto detesto estas pulgas!

Comprensión

¿A quién se refiere cada oración? Diga si se refiere (**a**) al amo, (**b**) a la ama, (**c**) a Amanda, (**d**) a Ernestito, (**e**) a Guillermo, (**f**) a Berta, (**g**) a Manchitas o (**h**) a toda la familia. **¡OJO!** A veces hay más de una respuesta.

1. _____ Es muy observadora.

2. _____ Le gusta el perro del vecino.

3. _____ Se levanta temprano.

4. _____ Detesta las pulgas.

5. _____ Pasa la aspiradora.

6. _____ Juega con Manchitas.

7. _____ Le es fácil despertarse.

8. _____ Toma la bebida negra.

9. _____ Mira la televisión.

10. _____ Saluda a su mamá todos los días.

11. _____ Visita a los vecinos.

12. _____ Siempre quiere dormir un poco más.

Un paso más… ¡a escribir!

Imagínese que su animal doméstico puede hablar. (Si no tiene mascota, invente una.) ¿Cuál es la opinión del animal sobre su condición doméstica? Hágale las siguientes preguntas y luego escriba un párrafo de 12 a 15 oraciones con sus respuestas.

1. ¿Estás contento/a en tu casa? ¿Por qué?
2. ¿Te gusta la comida? ¿Qué comes con frecuencia? ¿Y qué prefieres comer?
3. ¿Te molestan las pulgas? ¿Qué otras cosas te molestan?
4. ¿Cómo son tus amos?
5. ¿Qué haces para divertirte?

LECTURA

Los amigos hispanos:
¡Nadie es perfecto!

PISTAS PARA LEER

Armando González Yamasaki is a thirteen-year-old Peruvian Japanese boy who lives in Cuzco, Peru, with his mother, brother, and grandparents. In this school composition, he describes his home life. As you read, focus on his opinion about household chores.

VOCABULARIO ÚTIL

no se encarga	*is not in charge*
el huerto	*vegetable garden*
siembra legumbres	*he plants vegetables*
cultivaban	*used to grow*
rastrillar	*to rake*
se enoja	*(she) gets angry*
el hogar	*home*
nos recuerda	*(she) reminds us*
compartimos	*we share*
ensuciamos	*we mess up*

El trabajo de la casa no me gusta mucho, ¡pero tengo que hacerlo! Todos en mi familia debemos ayudar con los quehaceres, como dice mi madre. En mi casa somos cinco: mis abuelos, mi mamá, mi hermano Andrés que tiene nueve años, y yo, que tengo trece. (Mi papá no vive con nosotros porque él y mi mamá están divorciados.) Y cada persona tiene un trabajo asignado.

Mi abuela cocina casi todos los días porque le gusta cocinar, y también lava los platos. Ella es japonesa y prepara cosas ricas del Japón, como arroz y sopas, aunque prepara comida peruana también. Mi mamá no es muy buena cocinera y lo admite. Ella prefiere hacer la limpieza. Mamá limpia la sala, el comedor, la cocina y su cuarto. Pero **no se encarga** del cuarto mío y de mi hermano, porque nuestro dormitorio es nuestra responsabilidad. Esa palabra, *responsabilidad*, es tan larga, ¿no? Pero a mamá le gusta usarla.

Tenemos un **huerto** y un patio grande donde mi hermano y yo jugamos con nuestros amigos. Mi abuelo trabaja en el patio y el huerto; riega las plantas, corta el césped y **siembra legumbres.** Abuelo tiene muchos tipos de papa, porque los peruanos comemos muchas papas. Él dice que los incas, los indígenas peruanos, ¡**cultivaban** 1.000 tipos de papa diferentes! Pero ahora en Perú sólo hay 200 variedades, que también es mucho. Y mi abuelo cultiva sólo cinco variedades de papa, ¡que es muy poco!

Bueno, mi hermano y yo a veces ayudamos a abuelo a regar las plantas y a **rastrillar** el patio. Pero nunca queremos barrer el piso de la cocina ni lavar los platos, porque esos son trabajos de mujer. ¡Cuánto **se enoja** mamá cuando le decimos eso! Siempre responde que en nuestro **hogar** no hay trabajos «de mujer» ni «de hombre», y **nos recuerda** que es ella quien repara los aparatos y los muebles que se rompen. Yo pienso que abuelo debe hacer esas reparaciones, porque él es el hombre de la casa. ¡El problema es que abuelo no sabe reparar nada! A mi madre le molestan las cosas «tradicionales», como dice ella. Pero, bueno, eso es tema para otra composición, creo yo.

Pues… siempre hay mucho que hacer en casa y todos en la familia **compartimos** los quehaceres. No tenemos empleada doméstica porque Mamá quiere enseñarnos a mi hermano y a mí a limpiar lo que **ensuciamos.** Yo trato de mantener mi cuarto en orden. Guardo mis libros después de leerlos, tiendo la cama, limpio mi escritorio y hago varias cosas más. Pero a veces dejo mi ropa por todas partes, los pantalones en la silla, las camisas en el piso, los zapatos en mi escritorio… ¿Qué puedo decir? ¡Nadie es perfecto!

Comprensión

La siguiente información es falsa. Sustituya las palabras incorrectas (que aparecen en letra *cursiva*) por las correctas para así decir la verdad.

MODELO: En la casa de Armando viven *cuatro* personas. →
En la casa de Armando viven *cinco* personas.

1. En la familia de Armando, *nadie ayuda* con los quehaceres domésticos.

_____

2. A la mamá de Armando *le gustan* las ideas tradicionales.

_____

3. La abuela de Armando sólo prepara *comida japonesa.*

_____

4. La madre de Armando se encarga de *limpiar el patio y sembrar legumbres.*

_____

5. El abuelo de Armando *sabe hacer todo tipo de reparaciones* en la casa.

_____

6. Armando y su hermano ayudan a *su abuela a cocinar.*

_____

7. A veces, Armando deja *sus juguetes* en el piso.

_____

Un paso más… ¡a escribir!

A. Responda a una de las siguientes preguntas en un párrafo de 12 a 15 oraciones.

1. En su opinión, ¿es típica la casa de los Yamasaki? ¿Hay aspectos de ese hogar que son similares a los de la familia de usted? ¿Comparten todos en su casa los quehaceres?

2. Imagínese que usted tiene trece años. ¿Cuáles son sus obligaciones domésticas?

3. ¿Piensa usted que hay trabajos «de mujer» y trabajos «de hombre»? Explique.

B. Imagínese que usted es la madre o el abuelo de Armando. Ahora está conversando con un amigo o una amiga de la familia sobre la conducta del niño. Mencione dos aspectos positivos y dos negativos sobre la actitud de Armando respecto al trabajo doméstico.

(Continúa.)

1. Armando siempre guarda sus libros después de leerlos.

2. _____

3. _____

MALA CONDUCTA

1. A veces Armando deja su ropa en el piso.

2. _____

3. _____

Hablando del pasado

Capítulo 7

 ctividades escritas

✳ Mis experiencias

Lea Gramática 7.1–7.2.

A. Imagínese que un compañero / una compañera de su clase de español le pregunta si usted va a hacer las siguientes cosas. Dígale que usted ya las hizo **ayer (anteayer, anoche, la semana pasada,** etcétera).

> MODELO: ¿Vas a hacer tu tarea de español esta noche? → *No, ya hice mi tarea ayer.*

1. ¿Vas a estudiar esta noche?

_____

2. ¿Vas a ver una película mañana en la noche?

_____

3. ¿Vas a visitar a tus padres este fin de semana?

_____

4. ¿Vas a hacer ejercicio conmigo ahora? (conmigo → contigo)

_____

5. ¿Vas a ir de compras el sábado?

_____

B. Complete el párrafo usando el pretérito de los verbos que aparecen entre paréntesis.

Ayer _____¹ (ser) un día difícil. _____ _____² (Levantarse: Yo) muy

tarde porque no _____³ (oír) el despertador. No _____ _____ ⁴

(ducharse); _____ _____⁵ (vestirse) rápido y _____⁶ (salir)

para el trabajo… Pero primero _____⁷ (ir) a la gasolinera y _____ ⁸

(poner) gasolina. Luego _____⁹ (manejar) muy rápido y casi

_____¹⁰ (llegar) a tiempo a mi trabajo… Bueno, _____ ¹¹

(llegar) un poco tarde, pero solamente cinco minutos. El jefe _____ _____ ¹²

(ponerse) furioso y me _____¹³ (dar) más trabajo que nunca. _____ ¹⁴

(Trabajar: Yo) todo el día; no _____¹⁵ (almorzar) ni _____ ¹⁶

(descansar) en todo el día. _____¹⁷ (Salir) del trabajo a las 6:00 de la tarde…

_____ _____¹⁸ (Tener que) correr para llegar a la universidad, a la

clase de las 7:00 de la noche. Pues… _____¹⁹ (asistir) a clase, pero no

_____²⁰ (oír) nada de lo que _____²¹ (decir) el profesor.

¡_____²² (Dormir) durante las tres horas de la clase! Y ahora el problema es que

el miércoles tengo un examen… ¡Ay! ¿Qué voy a hacer?

C. Escriba una composición de 12 a 15 oraciones sobre el fin de semana pasado. ¿Adónde fue? ¿Con quién(es)? ¿Fue al cine? ¿Visitó a algún amigo? ¿Se divirtió? ¿Tuvo que trabajar? ¿Qué hizo el viernes por la noche? ¿y el sábado por la mañana/tarde/noche? ¿y el domingo por la mañana/tarde/noche?

> MODELO: El viernes por la tarde salí del trabajo a las 6:00 y regresé a casa. A las 8:00 mi novia y yo cenamos en…

✳ Las experiencias con los demás

Lea Gramática 7.3–7.4 y repase 7.1–7.2.

D. Complete el primer párrafo con lo que usted hizo ayer y el segundo con lo que hizo su amigo/a.

Ayer

Yo

_____ [1] al tenis.
(jugar)

Después ____ _____ [2].
(ducharse)

Más tarde, ____ _____ [3]
(ponerse)

ropa limpia para ir al cine y _____ [4]
(ir)

al cine con mi novio/a. ____

_____ [5] mucho y
(divertirse)

____ _____ [6] muy tarde.
(acostarse)

Mi amigo/a

Él/Ella _____ [7] al básquetbol.
(jugar)

No ____ _____ [8], pero sí.
(ducharse)

____ _____ [9] ropa limpia.
(ponerse)

Por la tarde _____ [10] a cenar
(salir)

con su novio/a. Él/Ella también ____

_____ [11] mucho, pero ____
(divertirse)

_____ [12] temprano.
(acostarse)

E. Diga qué actividades hicieron las siguientes personas el fin de semana pasado; incluya por lo menos dos actividades para cada persona o grupo: mi hermano/a, mi mejor amigo/a, mis padres/hijos, mis amigos y yo, mi padre y yo, mi esposo/a (novio/a) y yo.

MODELOS: Mi hijo y yo → *Trabajamos en el jardín y después exploramos el Internet.*

Mi papá → *Mi papá jugó al golf con un amigo y por la noche fue al cine con mi mamá.*

1. _____

2. _____

3. _____

4. _____

5. _____

6. _____

F. Supongamos que usted y su esposo/a tuvieron que viajar fuera de la ciudad. Su hijo/a de dieciséis años se quedó solo/a en casa. Son las diez de la noche y usted está preocupado/a. Lo/La llama por teléfono y le hace muchas preguntas. Escriba un diálogo de 12 a 15 oraciones entre usted y su hijo/a sobre lo que él/ella hizo durante el día. Usted debe hacerle preguntas como: **¿Hiciste la tarea para la clase de biología?** Su hijo/a debe contestarlas y hacer otros comentarios: **Sí, mamá. Hice toda la tarea para la clase de biología y también terminé el proyecto para la clase de historia.** Use actividades como **almorzar, asistir a clases, desayunar, hacer la tarea, ir a trabajar, lavar los platos, levantarse, pasar la aspiradora, sacar al perro a pasear, practicar, recoger el periódico, sacar la basura, tender la cama.**

G. Mire los dibujos y escriba una narración de 12 a 15 oraciones sobre lo que hicieron Esteban y Raúl durante las últimas vacaciones, las vacaciones de Semana Santa. No escriba simplemente una lista de actividades; haga una narración con detalles interesantes. (Es posible escribir más de una oración por dibujo.) ¡Sea creativo!

✳ Hablando del pasado

Lea Gramática 7.5.

H. ¿Cuánto tiempo hace que usted…

1. se graduó en la escuela secundaria?

_____

2. conoció a su profesor(a) de español?

_____

3. limpió su casa/cuarto?

_____

4. fue al cine con su novio/a?

_____

5. se divirtió mucho con sus amigos?

_____

I. Piense en sus compañeros de clase. ¿Qué actividades hicieron ellos?

    MODELO: hace diez días (que) → *Elena fue a visitar a sus padres hace diez días.* o
                    Hace diez días que Elena fue a visitar a sus padres.

1. hace dos días (que)/

_____

2. hace tres años (que)/

_____

3. hace diez años (que)/

_____

4. hace treinta segundos (que)/

_____

5. hace una semana (que)/

_____

J. Complete los párrafos con la forma correcta de los verbos entre paréntesis.

1. Colón _____ (llegar) a América en 1492, hace más de 500 años. El primer

lugar que _____ (ver) _____ (ser) Guanahaní, una hermosa isla. Allí él y sus

compañeros _____ (encontrar) a muchos indígenas pacíficos y amables pero

muy tímidos.

2. Hace más o menos doscientos treinta años que los Estados Unidos _____

(declarar) su independencia de Inglaterra. El primer presidente de este país _____

(ser) George Washington. El país _____ (empezar) con trece colonias y ahora

tiene cincuenta estados. En 1861, hace aproximadamente ciento cuarenta y cinco años,

_____ (empezar) la Guerra Civil entre el Norte y el Sur. Esta guerra

destructiva _____ (terminar) en 1865.

3. México _____ (declarar) su independencia de España hace más o menos

ciento noventa y cinco años, en 1810. En 1822, cuando _____ (terminar) la

guerra de independencia, Agustín de Iturbide se proclamó emperador, con el nombre de

Agustín I. _____ (Ser) emperador solamente de 1822 a 1823. Durante los años de la

(Continúa.)

Guerra Civil de los Estados Unidos, México _____ (tener) otro emperador, el emperador Maximiliano de Austria. Maximiliano _____ (ser) emperador de México de 1864 a 1867. En 1867 _____ (regresar) el presidente Benito Juárez del exilio.

Resumen cultural

Complete con la información cultural del **Capítulo 7.**

1. El 5 de mayo de _____ los mexicanos ganaron la _____ contra las tropas francesas de Napoleón III.

2. Nombre tres libertadores de Sudamérica: _____, _____ y _____.

3. _____ fue emperador de México entre 1864 y 1867.

4. ¿Qué es el Camino Inca?

   _____

5. ¿Cómo se llama el español que en 1521 conquistó a los aztecas? _____

6. Los indígenas del imperio incaico son los _____.

7. ¿Qué expresión se usa para decir que es mejor viajar solo/a que con un compañero / una compañera desagradable?

   _____

8. ¿Cuál es otra palabra que se usa para nombrar el idioma español? _____

9. Nombre los seis países sudamericanos por los cuales pasa la cordillera (las montañas) de los Andes.

   _____

   _____

10. ¿Qué países formaban el Virreinato del Río de la Plata? _____,

    _____, _____, _____ y

    _____.

11. ¿Cómo se llama la primera mujer elegida presidente de un país latinoamericano?

    _____ ¿De qué nacionalidad es? _____

12. ¿Cómo se llama el librero mexicoamericano que en 2004 recibió el premio de la Fundación MacArthur por sus contribuciones a la comunidad hispana? ———————————————

13. ¿Cómo se llama el poeta salvadoreño que recibió el premio Américas de 2002 para literatura latinoamericana? ———————————————

 ctividades auditivas

Listening Comprehension Strategies

In **Paso A** and in **Capítulo 2** you found guides to help you get the most out of listening comprehension activities. Now that you may be starting your second semester with *Dos mundos,* remember that listening strategies can improve your comprehension without frustration or stress. At this point in your study, you have probably developed many useful strategies for working through the assignments in the **Actividades auditivas.** Those included here are intended to enhance your listening experience.

Some of you may be working with *Dos mundos* for the first time. If so, this section will be especially helpful. You may also want to review the listening guidelines found in the **Actividades auditivas** of **Paso A** and **Capítulo 2.**

Before starting, remember these basic steps.

- First, find a well-lit place in which to work—one where you can listen and write comfortably, without interruptions. Make sure you have the audio controls of the CD/audio player as well as the *Cuaderno* within easy reach. Do not begin listening until you are thoroughly familiar with the mechanism of your CD/audio player and feel comfortable using it.
- Please note that this guide begins with **C. ¡Otra fiesta!,** since segments **A** and **B** are for review purposes.

✳ Los amigos animados

A. La Compañía Reparatodo

(*Continúa.*)

Y ahora un anuncio comercial en KSUN, Radio Sol.

¿Sí o no? La Compañía Reparatodo…

1. _____ repara los aparatos eléctricos.

2. _____ hace las reparaciones en su casa.

3. _____ trae comida a su casa.

4. _____ saca la basura después de hacer las reparaciones.

5. _____ limpia el baño de su casa.

6. _____ barre el piso y pasa la aspiradora.

7. _____ repara estufas y hornos de microondas.

B. El vecindario de Guillermo

Ahora Guillermo Saucedo, el hijo de
Ernesto y Estela, lee una composición
en su clase de lenguaje y escritura.

¿Qué cosas de su vecindario le gustan a Guillermo (**G**) y cuáles no le gustan (**NG**)?

1. _____ el cine

2. _____ el mercado

3. _____ jugar al fútbol

4. _____ ver películas cómicas con la familia

5. _____ ir de compras con su mamá

6. _____ el centro de videojuegos

7. _____ jugar «El mundo atómico»

❋ Mis experiencias

C. ¡Otra fiesta!

- The first step is to look at the accompanying drawing—a young man talking to an older lady. Both seem happy, and the older lady seems to be telling the young man that she went dancing. Make a mental note of this, and then read everything that is printed for the segment. Now you know that the young man is Raúl and that the lady is his grandmother. With this context in mind, listen to the segment to find out about the grandmother's dancing experience.
- Let your mind create scenes that correspond to what you're hearing. Enjoy your exposure to the spoken language. This additional exposure will help you feel confident in real-life situations, especially now that you are beginning to use the past tense.
- Notice that the preterite verb forms are included on top, after the directions. Now listen again to the segment. A good strategy is to number the verbs as you listen, then copy the verbs in the correct blank once you stop the CD/audio player. For instance, in the dialogue, the grandmother says **Anoche fui a una fiesta y bailé mucho.** The answers to question 1 are **fue** and **bailó,** so you should put the number 1 by those two words. The grandmother says **fui, bailé,** but **fue** and **bailó** are the correct answers because we are talking *about* her.
- If the speakers are speaking too quickly for you, try this strategy: While listening a second time, listen only for the answers to questions 2, 4, and 6. Then, listen a third time for the answers to questions 1, 3, and 5. Now, stop the CD/audio player and write the answers in the correct blanks. You may want to listen a fourth time to verify that all your answers are correct.

VOCABULARIO ÚTIL

la libertad	*freedom*
extraño	*I miss*
los chistes	*jokes*
abrazos	*hugs*

Raúl Saucedo está en la Ciudad de México para pasar las vacaciones de Semana Santa con su familia. En este momento llama por teléfono a su abuela para saludarla.

Complete correctamente las oraciones según el diálogo. Éstos son los verbos que necesita: **bailó, dijo** (use dos veces), **fue, llamó, pasó, salió** y **volvió.**

1. La abuela _____ a una fiesta anoche y _____ mucho.

2. Raúl _____ varias veces a su abuela ayer.

3. La abuela _____ de su casa a las 7:00 de la noche y

   _____ a las 5:00 de la mañana.

4. Después de la fiesta, la abuela _____ media hora charlando con don Enrique.

5. Raúl _____: —Abuela, ¡cuánto extraño sus chistes!

6. La abuela _____: —Entonces, tienes que venir a verme.

D. ¡Qué fin de semana!

- You know the initial steps: Look at the title and at the drawing, read everything written about the segment, and listen a first time to get the gist of the dialogue. What are these two girls talking about? From the drawing you can already guess that one of them had a terrible day (**¡Tuve muchos problemas!**)
- Now look at the activity: There are five multiple choice questions and for some questions there is more than one answer. A useful strategy here is the most common one: Decide which two questions to answer and listen only for those answers, for example, questions 1 and 3. Since you have already listened once, look at the answers and cross out any that seem completely illogical. Listen again for answers to questions 2 and 4. Listen a third time for the rest of the answers (in this case, question 5). You may even want to listen a fourth time to check your work.

VOCABULARIO ÚTIL

¡Qué fin de semana!	*What a weekend!*
arruinó	*she ruined*
¡Pobre de ti!	*You poor thing!*
tal vez esté celoso	*maybe he's jealous*

Es un domingo en la noche. Amanda está hablando por teléfono con su amiga Graciela.

Escoja la(s) mejor(es) respuesta(s). **¡OJO!** A veces hay más de una respuesta correcta.

1. Amanda está enojada con Guillermo porque…

   a. usó su bicicleta.

   b. gastó su dinero.

   c. usó todo su champú.

   d. llegó tarde de la escuela.

2. Otros problemas de Amanda son que…

   a. no pudo lavarse el pelo.

   b. el gato le arruinó el vestido.

   c. su novio no llegó.

   d. no recibió flores de su novio.

3. Diego…

   a. le escribió una carta a Amanda.

   b. a veces llama a Amanda.

   c. lavó el coche de Amanda.

   d. invitó a Amanda a comer en un restaurante.

4. Amanda cree que tal vez Ramón…

   a. es gordo.

   b. está celoso.

   c. es tímido.

   d. no tiene ganas de ir al cine.

5. Ramón sabe que Diego le escribió a Amanda porque…

   a. habló con él en la escuela.

   b. él encontró la carta.

   c. él leyó la carta.

   d. Diego es hermano de Graciela.

✳ Las experiencias con los demás

E. Estela necesita un médico.

> - Follow the same initial steps. Because the answers here are visual, you may have to rely much more on the mental image you create of the dialogue.
> - Before listening a second time, select which questions you will focus on and think about what is shown in each of the drawings. For example: Number 1: there are three alternatives for Thursday night's dinner: a. Ernesto cooking and the children happy (**Ernesto cocinó.**); b. Ernesto and the children at a restaurant (**Fueron a un restaurante. / Cenaron en…**); c. Ernesto cooking and the children unhappy (**Ernesto cocinó; a los niños no les gustó.**). As you listen, you will hear several key phrases: ERNESTO: **Preparé yo la cena…** ; ESTELA: ¿ **…los niños pudieron comer lo que cocinaste?…** ; ERNESTITO: **¡No! ¡Ni el perro quiso comer lo que papá cocinó!** From this, you know that drawing **c** is the correct answer.
> - Use the same procedure to answer the other questions.

VOCABULARIO ÚTIL

el desastre	*disaster*
el día libre	*day off*
tampoco	*neither*
pelear	*to fight*
tumbaron	*they knocked down*

Estela Saucedo fue a Oaxaca para visitar a una amiga enferma. Pasó tres días con su amiga y regresó a su casa hoy, domingo, por la mañana. Poco después de llegar, Estela entró en la cocina con su esposo y sus dos niños…

❖ ❖ ❖

¿Cuál es la escena verdadera?

1. _____ El jueves en la noche.

2. _____ El viernes por la mañana.

(*Continúa.*)

3. _____ El viernes en la tarde.

4. _____ También el viernes en la tarde.

5. _____ El domingo en la mañana.

F. ¡Una mujer valiente!

- After listening the first time you have made a mental picture: Essentially, two young ladies are talking. One tells the other, who was absent from class, an anecdote told by their teacher.
- The anecdote: On her wedding day, a girl seems to have been stood up. But, she is a brave girl who takes steps to remedy the situation.
- Your task is to order several statements to summarize the anecdote. Read all the statements, and then listen again to firm up your mental image. Listen once or twice more as necessary to verify that you have the correct order.

There are no suggestions for the rest of the segments in this chapter. We feel confident that you will be able to do each one of them successfully by following the preliminary steps outlined here and then mapping out an appropriate strategy. Listen to each segment as many times as you consider necessary. Remember, needing to listen several times to something new, and not in your native language, is quite normal.

VOCABULARIO ÚTIL

valiente	*brave*
Te perdiste	*You missed*
¿Qué pasó?	*What happened?*
Me muero de curiosidad	*I'm dying of curiosity*
tenía	*had*
casarse	*to get married*
el cura	*priest*
Se olvidó	*He forgot*
las piyamas	la pijama (*Mex.*)
los casó	(*he*) *married them*

Amanda no asistió a su clase de lengua hoy. Su amiga Graciela la llama y le cuenta una anécdota divertida que les contó el profesor.

Ponga en orden la anécdota del profesor.

_____ Él abrió la ventana del balcón sorprendido.

_____ El cura casó a los novios; él en pijama y ella de vestido blanco, largo.

_____ La novia esperó una hora en la iglesia, pero el novio no llegó.

_____ Ella tocó a la puerta de la casa del novio.

_____ Ella lo insultó y lo llamó irresponsable.

_____ La novia, sus padres, los invitados y el cura salieron de la iglesia y fueron a casa del novio.

_____ El novio dijo: —¡Olvidé la fecha!

❋ Hablando del pasado

G. Noticias del mundo hispano

VOCABULARIO ÚTIL

las noticias	*news*
la Feria Hispana del Libro	*Hispanic Book Fair*
el huracán	*hurricane*
los heridos	*wounded (people)*
los muertos	*casualties*
la campaña	*campaign*
el gobierno	*government*
el narcotráfico	*drug dealing*

(Continúa.)

Y ahora en KSUN, Radio Sol, un segmento especial de noticias del mundo.

❖ ❖ ❖

¿Dónde ocurrieron los siguientes eventos, en Miami (**M**), San Juan (**S**) o en Bogotá (**B**)?

1. _____ Hubo un huracán y hubo heridos.

2. _____ Varios escritores participaron en la Feria Hispana del Libro.

3. _____ Muchas casas y edificios fueron destruidos.

4. _____ Comenzó una campaña del gobierno para combatir el tráfico de drogas.

5. _____ Hubo muchos otros eventos culturales.

H. La familia de Armando

VOCABULARIO ÚTIL

| eran | they were |
| allegada | close, near |

Armando González es el hijo mayor de Susana Yamasaki; tiene trece años. Armando necesita escribir una composición sobre su familia, que es de origen japonés, y decide entrevistar a su mamá.

❖ ❖ ❖

Complete la información que falta en la composición de Armando.

Mi familia

Mi mamá nació el _____¹. Nació hace _____² así que tiene _____³ años. Mis abuelos llegaron de Japón hace más o menos _____⁴. Regresaron a Japón una vez a _____⁵, hace nueve años. Les gusta mucho Japón, pero aquí _____⁶ más allegada. Mi mamá nunca ha visitado Japón, pero algún día _____⁷ y yo quiero ir con ella.

✳ ¡A repasar!

I. El toque perfecto

VOCABULARIO ÚTIL

el toque	*touch*
¡No me cuentes!	*Don't tell me about it!*
Lo pasamos muy bien	*We had a very good time*
el arroz con pollo	*chicken and rice (typical Caribbean dish)*
la arena	*sand*

Hoy, lunes, Carla Espinosa y Rogelio Varela conversan
en la universidad después de una clase.

¿Cierto (**C**) o falso (**F**)? Si la oración es falsa, haga la corrección necesaria.

1. _____ Rogelio se divirtió el sábado en la playa.

2. _____ Carla llamó a Rogelio, pero nadie contestó el teléfono.

3. _____ En la playa Carla y sus amigos tomaron el sol, cantaron, nadaron mucho y jugaron al fútbol.

4. _____ Arturo sabe cocinar porque aprendió de su madre.

5. _____ Rogelio durmió una larga siesta en la biblioteca.

ⓟ ronunciación y ortografía

✳ Ejercicios de pronunciación

I. PRONUNCIACIÓN: z, ce, ci

Most Spanish speakers pronounce the letter **z** and the letter **c** before **e** and **i** exactly as they pronounce the letter **s**.

A. Listen and pronounce the following words. Avoid any use of the sound of the English *z*.

cabe_z_a, bra_z_os, lu_z_, a_z_ul, _z_apatos, ti_z_a, die_z_, tre_c_e, edifi_c_io, independen_c_ia, re_c_ep_c_ionista

In some areas of Spain, the letter **z** and the letter **c** before **e** and **i** are distinguished from the letter **s** by pronouncing **z** and **c** with a sound similar to the English sound for the letters *th* in *thin* and *thick*.

B. Listen to a speaker from Spain pronounce these words.

cabe_z_a, bra_z_os, lu_z_, a_z_ul, _z_apatos, ti_z_a, die_z_, tre_c_e, edifi_c_io, independen_c_ia, re_c_ep_c_ionista

II. PRONUNCIACIÓN: l

In Spanish the letter **l** is pronounced almost the same as the English *l* in *leaf*, but it is not at all similar to the American English *l* at the end of *call*.

A. Listen and pronounce the following words. Concentrate on the correct pronunciation of the letter **l**.

color, fútbol, tradicional, español, lentes, abril, hospital, fácil, aquel, papeles

B. Listen and pronounce the following sentences. Pay special attention to the correct pronunciation of the letter **l**.

1. ¿Vas a ir al hospital a ver a Miguel?
2. Mi automóvil está al lado de aquel edificio.
3. En abril no hace mal tiempo aquí.
4. ¿Cuál es tu clase favorita, la de español?
5. ¿Quieres comprar papel azul o blanco?
6. Este edificio es muy moderno; aquél es más tradicional.

✳ Ejercicios de ortografía

I. THE LETTERS s AND z; THE COMBINATIONS ce AND ci

The letters **s**, **z**, and the letter **c** before the letters **e** and **i** are pronounced identically by most speakers of Spanish. When writing, it is necessary to know which of these letters to use.

A. Practice writing the words you hear with the letter **s**.

1. _____
2. _____
3. _____
4. _____
5. _____

B. Practice writing the words you hear with the letter **z**.

1. _____
2. _____
3. _____
4. _____
5. _____

C. Practice writing the words you hear with the letter **c**.

1. _____
2. _____
3. _____
4. _____
5. _____

II. STRESS ON PRETERITE VERB FORMS

Two of the regular preterite verb forms (the **yo** form and the **usted, él/ella** form) carry a written accent mark on the last letter. The accent mark is needed because these forms end in a stressed vowel.

A. Listen to the following preterite verbs and write each correctly with an accent mark.

1. _____ 6. _____

2. _____ 7. _____

3. _____ 8. _____

4. _____ 9. _____

5. _____ 10. _____

None of the forms of preterite verbs with irregular stems are stressed on the last syllable and consequently they are not written with an accent mark.

B. Listen and write the following preterite verbs.

1. _____ 5. _____

2. _____ 6. _____

3. _____ 7. _____

4. _____

III. ORTHOGRAPHIC CHANGES IN THE PRETERITE

Some verbs have a spelling change in certain preterite forms.

In verbs that end in **-car, c** changes to **qu** in the preterite forms that end in **-e** in order to maintain the **k** sound of the infinitive. Common verbs in which this change occurs are **sacar** (*to take out*), **buscar** (*to look for*), **tocar** (*to touch; to play an instrument*), **comunicar** (*to communicate*), **explicar** (*to explain*), and **secar** (*to dry*). Compare these verb forms.

yo saqué	yo busqué	yo toqué	yo sequé
él sacó	él buscó	él tocó	él secó

In verbs that end in **-gar, g** changes to **gu** in the preterite forms that end in **-e** in order to maintain the **g** sound of the infinitive. Common verbs in which this change occurs are **entregar** (*to hand in*), **jugar** (*to play*), **llegar** (*to arrive*), **navegar** (*to sail*), **obligar** (*to oblige*), **pagar** (*to pay*), **apagar** (*to turn off*), and **regar** (*to water [plants]*). Compare these verb forms.

yo pagué	yo jugué	yo llegué	yo obligué
él pagó	él jugó	él llegó	él obligó

In verbs that end in **-zar, z** changes to **c** before **e.** Common verbs in which this change occurs are **abrazar** (*to embrace*), **almorzar** (*to have lunch*), **comenzar** (*to begin*), **cruzar** (*to cross*), **empezar** (*to begin*), **rechazar** (*to reject*), and **rezar** (*to pray*). Compare these forms.

yo crucé	yo almorcé	yo empecé	yo comencé
él cruzó	él almorzó	él empezó	él comenzó

(Continúa.)

Note that in the verb **hacer,** the **c** changes to **z** before **o** in order to maintain the same sound as in the infinitive.

yo hi<u>ce</u>   él hi<u>zo</u>

In verbs that end in **-uir** (but not **-guir**), **i** changes to **y** whenever it is unstressed and between vowels. Common verbs in which this change occurs are **concluir** (*to conclude*), **construir** (*to construct*), **destruir** (*to destroy*), **distribuir** (*to distribute*), **huir** (*to flee*), and **incluir** (*to include*). Compare these verb forms.

yo	construí	concluí	distribuí
él	constru<u>y</u>ó	conclu<u>y</u>ó	distribu<u>y</u>ó
ellos	constru<u>y</u>eron	conclu<u>y</u>eron	distribu<u>y</u>eron

Note the same change in the verbs **caer, creer,** and **leer.**

yo	caí	creí	leí
él	ca<u>y</u>ó	cre<u>y</u>ó	le<u>y</u>ó
ellos	ca<u>y</u>eron	cre<u>y</u>eron	le<u>y</u>eron

A. Listen to the sentences and write them correctly. Pay close attention to the spelling of preterite verbs and to the correct use of accent marks.

1. _____
2. _____
3. _____
4. _____
5. _____
6. _____
7. _____
8. _____
9. _____
10. _____

B. Now listen to a mixture of preterite verbs and write them correctly using a written accent when needed.

1. _____   9. _____
2. _____   10. _____
3. _____   11. _____
4. _____   12. _____
5. _____   13. _____
6. _____   14. _____
7. _____   15. _____
8. _____

ideoteca

✳ Los amigos animados

Vea la sección **Los amigos animados** de las **Actividades auditivas** para hacer la actividad correspondiente.

✳ Escenas culturales

Argentina

los porteños	personas de Buenos Aires
los bonaerenses	personas de Buenos Aires
ancho/a	*wide*
el bandoneón	*small accordion*
la belleza natural	*natural beauty*
el paraíso	*paradise*
el amante de la naturaleza	*nature lover*

Lea estas preguntas y luego vea el video para contestarlas.

1. Los porteños son descendientes de inmigrantes _____.

2. La influencia de Europa se nota en el _____ y la _____.

3. El baile típico de Argentina es _____.

✳ Escenas en contexto

Sinopsis

Roberto y Martín conversan sobre sus actividades de ayer.

VOCABULARIO ÚTIL

callado/a	*quiet*
¿Saliste bien?	*Did you do well?*
Y a que no sabes...	*I bet you can't guess . . .*
me detuvo	*stopped me*
el exceso de velocidad	*speeding*
fue sin querer	*it wasn't on purpose*
la multa	*fine; ticket*
¡Qué pena!	*That's too bad!*
Lo siento	*I'm sorry*
¡Qué mala onda!	*How awful!*

Lea estas preguntas y luego vea el video para contestarlas.

A. ¿Cierto (**C**) o falso (**F**)?

1. _____ Martín tuvo un examen ayer en su clase de economía.

2. _____ Después de su examen, Martín almorzó en un restaurante chino.

3. _____ La comida estuvo excelente.

4. _____ Martín nunca llegó al trabajo porque un policía le puso una multa.

5. _____ Roberto no trabajó ayer.

B. Complete con la información correcta.

1. Martín tuvo un examen en su clase de _____.

2. Martín salió a almorzar en un restaurante con _____.

3. El jefe de Martín se enojó porque _____.

4. Roberto se levantó tarde, _____, miró la televisión, fue al parque y

    _____.

ecturas

LECTURA

Novela: «Ana Luisa», por José Emilio Pacheco

Selección de su novela *El principio del placer* (1994)

PISTAS PARA LEER

José Emilio Pacheco (1939) es un famoso escritor mexicano. En esta novela de Pacheco, un joven rico llamado Jorge cuenta su historia en forma de diario. Al comenzar su historia, Jorge conoce a una muchacha pobre en Veracruz. La novela muestra así la primera experiencia romántica de Jorge. ¿Cómo es esa experiencia?

VOCABULARIO ÚTIL

desenvuelto	*confident*
cuando saliera	*when she left*
el tranvía / la parada del tranvía	*streetcar / streetcar stop*
pasará	*will happen*
Me volaron	*I failed*
la boleta	*report card*
Un mordelón nos detuvo	*We were stopped by a cop*
al volante	*behind the wheel*
pedía	*(he) asked for*
el permiso de aprendizaje	*learning permit*
Ni sombra de	*No sign of*
De vuelta	*After returning*
Me lo hubieras dicho	*You should've told me*
No he escrito	*I haven't written*
haberme enamorado	*having fallen in love*
me puse a dar vueltas	*I went for a stroll*
el helado	*ice cream*
Ni te hagas ilusiones	*Don't get your hopes up*
Después de mucho dudarlo	*After much doubt*
Estoy enamorado de ti	*I'm in love with you*
te saludaré	*I will greet you*
que ya no te moleste	*that I don't bother you anymore*
la metida de pata	*blunder*

Hoy conocí a Ana Luisa, una amiga de mis hermanas, hija de la señora que les cose la ropa. Vive más o menos cerca de nosotros, aunque en una zona más pobre, y trabaja en «El paraíso de las telas».[1] Estuve timidísimo. Luego traté de aparecer **desenvuelto** y dije no sé qué estupideces.

Al terminar las clases me quedé en el centro con la esperanza de ver a Ana Luisa **cuando saliera** de la tienda. Me subí al mismo **tranvía** *Villa del Mar por Bravo* que toma para regresar a su casa. Hice mal porque estaba con sus amigas. No me atreví a acercarme, pero la saludé y ella me contestó muy amable. ¿Qué **pasará**? Misterio.

Exámenes trimestrales. **Me volaron** en química y en trigonometría. Por suerte mi mamá aceptó firmar la **boleta** y no decirle nada a mi padre.

Manejé desde Villa del Mar hasta Mocambo. Durán dice que lo hago bastante bien. Me parece buena persona aunque ya tiene como veinticinco años.[2] **Un mordelón nos detuvo** porque me vio muy chico para andar **al volante.** Durán lo dejó hablar mientras el tipo me **pedía** la licencia o el **permiso de aprendizaje.** Luego Durán le dijo quién era mi papá[3] y todo se arregló sin necesidad de dinero.

Ni sombra de Ana Luisa en muchos días. Parece que se tuvo que ir a Jalapa[4] con su familia. Doy vueltas por su casa y siempre está cerrada y a oscuras.

Fui al cine con Durán. A la entrada nos esperaba su novia. Me cayó bien. Es simpática. Está bonita pero un poco gorda y tiene un diente de oro. Se llama Candelaria, trabaja en la farmacia de los portales.[5] La fuimos a dejar a su casa. **De vuelta** le confesé a Durán que estaba fascinado con Ana Luisa. Respondió:

—**Me lo hubieras dicho** antes. Te voy a ayudar. Podemos salir juntos los cuatro.

No he escrito porque no pasa nada importante. Ana Luisa no vuelve todavía. ¿Cómo puedo **haberme enamorado** de ella si no la conozco?

Volvió Ana Luisa. Vino a la casa. La saludé, pero no supe cómo ni de qué hablarle. Después salió con mis hermanas. ¿En qué forma podré acercarme a ella?

Llegué al zócalo a las seis y media. Me encontré a Pablo y a otros de la escuela y **me puse a dar vueltas** con ellos. Al rato apareció Ana Luisa con Maricarmen y la Nena.[6] Las invité a tomar **helados** en el «Yucatán». Hablamos de películas y de Veracruz. Ana Luisa quiere irse a México.[7] Durán vino a buscarnos en el coche grande y fuimos a dejar a Ana Luisa. En cuanto ella se bajó, mis hermanas empezaron a burlarse de mí. Hay veces en que las odio de verdad. Lo peor fue lo que dijo Maricarmen:

—**Ni te hagas ilusiones,** chiquito: Ana Luisa tiene novio, sólo que no está aquí.

Después de mucho dudarlo, por la tarde esperé a Ana Luisa en la **parada del tranvía.** Cuando se bajó con sus amigas la saludé y le dejé en la mano un papelito:

*Ana Luisa: **Estoy enamorado de ti.** Me urge hablar contigo a solas. Mañana **te saludaré** como ahora. Déjame tu respuesta en la misma forma. Dime cuándo y dónde podemos vernos, o si prefieres **que ya no te moleste.***

Luego me pareció una **metida de pata** la última frase, pero ya ni remedio. No me imagino qué va a contestarme...

---

[1]Es una tienda de ropa.   [2]Durán trabaja para el padre de Jorge; es su asistente.   [3]Su papá es un militar rico y hombre de influencia.   [4]Ciudad en las montañas, capital del estado de Veracruz, México.   [5]Se refiere al centro de la ciudad.   [6]Maricarmen y la Nena son las hermanas de Jorge.   [7]Se refiere a la capital del país, Ciudad de México.

Comprensión

¿Qué hizo Jorge? Marque el orden correcto con números del 1 al 10.

_____ En la parada del tranvía, le dio una nota (un papelito) a Ana Luisa.

_____ Invitó a sus hermanas y a Ana Luisa a tomar helado.

(*Continúa.*)

_____ Conoció a Ana Luisa y se sintió tímido.

_____ Manejó el carro y lo paró un policía.

_____ Conoció a Candelaria, la novia de Durán, en el cine.

_____ Saludó a Ana Luisa en un tranvía.

_____ Dio vueltas por la casa de Ana Luisa y la encontró cerrada y oscura.

_____ Se encontró con varios amigos en el zócalo y dio vueltas con ellos.

_____ Habló de películas y Veracruz con sus hermanas y Ana Luisa.

_____ Tomó los exámenes de química y trigonometría.

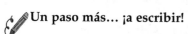 **Un paso más... ¡a escribir!**

Imagínese que usted tiene un nuevo amigo o una nueva amiga. Describa en una página dónde y cómo conoció a esa persona, adónde fueron durante el primer mes de conocerse y qué hicieron. Puede usar la forma de un diario como lo hace José Emilio Pacheco en su novela.

 **LECTURA**

Canción: «Castillos en el aire», por Alberto Cortez

Selección de su libro *Soy un ser humano* (1985)

 PISTAS PARA LEER

Alberto Cortez (1940) es un famoso compositor y cantante argentino. Su canción «Castillos en el aire» cuenta la historia de un hombre que quiso volar. Primero, lea la canción en voz alta, notando la rima. Luego léala considerando estas preguntas: **¿Por qué quiso volar el hombre? ¿Cuál fue la reacción de la gente?**

VOCABULARIO ÚTIL

el castillo	*castle*
Quiso	*He tried to*
la gaviota	*seagull*
alzó	*(he) raised, lifted*
ganando altura	*gaining altitude*
guardando cordura	*keeping their sanity*
el algodón	*cotton*
la razón	*reason, logic*
convocó al duende	*he summoned the elf (spirit)*
tienen mucho que ver	*have much to do*
dichoso	*happy*
cundió la alarma	*panic struck*
No vaya a ser que fuera contagioso	*In case it could be contagious*
contundente	*overwhelming*
la chifladura	*craziness*

Castillos en el aire

Quiso volar, igual que las **gaviotas**
libre en el aire, por el aire libre
y los demás dijeron: «Pobre idiota...
no sabe que volar es imposible.»

Mas él **alzó** sus sueños hacia el cielo
y poco a poco, fue **ganando altura**
y los demás, quedaron en el suelo
guardando cordura.

Y construyó castillos en el aire,
a pleno sol, con nubes de **algodón,**
en un lugar, adonde nunca nadie
pudo llegar usando la **razón.**

Y construyó ventanas fabulosas,
llenas de luz, de magia y de color
y **convocó al duende** de las cosas
que **tienen mucho que ver** con el amor.

En los demás, al verlo tan **dichoso,**
cundió la alarma; se dictaron normas.
No vaya a ser que fuera contagioso
tratar de ser feliz de aquella forma...

La conclusión es clara y **contundente,**
lo condenaron, por su **chifladura**
a convivir de nuevo con la gente,
vestido de cordura.

Por construir castillos en el aire,
a pleno sol, con nubes de algodón
en un lugar adonde nunca nadie
pudo llegar usando la razón.

Y por abrir ventanas fabulosas...
llenas de luz, de magia y de color
y convocar al duende de las cosas
que tienen mucho que ver con el amor.

Acaba aquí, la historia del idiota
que por el aire, como el aire libre,
quiso volar igual que las gaviotas...
pero eso es imposible... ¿o no?

Comprensión

Cuente la historia que se narra en esta canción, basándose en los siguientes temas.

1. Lo que quiso y pudo hacer el hombre.

2. Las cosas que construyó.

3. La reacción que tuvieron las otras personas (los demás).

4. El resultado del acto del hombre.

5. La pregunta al final de la canción: «¿o no?»

Un paso más... ¡a escribir!

Imagínese que usted conoce a una persona muy interesante que quiso hacer algo «diferente». Escríbale una canción o un poema a esa persona. ¿Qué quiso hacer él o ella? ¿Pudo hacerlo? ¿Cómo reaccionó la gente? Use «Castillos en el aire» como modelo y, si quiere, invente una melodía para su canción.

MODELO:

Quiso _____, igual que _____

y los demás dijeron: _____

Mas él/ella alzó sus sueños hacia el cielo

y poco a poco _____...

Un paso más… ¡a escribir!

En su clase de español hay una fiesta y usted y su compañero/a van a planear el menú. El cocinero de un restaurante hispano va a preparar todos los platos. ¿Cuáles van a tener ustedes? ¿Por qué? Escríbanle una nota a su profesor(a) explicándole por qué quieren esa comida.

MODELO:

Estimado profesor / Estimada profesora:

Gracias por tener una fiesta en la clase. Mi compañero/a y yo pensamos que el menú debe incluir los

siguientes platos: _____, _____ y _____.

Seleccionamos esta comida porque…

Afectuosamente,

(*su firma*)

Una receta: Los ricos polvorones

PISTAS PARA LEER

¿Cuál es su postre favorito? ¿Hay algún postre hispano que a usted le gusta mucho? ¿Cree que es difícil de cocinar/hornear? Pues aquí tiene una receta mexicana para hacer polvorones, que se comen con café, con té, solos o como postre. Prepárelos y… ¡disfrútelos!

VOCABULARIO ÚTIL

los polvorones	*tea cakes*
las yemas	*yolks*
la pizca	*pinch*
el bicarbonato	*baking powder*
la mezcla cremosa	*cream*
cernida	*sifted*
se aplanan / aplanadas	*flatten/flattened*
la lámina de hornear	*baking sheet*
sin engrasar	*ungreased*
se revuelcan	*roll*
pulverizada	*powdered*
la nuez moscada	*nutmeg*

POLVORONES

Ingredientes

2 tazas de harina

3/4 de taza de manteca vegetal

3/4 de taza de azúcar

*2 **yemas** de huevo*

*una **pizca** de sal*

*1/4 de cucharadita de **bicarbonato***

Para preparar los polvorones, se hace una **mezcla cremosa** con la manteca y el azúcar; se agregan las dos yemas de huevo y se revuelven bien. Después, se agrega la harina **cernida** con el bicarbonato y la sal. Se bate la mezcla hasta formar una pasta suave y seca. Luego se hacen cincuenta o sesenta bolitas y **se aplanan** con dos dedos. Idealmente, ¡todas deben ser del mismo tamaño!

Ahora, se ponen las bolitas **aplanadas** —¡los futuros polvorones!— en una **lámina de hornear sin engrasar.** Se hornean a 350° F por ocho o diez minutos o hasta que los polvorones estén dorados. Se sacan y se ponen en un plato grande. Luego se enfrían y **se revuelcan** en azúcar **pulverizada** con **nuez moscada.** Mmm... ¡ya están listos!

Un paso más... ¡a escribir!

A. Describa los ingredientes de uno de sus platillos favoritos, y luego explique cómo se prepara.

_____

_____

_____

_____

_____

B. Imagínese que usted va a participar en el concurso «Recetas del futuro». Invente un postre y diga los pasos que hay que seguir para prepararlo. Puede agregar otros ingredientes a la lista que incluimos aquí.

> *Medidas:* 1/4 (un cuarto), 1/2 (medio/a), 3/4 (tres cuartos), 1, 2 taza(s), cucharada(s), cucharadita(s), una pizca
> *Ingredientes:* aceite, azúcar, bicarbonato, harina, huevos, sal...

F   S   S   M
28 29 30 10/1

entendían) and forms that are stressed three syllables from the last, that is, _____ forms of a _____ dad.

del mundo.

_____ , _____ Antonio (**A**).

_____ .

🔊 Listen and write the following imperfect verb forms. Include an accent mark where necessary.

verbs (examples: **estudiábamos, explorábamos, participábamos**).

1. _Yo comía_
2. _Juan dormía_
3. _Marta peleaba_
4. _Nosotros tomábamos_
5. _Ellas corrían_

6. _Yo montaba_
7. _Tú tenías_
8. _Ud. quería_
9. _Nosotros contábamos_
10. _Ellas subían_

B. Complete con la información correcta.

1. Los _____ de Diego llegaron a California cuando su padre tenía

   _____ años.

2. Los antepasados de Antonio llegaron a _____ en el siglo

   _____.

3. Diego se crió en Los Ángeles, donde jugaba en la _____, los

   _____ y en los patios de recreo.

4. Los _____ vivían con la familia de Antonio.

5. Ahora los parientes de Diego se ven sólo en _____.

 ecturas

 **Rubén Blades y su familia musical**

> ☀ **PISTAS PARA LEER**
>
> Rubén Blades es un músico y actor famoso de
> Panamá. ¿Conoce su música? ¿sus películas?
> Al leer, apunte las ideas importantes de cada
> párrafo. Por ejemplo, en el primero se describe
> el talento, los estudios y el trabajo de Blades.
> ¿Qué adjetivo describe bien a este gran artista?
> ¿Qué más diría usted de Rubén Blades?

VOCABULARIO ÚTIL

el papel	*role*
el grado en derecho	*law degree*
se postuló	*he ran (for office)*
el conguero	*conga player*
mientras	*while*
las letras	*song lyrics*
grabó	*recorded*
el cantautor	*singer-songwriter*
amplios	*broad*
los valores	*values*

Rubén Blades es un hombre de muchos talentos; es compositor, cantante, actor, abogado y político. Ha actuado en películas de gran éxito, como *The Milagro Bean Field War* (1988) del director Robert Redford, y *The Cradle Will Rock* (1999), en la cual Blades hace el **papel** de Diego Rivera, el famoso artista y muralista mexicano. Rubén Blades tiene un **grado en derecho** internacional y **se postuló** para presidente de su país natal, Panamá, en 1994. Pero sin duda este versátil artista panameño pasará a la historia por su contribución al mundo de la música.

La música estuvo muy presente en el hogar de Blades desde su nacimiento el 16 de julio de 1948. De hecho, sus padres se conocieron en un club nocturno donde los dos actuaban. Su madre trabajaba de cantante y su padre era **conguero.** Rubén creció escuchando las canciones de sus padres, pero también disfrutando de la música norteamericana de Elvis Presley y el rock británico de los Beatles. Desde muy pronto, Rubén mostró interés en la carrera de músico. Pero su padre le pidió que estudiara derecho. Luego, **mientras** Rubén estudiaba para sus clases en la universidad, cantaba con varios grupos porque la música era su pasión y su verdadera vocación.

Blades viajó a la ciudad de Nueva York en 1974 y allí transformó el género de música tropical que hoy conocemos como la *salsa.* Durante los años setenta, escribió canciones de ritmo alegre y bailable, pero con **letras** que describían cuestiones sociales y políticas de Panamá y otros países latinoamericanos. Blades **grabó** *Buscando América* (1984) en Nueva York, disco que lo hizo famoso y con el cual les abrió el camino a otros cantantes y compositores de salsa, como el puertorriqueño Marc Anthony.

Hoy los admiradores de Rubén Blades lo consideran un **cantautor** brillante y visionario. Su disco *Tiempos,* por ejemplo, es una «suite» de 70 minutos al estilo clásico pero con ritmos latinos. La revista *Rolling Stone* describió esta producción como «el mejor album de música latina de 1999». Luego Blades grabó el compacto *Mundo* en 2002, que le ganó el premio Grammy en la categoría de World Music y además un Grammy Latino como álbum de música tropical. Estos premios demuestran que el repertorio y el público de Blades son muy **amplios.** Es evidente que para este gran músico lo importante es seguir su impulso creativo sin sacrificar sus **valores** y su visión artística. Es evidente que lo importante para él es tocar buena música.

Comprensión

Las siguientes oraciones son falsas. Escriba oraciones correctas.

> MODELO: Rubén Blades es un ingeniero y músico venezolano. →
> *Rubén Blades es un abogado y músico panameño.*

1. El disco *Tiempos* es un álbum de música salsa con baladas románticas.

   _____

2. Para Rubén Blades, lo importante es grabar discos comerciales que ganen mucho dinero.

   _____

3. En Nueva York, Rubén Blades trabajó de abogado.

   _____

4. Cuando Rubén nació, su padre trabajaba de cantante en un club.

   _____

5. Rubén Blades es un músico muy popular, pero no quiere actuar en películas.

   _____

6. En la película *The Milagro Bean Field War*, Blades hace el papel de Diego Rivera.

   _____

Un paso más... ¡a escribir!

Imagínese que usted es periodista y trabaja para la revista *Música Latina.* Su próximo artículo es una entrevista con Rubén Blades. Basándose en la información de esta **Lectura,** hágale cinco preguntas a este músico panameño y escriba sus respuestas.

Retratos de familia

NOTA CULTURAL

> ### PISTAS PARA LEER
>
> Todos estos retratos de familia tienen varias
> características en común; por ejemplo, las
> familias son unidas. Al leer, anote otras
> características. ¿Hay una típica familia hispana?
> ¿Cómo es? Piense en su propia familia: ¿Es
> típica de su cultura? ¿Cómo son sus relaciones
> con sus padres, sus hermanos y otros parientes?

VOCABULARIO ÚTIL

el retrato	*portrait, portrayal*
estrecha	*close*
la gira	*tour*
recurro	*I turn, go to*
el cariño	*affection*
extraño	*I miss*
la dicha	*joy*
quisiera	*I would like*
criarlo	*to raise him*
añora	*(he) longs for*

Lety Guerrero Romero, doctora mexicana de 29 años

Mi familia vive en la Ciudad de México. Es una familia bastante grande; están mis padres, tres hermanas mayores que yo, sus esposos (dos están casadas) y mis primos. Luego también incluyo a mi esposo y mis tres hijos, claro. Y no debo olvidar a mis abuelos. A veces, los domingos, nos vamos todos al Parque de Chapultepec a merendar. ¡Cuánto nos divertimos juntos!

Paula Ledesma, actriz colombiana de 38 años

Tengo una relación **estrecha** y sincera con mis padres. Cuando estoy de viaje o en alguna **gira,** los llamo por teléfono mucho. Siempre **recurro** a ellos cuando necesito algún consejo. Ellos tienen sus ideas, por supuesto. Les preocupa que no esté casada, pero sé que aceptan mi estilo de vida y mis deseos. Quizá algún día me case, pero por el momento quiero dedicarme a mi carrera.

Ilia Rolón, estudiante puertorriqueña de 21 años

Soy de San Juan, Puerto Rico, donde viven mis padres. Pero ahora resido con mis tíos y mis primos en la Ciudad de Nueva York. Es que quiero aprender inglés y estoy estudiando en la Universidad de Columbia. Les tengo mucho **cariño** a mis tíos, pero la verdad es que **extraño** a mi mamá y a mi papá. Espero ansiosamente el verano para regresar a San Juan y poder verlos.

Gregorio Merino Díaz, profesor chileno de 32 años

En mi familia somos muy unidos. Cuando tengo problemas personales, prefiero hablar con mi padre, mi madre o con uno de mis hermanos, antes que hablar con un amigo. ¿La razón? Bueno, es que un amigo puede tratar de ayudarnos, nos escucha, nos aconseja. Pero nadie puede entendernos tan bien como un miembro de la familia.

Lucía Mendoza, periodista venezolana de 25 años

Tengo un hijo de ocho años. Se llama Daniel y los dos vivimos con mis padres en Caracas. Danielito para mí es una **dicha,** lo mejor que ha ocurrido en mi vida. Pero la verdad es, a veces, **quisiera** un compañero que me ayudara a **criarlo.** ¡Daniel es muy travieso! Por suerte papá y mamá me ayudan con su crianza. Son unos abuelos maravillosos. Mi niño vive en un hogar donde hay amor, seguridad y donde todos nos llevamos bien.

Antonio Galván, ingeniero salvadoreño de 40 años

Mi familia en los Estados Unidos es pequeña: mi esposa, mis padres y yo. Lamentablemente, estoy separado de los otros miembros de mi familia. Vivo en Takoma Park, Maryland, y tengo un hermano, dos sobrinos y varios primos en San Salvador. De vez en cuando me comunico con ellos, pero quisiera tenerlos cerca, poder verlos. Extraño sobre todo a mis sobrinos. Uno de mis sueños es reunir a toda la familia aquí en Estados Unidos algún día.

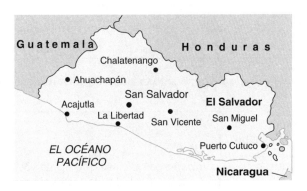

Estas personas ofrecen una imagen realista de la familia hispana, la cual, como la de Lety, es grande. Paula, Ilia y Lucía tienen una relación estrecha y especial con sus padres. Gregorio recurre a un pariente cuando tiene conflictos personales. Y Antonio explica que su familia inmediata es pequeña, pero **añora** tener a su familia a su lado. En los países hispanos, como en todo el mundo, hay muchos tipos de familia; no todas tradicionales. Hay hogares donde el padre o la madre está ausente, donde los abuelos crían a los nietos. Hay hogares de padres solteros o divorciados. Pero sea cual sea el caso, la familia es una de las instituciones más fuertes y vitales de la sociedad hispana.

Comprensión

A. ¿Quién habla aquí, Antonio (**A**), Ilia (**I**), Lety (**L**), Paula (**P**), Gregorio (**G**) o Lucía (**LU**)?

1. _____ Mis padres son mis mejores amigos.

2. _____ Normalmente, veo a mis padres durante los veranos.

3. _____ Nos gusta ir al parque los domingos.

4. _____ Tengo una familia muy unida.

5. _____ Cuando tengo un problema, hablo con mis padres.

6. _____ Extraño mucho a mis sobrinos.

7. _____ Mis padres me ayudan con la crianza de mi hijo.

8. _____ Los llamo por teléfono.

9. _____ Mi familia es muy grande.

10. _____ Mis tíos y yo nos llevamos bien.

B. ¿Cierto (**C**) o falso (**F**)? Si la oración es falsa, haga las correcciones necesarias para decir la verdad.

1. _____ La familia hispana es pequeña; normalmente la forman los padres y los hijos.

   _____

2. _____ La familia es muy importante en la sociedad hispana.

   _____

3. _____ Muchos hispanos prefieren discutir sus problemas personales con un amigo.

   _____

4. _____ En el mundo hispano sólo existen familias tradicionales.

   _____

Un paso más... ¡a escribir!

Pregúnteles a cuatro o cinco compañeros de clase qué opina cada uno de su propia familia. Luego escriba una composición de una página titulada «Retratos de familia en la clase de español». Y no se olvide de escribir una conclusión.

A. Listen to a Mexican speaker pronounce the following words and phrases.

[s] está, es poco, espero, contestar, escoba, espalda, castaño, es feo, semestre, descansar, tienes tiempo, gusto, esquiar, escribir, escuchar, esposa, estado, estómago, es joven

[z] es verde, béisbol, es de aquí, es más, es grande, es bueno, es nuevo, es de México, es lacio, es romántico, tus libros

In other areas, especially the coastal areas of Mexico, Colombia, Ecuador, Peru, the lowlands of Bolivia, and the countries of the Caribbean—such as Puerto Rico, Cuba, the Dominican Republic, Panama, and Venezuela—as well as Paraguay, Uruguay, and Argentina, the letter **s** is pronounced as an aspiration (much like a soft *h* of English), or even dropped altogether, especially if followed by a consonant. This very common practice is called "eating s's" (**comerse las eses**) in Spanish.

B. Listen to some of the same words and phrases as pronounced by a Cuban speaker.

[h] está, es poco, espero, contestar, tienes tiempo, gusto, desde, escribir, béisbol, escuchar, esposo, es más, es grande, es joven

✳ Ejercicios de ortografía

I. MEDIAL r AND rr

Single **r** (r) and double **r** (rr) between vowels (in medial position) must be carefully distinguished in speaking and writing. Remember that **r** between vowels is pronounced as a single tap, while **rr** is a trill.

Write the words you hear with **r** and **rr**.

1. _____ 6. _____
2. _____ 7. _____
3. _____ 8. _____
4. _____ 9. _____
5. _____ 10. _____

II. EXCLAMATIONS

Remember that interrogative words are written with an accent mark. These include **¿Cómo?, ¿Dónde?, ¿Cuánto?, ¿Cuál?, ¿Por qué?, ¿Quién?, ¿Cuándo?,** and **¿Qué? Qué** and **cuánto** are also written with an accent mark if they are used in exclamations. For example: **¡Qué bonita está María esta noche!**

Write the sentences you hear and place the accent marks correctly.

1. _____
2. _____
3. _____
4. _____
5. _____
6. _____

ideoteca 📼

✳ Los amigos animados

Vea la sección **Los amigos animados** de las **Actividades auditivas** para hacer la actividad correspondiente.

✳ Escenas culturales

la República Dominicana

VOCABULARIO ÚTIL

se fundó	*was founded*
la catedral	*cathedral*
el Patrimonio Cultural de la Humanidad	*World Heritage Site*
la sangre taína	*Taino blood*

Lea estas preguntas y luego vea el video para contestarlas.

1. La primera ciudad que se fundó en el Nuevo Mundo fue _____.

2. En Santo Domingo están la primera _____, el primer

   _____ y la primera _____ de las Américas.

Puerto Rico

VOCABULARIO ÚTIL

Borinquen	nombre indígena para la isla
los boricuas	puertorriqueños
la edificación	*construction*
el fuerte	*fort*
el castillo	*castle*
el palacio	*palace*

Lea estas preguntas y luego vea el video para contestarlas.

3. Otro nombre para Puerto Rico es _____.

4. Algunas edificaciones famosas son el _____ de San Felipe del Morro, el

   _____ de San Cristóbal y el _____ de la Fortaleza.

✳ Escenas en contexto

Sinopsis
Juan Carlos habla con una vendedora para
comprar un billete de tren.

VOCABULARIO ÚTIL

el billete	*ticket; bill (of money)*
Tarma	*Andean city in Central Peru*
atrasado/a	*delayed*
Chincheros	*Andean city north of Cusco*
la guía turística	*tourist guide (book)*
asiento de ventanilla	*window seat*
el pasillo	*aisle, hall*
el andén	*train platform*

Lea estas preguntas y luego vea el video para contestarlas.

A. ¿Cierto (**C**) o falso (**F**)?

1. _____ Primero Juan Carlos quiere comprar un pasaje para ir a la ciudad de Tarma.

2. _____ El tren para Tarma sale a las 2:15 de la tarde.

3. _____ Luego, Juan Carlos decide tomar un tren a Chincheros.

4. _____ Juan Carlos piensa visitar a su hermana en Chincheros.

5. _____ El tren sale del andén número 15.

B. Complete con la información correcta.

1. El tren para Tarma tiene un problema _____ y no va a salir hasta las

    _____.

2. Juan Carlos escribe _____.

3. ¿Qué tipo de asiento prefiere Juan Carlos? _____

4. ¿Qué clase de equipaje trae Juan Carlos? _____

 ecturas

 **LECTURA** «**La creación del mundo**»

Selección del *Popol Vuh,* libro **sagrado** de los mayas

 PISTAS PARA LEER

El *Popol Vuh* es una obra importante de la cultura maya. En este libro se describe la creación del mundo: primero la tierra y los animales, luego el ser humano, que fue creado con maíz. Tepeu y Gucumatz son los **dioses** creadores. En el siguiente pasaje del *Popol Vuh,* los dioses crean la tierra y los animales.

VOCABULARIO ÚTIL

sagrado	*sacred*
el dios	*god*
la relación	narración, historia
se pusieron de acuerdo	*they agreed*
el arroyo	*stream, brook*
el cerro	*hill*
fecundaron	*made fertile, fruitful*
se hallaba	estaba
el genio	*spirit*
el venado	*deer*
la culebra	*snake*
el cantil	*large snake* (*Guatemala*)
el bejuco	*reeds*

Esta es la primera **relación,** el primer discurso. No había todavía un hombre, ni un animal, pájaros, peces, cangrejos, árboles, piedras, cuevas, barrancas, hierbas ni bosques: sólo el cielo existía…

Llegó aquí entonces la palabra, vinieron juntos Tepeu y Gucumatz. Hablaron, pues, consultando entre sí y meditando; **se pusieron de acuerdo,** juntaron sus palabras y su pensamiento…

Primero se formaron la tierra, las montañas y los valles; se dividieron las corrientes de agua, los **arroyos** se fueron corriendo libremente entre los **cerros,** y las aguas quedaron separadas cuando aparecieron las altas montañas.

Así fue la creación de la tierra, cuando fue formada por el Corazón del Cielo, el Corazón de la Tierra, que así son llamados los que primero la **fecundaron,** cuando el cielo estaba en suspenso y la tierra **se hallaba** sumergida dentro del agua.

De esta manera se perfeccionó la obra, cuando la ejecutaron después de pensar y meditar sobre su feliz terminación. Luego hicieron a los animales pequeños del monte, los guardianes de todos los bosques, los **genios** de la montaña, los **venados,** los pájaros, leones, tigres, serpientes, **culebras, cantiles,** guardianes de los **bejucos…**

Comprensión

Complete las siguientes oraciones con la(s) respuesta(s) apropiada(s).

1. Antes de la primera relación, sólo existía…

   a. la tierra

   b. el mar

   c. el cielo

   d. el hombre

2. Para crear el mundo, Tepeu y Gucumatz…

   a. se separaron

   b. unieron sus ideas

   c. consultaron las leyendas mayas

   d. meditaron juntos

3. Los dioses mayas formaron primero…

   a. los océanos y los ríos

   b. las nubes y las tormentas

   c. la tierra y las montañas

   d. los árboles y las flores

4. Entre los primeros animales creados, en el *Popol Vuh* se mencionan…

   a. las ranas

   b. los pájaros

   c. las jirafas

   d. las serpientes

Un paso más… ¡a escribir!

Imagínese que usted quiere describirles el comienzo del mundo a sus hijos, sobrinos o nietos pequeños. Cuente su historia de la creación del mundo en una página. Si quiere, agregue algún detalle imaginativo o algún elemento fantástico inventado por usted.

Listen to the following sentences and write the missing word. Decide from the meaning if it needs an accent mark.

1. _____ papá es médico. ¿Es abogado _____ papá?

2. ¿_____ gusta el _____ inglés?

3. _____, voy contigo… _____ me invitas, claro.

4. ¿_____ quién es este sombrero?

5. Yo no _____ _____ Javier _____ casó en marzo o en mayo.

III. ORTHOGRAPHIC CHANGES IN THE SUBJUNCTIVE

Several types of verbs have spelling changes in certain subjunctive forms in order to preserve the sound of the infinitive.

			INFINITIVE	INDICATIVE	SUBJUNCTIVE
1.	**g** to **j**	before **a, o**	proteger	protejo[1]	proteja
2.	**gu** to **g**	before **a, o**	seguir	sigo[1]	siga
3.	**c** to **z**	before **a, o**	convencer	convenzo[1]	convenza
4.	**c** to **zc**[2]	before **a, o**	conocer	conozco[2]	conozca
5.	**c** to **qu**	before **e**	buscar	busco	busque
6.	**g** to **gu**	before **e**	pagar	pago	pague
7.	**z** to **c**	before **e**	cruzar	cruzo	cruce

The most common verbs in each class are the following:

1. **coger** (to take; to catch), **dirigir** (to direct), **elegir** (to elect), **escoger** (to choose), **proteger** (to protect), **recoger** (to pick up)

2. **conseguir** (to get, attain), **perseguir** (to pursue), **seguir** (to follow; to continue)

3. **convencer** (to convince), **torcer** (to twist), **vencer** (to defeat)

4. **agradecer** (to be grateful for), **conducir** (to drive; to conduct), **conocer** (to know), **favorecer** (to favor), **ofrecer** (to offer), **parecer** (to seem), **producir** (to produce), **traducir** (to translate)

5. **acercarse** (to get close to), **buscar** (to look for), **chocar** (to crash), **criticar** (to criticize), **equivocarse** (to be mistaken), **explicar** (to explain), **indicar** (to indicate), **pescar** (to fish), **practicar** (to practice), **rascar** (to scratch), **sacar** (to take out), **secar** (to dry), **tocar** (to play; to touch)

6. **entregar** (to hand in), **jugar** (to play), **llegar** (to arrive), **negar** (to deny), **obligar** (to oblige), **pagar** (to pay [for]), **pegar** (to hit; to glue), **regar** (to water)

7. **abrazar** (to embrace), **almorzar** (to have lunch), **comenzar** (to begin), **cruzar** (to cross), **empezar** (to begin), **rechazar** (to reject), **rezar** (to pray)

---

[1] The first-person singular (**yo**) form of the indicative has the same orthographic change, for the same purpose.
[2] In addition, a **k** sound is inserted in these forms; thus the full change is **c** (s) to **zc** (sk).

Listen and write the sentences you hear. Pay particular attention to subjunctive verb forms and their spelling.

1. _____

   _____

2. _____

   _____

3. _____

   _____

4. _____

   _____

 ideoteca

❋ Los amigos animados

Vea la sección **Los amigos animados** de las **Actividades auditivas** para hacer la actividad correspondiente.

✳ Escenas culturales

Uruguay

VOCABULARIO ÚTIL

el estuario	*estuary*
pintoresco/a	*picturesque*
los gauchos	vaqueros argentinos y uruguayos
la ganadería	*cattle ranching*

Lugares mencionados

Montevideo
Río de la Plata
la Ciudad Vieja
las pampas

Lea estas preguntas y luego vea el video para contestarlas.

1. Montevideo está al lado del estuario del _____.

2. En _____ hay varios edificios y monumentos de interés histórico.

3. Los gauchos de Uruguay viven en _____.

Paraguay

VOCABULARIO ÚTIL

la represa hidroeléctrica	*hydroelectric dam*
jesuita	*Jesuit*
majestuoso/a	*majestic*

Lugares mencionados

Asunción
el Chaco
el Río Paraguay
el Río Paraná
Itaipú
Iguazú

Lea estas preguntas y luego vea el video para contestarlas.

3. ¿Cuáles son los dos ríos más importantes de Paraguay?

_____

4. La represa de _____ es la más grande del mundo.

5. En Iguazú están las _____ majestuosas.

✳ Escenas en contexto

Sinopsis

Roberto está perdido y le pide instrucciones a
un señor.

VOCABULARIO ÚTIL

perdido/a	*lost*
Perdone la molestia.	*I'm sorry to bother you.*
queda	está
No hay de qué.	*You're very welcome.*
Que le vaya bien.	*All the best to you.*

Lea estas preguntas y luego vea el video para
contestarlas.

A. ¿Cierto (**C**) o falso (**F**)?

1. _____ Roberto busca la biblioteca pública.

2. _____ El señor dice que el bar está cerca (no está lejos).

3. _____ Roberto debe doblar a la derecha en la calle Martín Gómez.

4. _____ Roberto debe doblar a la izquierda en la calle Santiago de Chile.

5. _____ El bar está a la derecha en la calle Santiago de Chile.

B. Complete con la información correcta.

1. Roberto busca un bar de nombre _____.

2. El señor le dice que doble a la _____ en la calle _____
y que camine _____ antes de doblar a la _____ en la
Avenida _____.

3. Luego, el señor dice que camine una cuadra y que doble a la _____ en la
calle _____. A unos _____ metros está el bar, a la
_____.

ecturas

 **El misterio de las ciudades mayas**

 PISTAS PARA LEER

Considere esta pregunta: ¿Cuál es el misterio de las ciudades mayas? Y recuerde que los cognados facilitan la comprensión. Muchos se distinguen por su terminación: **-ado/ido** (*-ed, -ate*), **-mente** (*-ly*), **-ción** (*-tion*). En esta **Lectura** hay varios ejemplos: **conquistados, desaparición.** ¿Qué otros cognados ve usted?

VOCABULARIO ÚTIL

surgieron	*came into being*
se destacan	*stand out*
el sacerdote	*priest*
la comunidad agrícola	*farming community*
los griegos	*Greeks*
quemaban	*burned*
la sombra	*shadow*
la guerra	*war*
Sea cual sea	*Whatever might be*
el antepasado	*ancestor*

Las hermosas ciudades mayas **surgieron** en los bosques tropicales de lo que hoy es el sureste de México y en los países que hoy conocemos como Belice, Guatemala, El Salvador y Honduras. Entre todas las ruinas de las ciudades mayas —Palenque, Tikal, Tulum, Chichén Itzá, Copán y Uxmal— **se destacan** Chichén Itzá en México y Tikal en Guatemala. Chichén Itzá era el centro religioso y político de Yucatán. Tikal era la ciudad más grande de la América precolombina.

Al estar en Tikal, uno puede imaginarse la belleza del mundo prehispánico. En su momento de prosperidad, Tikal tenía una población de 50.000 habitantes. Hoy el área central de las ruinas todavía contiene tres mil construcciones distintas: templos, palacios, cinco pirámides. En el palacio ceremonial hay más de doscientos monumentos de piedra, altares y figuras.

Tikal y Chichén Itzá, como las otras ciudades, eran principalmente sitios ceremoniales donde vivían los **sacerdotes.** El resto de la población vivía en **comunidades agrícolas.** Los sacerdotes se ocupaban de todos los rituales religiosos, como los sacrificios. En la sociedad maya gobernaban el rey y los nobles. Su organización política era similar a la de los **griegos,** basada en ciudades estados. Cada estado tenía una comunidad rural de campesinos que cultivaban la tierra y grandes centros urbanos para las ceremonias. Toda la gente —nobles, campesinos— se reunía en la ciudad para participar en festivales y ceremonias.

Los mayas tenían maravillosas obras de arquitectura, escultura, pintura y conocimientos de astronomía. Inventaron sistemas de numeración que incluían el cero, calendarios y una escritura que aún no se ha podido interpretar totalmente. Se sostenían con la agricultura, sembrando maíz, frijoles y otras legumbres. No era un trabajo fácil. Su terreno de cultivo era de densa vegetación. Cortaban los árboles y los **quemaban** para fertilizar la tierra.

Las ceremonias religiosas formaban una parte esencial de la cultura maya, que era muy rica. En Chichén Itzá, todavía hoy se celebra el equinoccio primaveral cada 21 de marzo. Llegan miles de indígenas y turistas para ver la **sombra** de una serpiente que aparece en las escaleras de la pirámide principal a mediodía.

Los antiguos mayas, creadores de Tikal y Chichén Itzá, abandonaron estas ciudades mucho antes de la llegada de los españoles. La razón es un misterio. Los estudiosos ofrecen varias posibles explicaciones: epidemias, cambios en el clima, **guerras,** superpoblación. Hay quienes dicen que los mayas no pudieron sobrevivir dedicándose a la agricultura en los bosques tropicales. Se dice también que el cambio más significativo fue la desaparición de la clase religiosa, es decir, los sacerdotes.

Sea cual sea la explicación del misterio, lo cierto es que durante los años 900 D.C.,* la gente maya empezó a alejarse gradualmente de Tikal y las otras ciudades. Pero afortunadamente la civilización maya no desapareció. Cuando los españoles colonizaron la península de Yucatán entre 1524 y 1546, varios grupos de mayas hicieron resistencia. Hoy en día hay siete millones de personas que descienden de esos sobrevivientes. Estos mayas se dedican a la agricultura, como sus **antepasados,** y mantienen vivas sus tradiciones. En su cultura vive también el recuerdo de sus antiguas y hermosas ciudades.

---

*Año que representa el final del período maya clásico. Tikal fue construida durante este período (50–800 D.C.).
Nota: A.C. (antes de Cristo) significa lo mismo que B.C. en inglés; D.C. (después de Cristo) es lo mismo que A.D.

Comprensión

A. Ponga las siguientes palabras bajo la categoría apropiada. Algunas pueden incluirse bajo más de una categoría.

aldeas agrícolas	calendarios	palacios	sacrificios
altares	centros urbanos	península	sistema de escritura
arquitectura	ciudades estados	pintura	sistema numérico
astronomía	escultura	pirámides	templos
bosques	monumentos de piedra	rituales religiosos	vegetación

MODELO:

Categorías: CONSTRUCCIÓN	GEOGRAFÍA	CIENCIA	CULTURA
arquitectura	*bosques*		

B. Hay varias causas por las cuales los mayas abandonaron sus hermosas ciudades. En la **Lectura** se mencionan seis causas posibles. ¿Cuáles son?

1. _____

2. _____

3. _____

4. _____

5. _____

6. _____

Un paso más… ¡a escribir!

Usted es arqueólogo/a y ha descubierto la razón por la cual los habitantes de Tikal y Chichén Itzá abandonaron estas ciudades. Explique en una página lo que pasó. Use algunas de estas preguntas como guía.

1. ¿Hubo una epidemia? ¿De qué?

2. ¿Hubo un cambio drástico en el clima? ¿Cómo lo sabe? ¿Qué pasó?

3. ¿Tuvieron que irse los mayas porque destruyeron los bosques?

4. ¿Hubo alguna guerra? ¿Contra quién(es)?

5. ¿Qué documentos o pruebas ha encontrado usted?

LECTURA

Los amigos hispanos: De visita en México

PISTAS PARA LEER

Paula Saucedo Muñoz tiene 27 años y es agente de viajes en la Ciudad de México. Aquí le escribe a Pilar Álvarez, su amiga española. Recuerde que la visualización es una buena práctica de lectura. Visualice los lugares que Paula menciona: el Parque de Chapultepec, por ejemplo. ¿Qué ve usted allí? ¿Qué hace?

VOCABULARIO ÚTIL

broncearte	*to get a tan*
la senda frondosa	*shaded path*
el castillo	*castle*
gratis	*free of charge*
la obra	*art work*
el mármol	*marble*
el dramaturgo	*playwright*
la conferencia	*lecture*

Pilar Álvarez
Calle Almendras 481
Madrid, España

Querida Pilar:

¡Por fin vamos a conocernos! Sé que te va a gustar México. Estoy preparando un itinerario para tu visita. Aquí te envío algunas fotos muy bonitas y unos panfletos turísticos, para darte una idea. Pero también me gustaría hablarte un poquito de mi país, al que quiero mucho.

Ya sabes que la Ciudad de México es la capital más grande del mundo hispano. Los mexicanos la llamamos «el D.F.» por el Distrito Federal. Las otras ciudades grandes del país son Guadalajara, Monterrey y Tijuana. También hay muchas ciudades hermosas que debes conocer, como Veracruz, un puerto en el Golfo de México. Y hay otras que conservan el aspecto colonial por su arquitectura, como Taxco, San Miguel de Allende y Guanajuato. Pero si lo que buscas es clima tropical, tienes que ir a Acapulco y Puerto Vallarta, dos sitios turísticos en la costa del Pacífico donde es puro verano el año entero. Si quieres **broncearte** y nadar, debes ir a esas dos ciudades. ¡Y yo muy feliz te acompaño!

La linda ciudad colonial de Taxco

Uno de los lugares adonde pienso llevarte en la capital es el Parque de Chapultepec. En este parque hay dos zoológicos y muchas **sendas frondosas** por donde caminar. Uno puede ver allí, además, el Museo de Antropología y un **castillo** famoso que data de los tiempos coloniales. Los domingos por la tarde hay conciertos **gratis** al aire libre en el Parque de Chapultepec.

El centro y corazón de la capital es el Zócalo. Creo que el Zócalo es comparable a la Plaza Mayor en España, ¿no? Allí está la catedral, que también data de los tiempos de la colonia, y el Palacio Nacional. En éste hay varios murales impresionantes de Diego Rivera (1886–1957). Como ya sabes, este pintor mexicano es famoso por sus grandes murales que narran la historia de México. Sé que te va a gustar su **obra.**

Aquí, en el D.F., vamos a visitar también el Palacio de Bellas Artes. Éste es un edificio de **mármol** blanco donde se presentan conciertos, óperas, obras de los más famosos **dramaturgos** del mundo, espectáculos de danza y **conferencias.**

El Palacio de Bellas Artes

Bueno, amiga mía, creo que esta carta se está haciendo demasiado larga. Antes de concluir, sólo te quiero mencionar las pirámides de Teotihuacán, que están al nordeste de la capital. Estas pirámides son una muestra importante de la cultura indígena. ¡Las verás!

Las pirámides de Teotihuacán

Todos en mi familia estamos ansiosos por verte y recibirte en nuestra casa. Avísame cuando tengas tu viaje confirmado.

      Con mucho cariño,
      Paula

Comprensión

Busque la definición correcta.

1. _____ el Palacio de Bellas Artes
2. _____ el Zócalo
3. _____ el Palacio Nacional
4. _____ Guanajuato
5. _____ Teotihuacán
6. _____ el Parque de Chapultepec
7. _____ la Ciudad de México
8. _____ Puerto Vallarta
9. _____ Veracruz
10. _____ Monterrey

a. zona en el centro de la ciudad
b. ciudad grande que también se conoce como el Distrito Federal
c. lugar al nordeste del D.F. donde hay pirámides
d. una de las ciudades grandes en el norte del país
e. sitio turístico en la costa del Océano Pacífico
f. edificio donde se hacen presentaciones culturales
g. ciudad y puerto en el Golfo de México
h. parque donde se ofrecen conciertos los domingos
i. ciudad que conserva su aspecto colonial
j. edificio donde se encuentran los murales de Diego Rivera
k. ciudad situada en la península de Yucatán

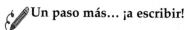

Un paso más... ¡a escribir!

Escriba una composición de una página sobre uno de los siguientes temas.

1. Usted tiene un amigo hispano o una amiga hispana que va a venir de visita a los Estados Unidos por primera vez. Descríbale en una carta los lugares que puede visitar.
2. Usted y su familia van a estar de vacaciones en México por dos semanas. Descríbale a su familia las ciudades y los lugares que van a visitar. ¿Qué actividades pueden hacer en cada lugar?

La salud y las emergencias

Capítulo 12

 ctividades escritas

✳ El cuerpo humano y la salud

A. ¿Qué es?

1. Tenemos dos; son necesarios para doblar los brazos: ____ _____.

2. Son rosadas; están en la boca. Cuando tenemos algo malo en ellas, visitamos al dentista: ____

   _____.

3. Las personas que beben mucho licor tienen problemas del _____.

4. ____ _____: son los huesos del pecho que protegen los pulmones y el corazón.

5. Nos sentamos en ellas: ____ _____.

6. No es verdad que se rompa, pero si no controlamos el colesterol tenemos problemas serios

   con ____ _____.

7. Es rosada; está en la boca. La usamos para hablar y para comer: ____

   _____.

8. Se ve mucho como decoración el Día de las Brujas. Son los huesos de la cabeza: ____

   _____.

B. ¿Qué hacemos con estas partes del cuerpo?

> MODELO: la nariz → *Olemos con la nariz.*

1. los pies

   _____

2. el cerebro

   _____

3. la boca

   _____

4. la garganta

   _____

5. los dedos

   _____

✳ Las enfermedades y su tratamiento

Lea Gramática 12.2.

C. Primero, llene los espacios en blanco con la forma correcta del verbo correspondiente.

volverse loco/a	adelgazar	ponerse alegre
	alegrarse	ponerse contento/a
	enfermarse	ponerse de buen humor
	engordar	ponerse de mal humor
	enojarse	ponerse furioso/a
	entristecerse	ponerse nervioso/a
		ponerse triste

1. Si las cosas que como tienen muchas calorías, (yo) _____.

2. Si (yo) como muy poco, _____ o me muero de hambre.

3. Ayer (yo) _____ porque recibí un lindo regalo de cumpleaños.

4. Si tu novio/a sale a bailar con otra/o, ¿_____?

5. El sábado pasado, mi hermano _____ cuando yo le descompuse el coche.

Ahora complete lógicamente estas oraciones sobre los estados de ánimo y la salud.

> MODELO: Me enojo cuando... → *tengo que manejar y hay mucho tráfico.*

6. Me vuelvo loco/a cuando _____

7. Mi amigo/a se pone de mal humor cuando _____

8. Me pongo nervioso/a cuando _____

9. Mis padres se entristecen cuando _____

10. Me enfermo cuando _____

D. ¿Cuáles son los síntomas de las siguientes enfermedades?

1. la fiebre del heno: _____

2. el resfriado: _____

3. la varicela: _____

4. la alergia: _____

5. la bronquitis: _____

6. la gripe: _____

E. Describa una enfermedad que usted, su hermano/a o su hijo/a tuvo de niño/a (la varicela, el sarampión, la gripe, una infección del oído o de la garganta). Escriba una composición de 15 oraciones o más (2 ó 3 párrafos). Use las siguientes preguntas como guía: ¿Cuáles fueron los síntomas? ¿Faltó a muchas clases? ¿Estaba muy enfermo/a? ¿Tuvo que ir al médico? ¿Le recetaron medicamentos? ¿Lo/La internaron (*Did they admit you/him/her*) en el hospital? ¿Qué hizo durante su tiempo en casa o en el hospital? ¿Leyó? ¿Pasó muchas horas viendo la televisión? ¿Jugó videojuegos? ¿Pasó mucho tiempo con su madre/padre o con otra persona?

✳ Las visitas al médico, a la farmacia y al hospital

Lea Gramática 12.3.

F. En el Hospital General de Cuernavaca la jefa de enfermeros está dándoles órdenes a los otros enfermeros. Complete las órdenes correctamente usando pronombres de complemento indirecto (**me, te, le, nos, les**) y el presente de subjuntivo de un verbo lógico (**dar, llevar, preparar, traer, tomar, servir**).

MODELO: Señorita Méndez, quiero que ___*le*___ ___*dé*___ la medicina a la paciente del cuarto número siete.

1. Señor Pérez, quiero que _____ _____ la cena al paciente del cuarto número diez.

2. Señorita Méndez, también quiero que _____ _____ ropa limpia a los pacientes del cuarto número quince.

3. Señorita Rojas, quiero que _____ _____ (a mí) el formulario del paciente nuevo.

4. Y también quiero que _____ _____ una taza de té al paciente nuevo.

5. Señor Lugo, quiero que por favor _____ _____ la temperatura a todos los pacientes.

G. ¿Qué hacen estas personas? Escriba una definición. Aquí tiene algunos verbos útiles: **aconsejar, atender(ie), ayudar, cuidar, curar, dar, examinar, explicar, operar, recomendar (ie), surtir.**

MODELO: Un médico *cuida a sus pacientes y trata de curarlos.*

1. Una enfermera _____

2. Un cirujano _____

3. Un veterinario _____

4. Una psiquiatra _____

5. Un farmacéutico _____

6. Un terapeuta _____

H. Usted es doctor(a) y un paciente tiene los siguientes síntomas. ¿Qué le recomienda usted?

MODELO: le duele un oído →
Le recomiendo a usted que se ponga gotas en el oído y que no salga si hace frío.

1. tiene dolor de estómago _____

_____

2. le duele el tobillo _____

_____

3. tiene dolor de garganta y tos _____

_____

4. tiene fiebre y le duele todo el cuerpo _____

_____

5. tiene una cortada en un dedo _____

_____

I. Responda a cada situación de los dibujos. Use mandatos (afirmativo y/o negativo) y los pronombres **le** y **les.**

MODELO:

No, no les dé aspirinas; déles Tylenol.

1.

_____

_____

2.

_____

_____

3.

_____

_____

4.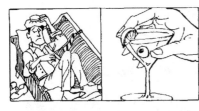

5.

_____

_____

_____

_____

✳ Los accidentes y las emergencias

Lea Gramática 12.4–12.5.

J. Use el verbo que aparece al final para completar la oración según el dibujo correspondiente.

MODELO:

El estetoscopio no funciona;
se descompuso. (descomponerse)

1.

_____ _____ la silla.
(romperse)

2.

Los vendajes _____ _____
del estante. (caerse)

3.

El jarabe para la tos ya _____

_____. (acabarse)

K. ¿Qué les pasó a estas personas?

MODELO:

Luis estaba bailando y *se le rompieron* los pantalones. ¡AYYYY! ¡Qué vergüenza!

1. Profesora, no hice mi tarea porque _____ _____ _____ el libro.

2. A los policías _____ _____ _____ los criminales.

3. A la enfermera _____ _____ _____ las aspirinas.

4. Esteban salió de prisa y _____ _____ _____ los lentes.

5. Alberto llegó tarde a la clase porque _____ _____ _____ el reloj despertador y

_____ _____.

L. Llene los espacios en blanco con el pretérito o el imperfecto de estos verbos: **caer, cortar, enfermar, estornudar, desmayarse, romper.**

MODELO: Cuando tenía dos años una vez me *caí* de la cama.

1. Cuando era muy pequeño/a siempre me _____ cuando corría.

2. Cuando tenía ocho años me _____ la pierna derecha.

3. Anoche me _____ un dedo cuando estaba haciendo la ensalada.

4. Ayer en mi clase de español _____ mucho durante el examen. ¡Tal vez soy alérgico/a a los exámenes!

5. El año pasado mi novio/a bajó mucho de peso y se _____.

6. Cuando ella oyó la noticia de la muerte de su padre, se _____.

M. Escoja uno de los siguientes temas y escriba una composición de 15 oraciones o más (2 ó 3 párrafos).

1. UN ACCIDENTE QUE USTED HA TENIDO

   ¿Dónde estaba usted? ¿Qué estaba haciendo cuando pasó? ¿Qué pasó? ¿Había alguien con usted? ¿Le ayudó esta persona? ¿Llegó la policía? ¿Hubo testigos? ¿Tuvo que ir al hospital? ¿Qué pasó allí?

2. UN ACCIDENTE QUE USTED VIO

   ¿Dónde estaba usted cuando lo vio? ¿Qué estaba haciendo usted? ¿Qué pasó? ¿Ayudó usted a la(s) víctima(s)? ¿Llamó a la policía? ¿Hubo otros testigos? ¿Tuvo/Tuvieron que ir al hospital el/los herido(s)?

Resumen cultural

Complete las oraciones y conteste las preguntas a continuación con la información cultural del **Capítulo 12.**

1. Escriba el refrán apropiado para la siguiente situación. Hay un problema que puede afectar su

   vida, pero usted no lo sabe. Usted no va a sufrir porque

   «_____».

2. ¿Qué tipo de medicina practica un hierbatero?

   _____

3. ¿Cómo se llama la mujer que atiende a las madres durante el parto? _____

4. Soraya, una cantante colombiana, canta «Casi», una canción que le ayudó a combatir

   _____.

5. Escriba las palabras en español que tienen sus orígenes en estas palabras del árabe:

   wa sha llâh: _____; *al qutn:* _____;

   al yebr: _____, *sharâb:* _____;

   al kohól: _____; *al yárra:* _____

6. ¿A quién quiso extraditar España por crímenes de genocidio y

   terrorismo? _____

7. ¿Cómo se llama el libertador que promulgó la primera constitución de Chile?

   _____

8. ¿Cómo se llamaban los indígenas que habitaban el territorio chileno antes de la llegada de los

   españoles? _____

9. ¿Cómo se llamaba el presidente socialista que nacionalizó el cobre y los bancos?

   _____

10. ¿Qué hierba podemos usar cuando sufrimos de mareo o vértigo?

    _____

    ¿y para aliviar el dolor de una quemadura? _____

11. ¿Cómo se llamaba el médico hispanoárabe más famoso, autor de varios textos médicos?

    _____

12. ¿Qué regiones de México son conocidas por la práctica de la medicina natural?

    _____

ctividades auditivas

✳ Los amigos animados

A. Una llamada al gerente

Adriana Bolini está pasando unos días en Bariloche, Argentina, con sus padres. Ahora su mamá llama a la recepción del hotel donde se hospedan.

¿Cuáles son las quejas de la señora Bolini sobre el hotel? Márquelas con una **X**.

1. _____ No hay televisor en la habitación.

2. _____ La habitación es demasiado pequeña.

3. _____ La camarera no limpió la habitación.

4. _____ La habitación de su hija está muy sucia.

5. _____ No hay chocolates en la mesa.

6. _____ La cama de Adriana no tiene almohadas.

7. _____ En la habitación de ella y su esposo no hay cama matrimonial.

8. _____ No hay jabón en el baño.

9. _____ El baño no tiene toallas.

B. Las discotecas madrileñas

Esta noche hay una fiesta en casa de las hermanas Pilar y Gloria Álvarez. Clara Martin conversa con Felipe Álvarez, el hermano menor de Gloria y Pilar.

❖ ❖ ❖

Conteste las preguntas.

1. ¿Dónde vive Felipe? _____

2. Según Felipe, ¿adónde debe ir sola Clara? _____

3. ¿Adónde quiere Felipe llevar a Clara? _____

4. En la discoteca que le gusta a Felipe, la gente no llega hasta _____

✳ El cuerpo humano y la salud

C. Para tener buena salud

VOCABULARIO ÚTIL

los radioyentes	*radio listeners*
la dieta equilibrada	*balanced diet*
me duele / me duelen	*it hurts (me) / they hurt (me)*
dañino	*harmful*

Hoy en KSUN, la doctora Virginia Béjar de Hernández conversa con Mayín Durán sobre la salud. Durante la entrevista, los radioyentes llaman al programa.

❖ ❖ ❖

¿Cuáles son los consejos de la doctora Béjar sobre las condiciones siguientes?

CONDICIÓN	CONSEJOS
1. para tener buena salud	_____ _____
2. el dolor de pecho de los que fuman	_____ _____
3. el dolor en los pies de los que corren	_____ _____

D. Una dieta para Ernesto

VOCABULARIO ÚTIL

bajar de peso	*to lose weight*
la báscula	*scale*
evite	*avoid*
estricta	*strict*

Ernesto Saucedo consulta a su doctora porque quiere bajar de peso un poco.

En cada oración hay una palabra equivocada. Escriba una **X** en la palabra equivocada y luego escriba la palabra correcta.

1. La doctora piensa que Ernesto se ve muy bien. _____

2. Ernesto quiere subir de peso. _____

3. Ernesto come tomates, zanahorias, pepinos y limones. _____

4. Ernesto prefiere comer frutas. _____

5. La doctora le recomienda cereal con leche y café por la mañana. _____

6. Ernesto piensa que la nueva dieta es muy saludable. _____

✳ Las enfermedades y su tratamiento

E. Dos mensajes importantes

1. Protéjase contra el catarro y la gripe.

VOCABULARIO ÚTIL

atacan	*they strike, attack*
Cúbrase	*Cover yourself*
se moja	*you get wet*
los ancianos	*the elderly*

Aquí en KSUN, Radio Sol, un mensaje importante de la Secretaría de Salud.

Llene los espacios en blanco para completar el párrafo.

Es durante el invierno que el _____¹ común y la _____²

atacan con mayor frecuencia. Cúbrase bien; lleve siempre un _____³ o una

chaqueta. Si _____⁴ y usted se moja, séquese inmediatamente. Y lávese las

_____⁵ con frecuencia. Sin el cuidado necesario, el catarro común puede

complicarse y causar _____⁶ graves, especialmente entre los

_____⁷ y los ancianos. Recuerde tomar _____⁸ todos los días.

Si tiene _____⁹, beba líquidos y descanse. Si tiene _____¹⁰,

compre un jarabe en la farmacia. Para el dolor de garganta, haga _____¹¹ y tome

_____¹² caliente con miel y limón. Cuidar de nuestra _____¹³

es la responsabilidad de todos.

2. **La prueba del SIDA**

VOCABULARIO ÚTIL

la prueba del SIDA	*AIDS test*
el virus de inmunodeficiencia humana (VIH)	*HIV virus*
la capacidad	*capacity*
el contagio	*contagion, exposure*
la clínica del bienestar público	*public health clinic*

Y ahora un mensaje importante de la Cruz Roja Americana sobre el SIDA.

Busque la(s) mejor(es) respuesta(s).

1. _____ es la causa del SIDA.

2. _____ pueden causar la muerte.

3. _____ le quita al cuerpo la capacidad para defenderse.

4. _____ si piensa que ha sido expuesto al SIDA.

5. _____ al descubrirla pronto.

6. _____ pero todavía no existe una cura.

a. Las infecciones/enfermedades
b. Es importante hacerse la prueba del SIDA
c. Consulte a su médico
d. El VIH
e. La ciencia está progresando,
f. Hay más tiempo para combatir la enfermedad

F. Rebeca y Diego

VOCABULARIO ÚTIL

adelgazo / adelgazas	*I lose weight / you lose weight*
Al contrario	*On the contrary*
engordo	*I gain weight*
en particular	*in particular*
Últimamente	*Lately*

Diego Herrero quiere salir con Rebeca Jordán, y Rebeca quiere salir con Diego. Pero como él es muy tímido, un día ella decide hablarle en el colegio.

Escoja la(s) respuesta(s) más lógica(s). Puede haber más de una respuesta correcta.

1. Al principio del diálogo, Diego…

   a. no tiene muchas ganas de hacer la entrevista.

   b. le pregunta a Rebeca por qué necesita hacer la entrevista.

   c. siente curiosidad por lo que Rebeca va a preguntarle.

   d. no acepta hacer la entrevista.

2. Rebeca convence a Diego diciéndole que…

   a. ella necesita su ayuda.

   b. es la tarea de una de sus clases.

   c. va a ser una entrevista larga.

   d. no van a hablar de nada serio.

3. La primera pregunta de la entrevista que Rebeca le hace a Diego es si…

   a. él adelgaza cuando está preocupado.

   b. él engorda cuando come mucho.

   c. a él le gusta escuchar música romántica.

   d. él come todo el día cuando algo le preocupa.

4. Rebeca le hace varias preguntas a Diego…

   a. sobre la música romántica.

   b. con relación a «otra» persona.

   c. sobre cuándo se pone de mal humor.

   d. con relación a la rutina diaria de él.

5. Con la última pregunta…

    a. Rebeca invita a Diego a cenar.

    b. Diego responde que la «otra» persona es Rebeca.

    c. Rebeca revela la verdad de la «entrevista».

    d. Diego le dice a Rebeca que no quiere salir con ella.

❋ Las visitas al médico, a la farmacia y al hospital

G. En cama por tres días

VOCABULARIO ÚTIL

profundamente	*deeply*
el antibiótico	*antibiotic*
la cápsula	*capsule*

Hoy la profesora Martínez se siente mal. Anoche estuvo tosiendo y estornudando y tuvo un terrible dolor de cabeza. Ahora está en el consultorio del médico.

❖   ❖   ❖

Llene los espacios en blanco para el médico.

FICHA MÉDICA

NOMBRE DEL PACIENTE: _____

SÍNTOMAS:

_____	tos	_____	dolor de garganta
_____	estornudos	_____	dolor de cabeza
_____	fiebre	_____	dolor en el pecho
_____	congestión	_____	dolor en los dientes

RECOMENDACIONES:

_____

RECETA: _____

PREOCUPACIONES DEL PACIENTE: _____

_____

H. ¡Pobre paciente!

VOCABULARIO ÚTIL

inflamada	*swollen*
¡Auxilio!/¡Socorro!	*Help!*
el termómetro	*thermometer*
el pulso	*pulse*
el bisturí	*scalpel, surgical knife*

Guillermo, Ernestito y su prima Clarisa están
jugando al doctor. Clarisa y Guillermo
son los médicos. ¡Ernestito es el paciente!

❖ ❖ ❖

Escriba la palabra apropiada según el juego de los «doctores».

1. Guillermo piensa que el paciente necesita una _____.

2. Según Clarisa, el paciente tiene la cabeza _____.

3. Ernestito tiene miedo y grita: _____.

4. Guillermo le pide a Clarisa que le ponga el termómetro a Ernestito para ver si tiene

   _____.

5. Según Guillermo, el paciente no tiene _____ y por eso está muerto.

6. Ernestito protesta porque no quiere que le pongan una _____.

7. Cuando Andrea, la madre de Clarisa, los llama, Guillermo dice que ella es la _____

   _____.

❋ Los accidentes y las emergencias

I. El esquiador experto

VOCABULARIO ÚTIL

experto	*expert*
roto	*broken*
rodé/rodó	*I rolled / he rolled*

Lugar mencionado

Navacerrada   *ski resort near Madrid*

Pilar Álvarez y su novio, José Estrada, van a pasar un
fin de semana esquiando en Navacerrada. Ahora se preparan para la excursión.

❖ ❖ ❖

Escoja la respuesta correcta.

1. Al principio del diálogo, Pilar y José...

    a. están haciendo sus reservaciones.

    b. están esquiando.

    c. están hablando de alquilar los esquíes en Navacerrada.

2. José se ríe de Pilar porque...

    a. ella piensa aprender a esquiar en dos días.

    b. ella cree que sabe esquiar como experta.

    c. ella tiene un brazo roto.

3. ¿Qué pasó en las montañas?

    a. José se cayó y rodó por la montaña.

    b. Pilar aprendió a esquiar como experta.

    c. A Pilar se le rompió el brazo.

4. Durante el viaje de regreso,...

    a. José manejó muy rápido para llegar a una clínica.

    b. Pilar tuvo un accidente.

    c. Pilar manejó porque José no podía hacerlo.

J. Una emergencia

VOCABULARIO ÚTIL

¡Apúrense!	*Hurry up!*
no lo mueva	*don't move him*
casi se mata	*almost killed himself*
¡No te burles!	*Don't make fun!*

Pedro Ruiz acaba de caerse del techo de su casa. Su esposa, Andrea, llama a la Cruz Roja.

Complete el resumen con las palabras correctas.

Andrea pide una _____[1] porque su esposo acaba de caerse del techo. La

operadora le dice que la ambulancia va a salir _____[2]. Pedro exclama:

—Ay, ay, ay, qué _____[3]. Andrea dice que los escritores no deben reparar

_____[4]. A Pedro le duele todo el cuerpo: la _____[5],

el _____[6] y el _____[7]. Cuando Pedro ya está

en la ambulancia, dice que ésta es una buena experiencia para contar en su próximo

_____[8].

✳ ¡A repasar!

K. El accidente de Carla

VOCABULARIO ÚTIL

me ahogo / te ahogas	*I drown / you drown*
muy adentro	*very deep down*
el tiburón	*shark*
la ola	*wave*
me volcó	*it turned me over*

Carla Espinosa y su amigo, Rogelio Varela, están
conversando en un café de San Juan. Hace más de dos
semanas que no se ven.

❖ ❖ ❖

¿A quién le ocurrió lo siguiente, a Carla (**C**) o a Rogelio (**R**)?

1. _____ Estuvo con gripe la semana pasada.

2. _____ Tuvo un terrible accidente en la playa Condado.

3. _____ Casi se ahoga en el mar.

4. _____ Tuvo fiebre, dolor de garganta y tos.

5. _____ El doctor le recetó antibióticos y jarabe para la tos.

6. _____ Estaba nadando tranquilamente cuando sintió algo en los pies.

7. _____ La ola la volcó debajo del agua.

8. _____ Se desmayó pero, por suerte, pronto empezó a respirar normalmente.

ⓅPronunciación y ortografía

✳ Ejercicios de ortografía

I. DIPHTHONGS AND NON-DIPHTHONGS

Whenever two vowels in Spanish occur together, they are pronounced together as a single syllable if one of them is an unstressed **i** or **u.** This combination is called a diphthong. Common diphthongs are **ie, ue, ia, ua, io, uo, iu, ui, ei, ai** or **ay, oi,** or **oy,** as in **tiene, puerta, hacia, cuatro, Mario, cuota, ciudad, ruina, seis, hay, voy.**

If these vowel combinations are pronounced as separate sounds, an accent mark must be written on the **i** or the **u** to show that there is no diphthong. For example: **María, mío, leí.**

🎧Listen and write the words you hear. If the vowel combination is pronounced as a diphthong, do not write an accent mark. If the vowel combination is pronounced separately, write an accent mark on the **i** or the **u.**

1. _____   6. _____   11. _____

2. _____   7. _____   12. _____

3. _____   8. _____   13. _____

4. _____   9. _____   14. _____

5. _____   10. _____   15. _____

II. ACCENT REVIEW (PART 2)

Remember that question and exclamation words always have a written accent mark. For example: **¿qué?, ¡qué!, ¿cómo?, ¿dónde?, ¿cuándo?, ¿por qué?, ¿quién?, ¿cuál?, ¿cuántos/as?, ¡cuántos/as!**

🎧**A.** Listen to the following questions and exclamations and write each one correctly. Be sure to add an accent mark to the question or the exclamation word.

1. _____

2. _____

3. _____

4. _____

5. _____

6. _____

7. _____

8. _____

As you know, words that end in a vowel, **n,** or **s** should be stressed on the next-to-last syllable. For example: **e-le-gan-te, ca-mi-sa, ca-si, es-po-so, hi-jos, ha-blan.** Whenever the stress is on the last syllable in words that end in a vowel, **n,** or **s,** a written accent mark must be added to that syllable. For example: **pa-pá, fran-cés, es-tu-dié, ga-lón, a-quí, com-po-si-ción.**

B. Listen to the following words and write each one. Then decide if it needs a written accent mark.

1. _____ 4. _____ 7. _____

2. _____ 5. _____ 8. _____

3. _____ 6. _____ 9. _____

Words that end in a consonant (except **n** or **s**) are stressed on the last syllable. For example: **ca-mi-nar, pa-pel, us-ted, a-bril, po-pu-lar, fe-liz.** Whenever the stress falls on any other syllable in words that end in a consonant other than **n** or **s,** it must be marked with a written accent. Examples: **sué-ter, ár-bol, lá-piz, fá-cil, sánd-wich.**

C. Listen to the following words and write them correctly, with or without an accent mark, depending on where the stress falls.

1. _____ 4. _____ 7. _____

2. _____ 5. _____ 8. _____

3. _____ 6. _____ 9. _____

Any word that is stressed on the third-to-the-last syllable or before must have a written accent mark. For example: **clá-si-co, ú-ni-co, tí-mi-da, mú-si-ca, lám-pa-ras, pe-lí-cu-las.**

D. Write the following words. Do not forget to place a written accent mark on the correct syllable.

1. _____ 5. _____ 9. _____

2. _____ 6. _____ 10. _____

3. _____ 7. _____ 11. _____

4. _____ 8. _____ 12. _____

As you know, unstressed vowels **i** and **u** normally join to form a diphthong with the vowels **a, e,** and **o.** When this is not the case, **i** and **u** have a written accent mark, as in **frí-o, pa-ís, ma-íz, a-cen-tú-e.**

E. Listen and write the following words. Remember to write an accent mark over the **i** or **u** to signal that it is stressed.

1. _____ 4. _____

2. _____ 5. _____

3. _____

The first- and third-person singular preterite forms of regular verbs always have a written accent mark on the last letter of the last syllable: **contesté, contestó, comí, comió, escribí, escribió.** Remember that irregular verb forms do not need a written accent mark in the preterite: **tuve, tuvo; dije, dijo.**

F. Listen to the following sentences and write each one. Be careful to write an accent mark when appropriate.

1. _____
   _____

2. _____
   _____

3. _____
   _____

4. _____
   _____

Remember that many verb forms in the imperfect take accent marks. **-Ar** verbs take an accent in the **nosotros/as** form: **tomábamos. -Er** and **-ir** verbs take accents in all forms: **tenía, tenías, tenía, teníamos, teníais, tenían.**

G. Listen to the following sentences and write each one. Write an accent when necessary.

1. _____
2. _____
3. _____
4. _____

As you know, affirmative commands need accent marks when a pronoun has been added. Examples: **dígale, hábleme, tráiganos.**

H. Listen to the following sentences and write each command with an accent mark when necessary.

1. _____
2. _____
3. _____
4. _____
5. _____

ideoteca

✳ Los amigos animados

Vea la sección **Los amigos animados** de las **Actividades auditivas** para hacer la actividad correspondiente.

✳ Escenas culturales

Chile

VOCABULARIO ÚTIL

helado/a   *frozen*
inmenso/a   muy grande

Lugares mencionados

el Océano Pacífico
la Cordillera de los Andes
el desierto de Atacama

Lea estas preguntas y luego vea el video para contestarlas.

1. Al oeste de Chile está el _____ y al este están _____.

2. En el norte de Chile está _____, el lugar más seco del mundo.

3. La cultura de Chile es una mezcla de las influencias _____ e

   _____.

✳ Escenas en contexto

Sinopsis

Lola lleva a su hija Marta a la doctora. Lola también habla con
la doctora y más tarde habla con su esposo, Manolo.

VOCABULARIO ÚTIL

guardar cama	*stay in bed*
las pastillas	*pills*
embarazada	*pregnant*
un alivio	*relief*
preciosa	*cute*
los pañales	*diapers*
un ratito	*a little while*

Lea estas preguntas y luego vea el video para contestarlas.

A. Empareje estas frases y palabras.

1. _____ los síntomas de Marta

2. _____ las recomendaciones de la doctora Méndez

3. _____ las recetas

4. _____ los síntomas de Lola

a. congestionada
b. jarabe
c. no tiene apetito
d. dolor de estómago
e. mareada
f. pastillas
g. quedarse en cama
h. dolor de garganta
i. tomar líquidos

B. Complete con la información correcta.

1. La doctora Méndez dice que Marta tiene un _____.

2. Las pastillas son para quitarle la _____.

3. El jarabe es para la _____.

4. La doctora quiere _____ a Lola porque Lola piensa que

   está _____.

5. Manolo recuerda que cuando Marta era bebé su esposa y él se levantaban dos o tres veces cada

   noche para _____ y _____.

6. Manolo también dice que cuando Marta era bebé, Lola se preocupaba mucho si su hija

   _____ o _____.

ecturas

 **LECTURA** ## La prevención del *SIDA*

PISTAS PARA LEER

Antes de leer, considere estas preguntas: ¿Piensa usted que hay suficiente información sobre el SIDA en su comunidad? ¿Ha discutido este tema con su familia? ¿con sus amigos? ¿con su novio/a o esposo/a? ¿Cómo han reaccionado estas personas?

VOCABULARIO ÚTIL

el SIDA	*AIDS*
seropositivo	*HIV-positive*
expuesto	*exposed*
la aguja	*needle*
endovenosas	*intravenous*
contraer	*to contract*
la prueba	*test, medical exam*
evitar	*to avoid*
se logra	*is achieved, obtained*
alentadores	*encouraging*
protegernos	*to protect ourselves*

¡QUE CREZCA EL ESFUERZO, NO EL SIDA!

PARTICIPACION SOCIAL

• EL SIDA NO SOLO ES UN PROBLEMA MEDICO, AFECTA A LA SOCIEDAD Y AL INDIVIDUO.

• TODOS DEBEMOS PARTICIPAR PARA COMBATIR ESTA EPIDEMIA.

• INFORMATE Y PROMUEVE LA PARTICIPACION EN LA ESCUELA, CENTRO DE TRABAJO Y CON TU FAMILIA Y AMIGOS.

SI TIENES DUDAS LLAMA A:

CONASIDA
SIDA 207 40 77
Lun. a Vie. de 9 a 2 hrs. Sab. y Dom. de 10 a 16 hrs.

Hay más de 42 millones de personas en el mundo que viven con VIH, es decir, con el virus de inmunodeficiencia humana. Entre estos **seropositivos,** tres millones son niños menores de 15 años. En los Estados Unidos, 40.000 individuos se infectan cada año. Y el VIH siempre resulta en la enfermedad conocida como el SIDA (síndrome de inmunodeficiencia adquirida).

En los comienzos de esta epidemia, hace ya casi treinta años, había grupos específicos afectados. Pero hoy todos somos susceptibles. Todos debemos ayudar a prevenir la propagación del VIH. Al invadir la sangre, este virus le quita al cuerpo sus defensas. El organismo queda así **expuesto** a infecciones que pueden causar la muerte. El contagio se produce cuando la gente comparte **agujas** (para usar drogas **endovenosas**) o tiene relaciones sexuales con una persona infectada. Los niños pueden **contraer** el virus al nacer, si la sangre materna está contaminada.

Hasta ahora ha sido muy difícil crear una vacuna para el SIDA, porque el virus se transforma por mutación. Lo importante es hacerse la **prueba** del SIDA si hay sospecha de contagio. Al descubrir la infección pronto, uno tiene más tiempo para prevenir las enfermedades oportunistas. Claro que la mejor manera de **evitar** la infección es no permitir la entrada del VIH en el organismo. Esto **se logra** siguiendo tres reglas básicas: (1) practicando la abstinencia sexual; (2) practicando la monogamia; (3) usando un preservativo durante cada relación sexual.

Ya tenemos algunas maneras de combatir este síndrome infeccioso. Los científicos han hecho descubrimientos **alentadores.** Gracias también a organizaciones como la Fundación Americana para la Investigación del SIDA (*American Foundation for AIDS Research*), hoy tenemos avances médicos que mejoran y prolongan la vida de los enfermos. Y por primera vez en tres décadas se está hablando de una posible cura. Sin embargo, lo más urgente sigue siendo la prevención del SIDA. Todos debemos **protegernos.** Ésa es nuestra responsabilidad.

Comprensión

Provea la información necesaria.

1. Descripción del VIH

_____

2. Número de personas infectadas hasta la fecha

_____

3. Causas de contagio

_____

4. Ventajas de hacerse la prueba del SIDA

_____

5. Maneras de combatir la propagación del VIH y del SIDA

_____

Un paso más... ¡a escribir!

Imagínese que un(a) representante de la Fundación Americana para la Investigación del SIDA está de visita en su universidad. Su objetivo es informar a los estudiantes sobre el síndrome y la epidemia de esa enfermedad. Prepare una lista de tres o cuatro preguntas para hacerle a esa persona experta.

Cuento: «La prueba» por Nancy Alonso

Selección del libro *Cerrado por reparación* (2002)

PISTAS PARA LEER

Nancy Alonso es una escritora cubana. En sus cuentos, Alonso muestra escenas de la vida diaria en la Habana de hoy. El personaje de «La prueba» es una mujer que necesita un examen médico. Antes de leer, repase el **Vocabulario útil** y la actividad de **Comprensión.** Luego lea el cuento considerando estas preguntas: ¿Por qué necesita esta mujer una prueba? ¿Qué espera lograr?

VOCABULARIO ÚTIL

la prueba	*medical examination, test*
estaba citada	*she had an appointment*
el trasteo	*probing*
lo que nunca había hecho	*which she had never done*
la bocanada	*drag (of smoke)*
se esfumaba	*faded*
como si hubiese sido	*as if she had been*
la fumadora empedernida	*chain smoker*
el buchito	*little sip*
se aproximara	*would approach*
tragarse	*to swallow*
la manguera	*tube*
cicatrizado	*healed*
había surtido el efecto deseado	*had had the desired effect*
la libreta de abastecimiento	*ration book*
la cajetilla	*box (of cigarettes)*
el vicioso	*addict*

Berta llegó al Hospital de Emergencias de Centro Habana antes de las ocho de la mañana, aunque **estaba citada** para las nueve. Su estado de nervios le impedía quedarse en la casa y prefirió estar cerca del lugar donde le harían aquel examen, el mismo del año anterior cuando le diagnosticaron la enfermedad. Se sentía ansiosa no sólo por el **trasteo** al que someterían su cuerpo sino por conocer el resultado de la prueba.

Dos meses antes, Berta empezó a fumar, **lo que nunca había hecho,** ni siquiera cuando era adolescente y quería adornarse con atributos de la adultez. Al inicio le provocaba náuseas desde la primera **bocanada,** pero ya a la semana una caja de cigarros **se esfumaba** entre sus manos en menos de veinticuatro horas, **como si hubiese sido** una **fumadora empedernida** de toda la vida. Necesitaba mucho aspirar el humo. Y el café, un **buchito** de café antes de cada cigarro.

Mientras esperaba su turno, salió varias veces a la calle para fumar. Si la prueba salía bien, no volvería a hacerlo hasta dentro de diez meses y **se aproximara** el momento de repetirle el estudio.

Al entrar en el laboratorio, unas manos hábiles la ayudaron a **tragarse** aquella **manguera** que examinaría el estado de las paredes de su estómago. Escuchó cómo los médicos evaluaban las observaciones y, lo más importante, la conclusión: su úlcera gástrica no había **cicatrizado.**

Berta se despidió tratando de ocultar su euforia. La prueba con el cigarro y el café **había surtido el efecto deseado.** Ahí estaba la úlcera, viva, latente, garantizándole otro año de certificado médico para que le dieran la dieta alimentaria por la **libreta de abastecimiento,** otro año de desayunos con leche. Problema solucionado.

Guardó el preciado papel con el resultado positivo en el interior de la cartera y vio la **cajetilla** que había escondido de la mirada de los médicos. Se la regalaría a algún **vicioso** porque a ella, definitivamente, no le gustaba fumar.

Comprensión

Para hacer un resumen del cuento, complete las frases de la columna A, que están en el orden correcto, con las frases de la columna B.

A

1. _____ Berta llegó temprano al hospital porque…

2. _____ Estaba ansiosa porque…

3. _____ Fumó varias veces en la calle…

4. _____ Le examinaron las paredes del estómago…

5. _____ Los doctores observaron…

6. _____ Berta pensó que, gracias a su úlcera…

7. _____ Al guardar los resultados del examen en su cartera,…

8. _____ Decidió darle su cajetilla a alguna persona porque…

B

a. iba a desayunar con leche un año más.
b. que Berta todavía tenía una úlcera.
c. vio allí la cajetilla de cigarros.
d. se sentía nerviosa y no quería estar en su casa.
e. con una manguera que tuvo que tragarse.
f. mientras esperaba su turno.
g. a ella no le gustaban los cigarrillos.
h. quería conocer los resultados de la prueba.
i. había empezado a fumar dos meses antes.

Un paso más… ¡a escribir!

Escriba un resumen de «La prueba» en una página, basándose en las preguntas siguientes.

1. ¿Por qué necesita Berta un examen médico?

2. ¿Por qué fuma y bebe café la protagonista? ¿Le gustan los cigarrillos? ¿Cómo afectan el café y los cigarrillos su salud?

3. ¿Qué resultados da el exámen de Berta? ¿Qué importancia tienen estos resultados para ella?

4. En Cuba la leche está racionada; sólo la reciben los niños y los enfermos. Considerando esta situación, ¿qué nos muestra el cuento de la sociedad cubana?

5. ¿Qué opina usted de este cuento? ¿Le gustó? ¿Aprendió algo al leerlo?

De compras

Capítulo 13

ctividades escritas

✳ Los productos y los materiales

Lea Gramática 13.1–13.2.

A. Conteste expresando sus preferencias sin mencionar los objetos. Siga el modelo.

> MODELO: Si tiene que escoger entre un Cadillac rosado y uno negro, ¿cuál prefiere, el negro o el rosado? →
> *Prefiero el negro,* por supuesto.

1. Si puede escoger entre muebles de madera o muebles de vidrio y metal, ¿cuáles prefiere, los de madera o los de vidrio y metal?

   _____

2. ¿Qué discos compactos compra con mayor frecuencia, los de Linkin Park o los de Christina Aguilera o los de otros artistas?

   _____

3. ¿Qué tipo de blusas/camisas prefiere, las de algodón o las de seda?

   _____

4. ¿Qué tijeras son mejores para los niños, las de metal o las de plástico?

   _____

5. ¿Cuáles le gustan más, los vasos de vidrio o los de plástico?

   _____

B. Lea las oraciones con cuidado y exprese sus preferencias usando pronombres demostrativos.

> MODELO: Usted quiere saber cuánto cuesta el asador que está allá, cerca de la puerta. →
> —Señorita, ¿cuánto cuesta *aquél*?

1. Usted quiere las botas de goma que están cerca de usted, pero no muy cerca.

   —Señor, por favor déme _____ que están allí.

2. Usted ve unos pantalones vaqueros arriba de un estante, lejos de usted, y dice:

   —Señorita, por favor, ¿cuánto cuestan _____?

3. Usted va a comprar un abrelatas. Quiere ver el que está más lejos de usted y dice:

   —Por favor muéstreme _____.

4. Usted está viendo dos martillos. Diga que prefiere el que está más cerca de usted.

   —_____

5. Pregunte cuánto cuestan las herramientas que están a su lado.

   —_____

C. Describa 5 ó 6 cosas que usted tiene en su casa o garaje. ¿Dónde las compró? ¿Quién las compró? ¿De qué material son? ¿Son costosas? ¿Para qué las usa? ¿Piensa venderlas? Escriba una composición de 15 oraciones o más (2 ó 3 párrafos).

> MODELO: En mi garaje tengo muchas cosas. Algunas son útiles y otras no. Allí tengo una bicicleta estacionaria. La compré en una venta de garaje. Es de plástico y metal. Es costosa, pero no pagué mucho por ella. Antes la usaba para hacer ejercicio, pero ya no la uso. Pienso venderla o donarla a una organización de caridad (*charity*).

✳ Los precios

Lea Gramática 13.2–13.3.

D. Escriba comentarios sobre los objetos que están en una tienda. Describa los objetos y use los demostrativos **éste, ésta, éstos, éstas; ése, ésa, ésos, ésas** o **aquél, aquélla, aquéllos, aquéllas.**

> MODELO: las copas →
> *Éstas* que están aquí cuestan $15.00. *Ésas* que están allí son más baratas y más bonitas. *Aquéllas* que están detrás son baratas también pero no son tan bonitas.

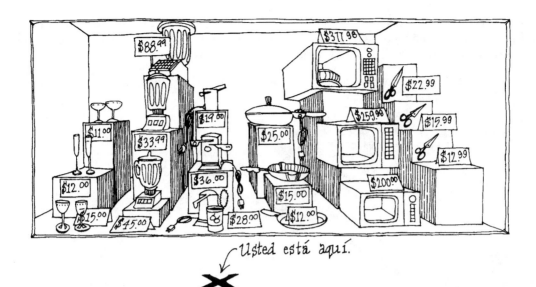

Usted está aquí.

X

1. la licuadora _____
   _____

2. el abrelatas _____
   _____

3. la sartén _____
   _____

4. el horno de microondas _____
   _____

5. las tijeras _____
   _____

E. Usted está viendo un anuncio de la joyería Tiffany's de Santiago, en Chile. Va a escoger las joyas que le gustaría comprar para algunos de los miembros de su familia. Diga cuáles va a escoger, para quién y por cuánto va a comprar cada una. Los precios están en pesos chilenos.

MODELO: Quisiera comprar un anillo de diamantes para mi novia. Puedo comprarlo por solamente $73.000.000.

Reloj para deportistas
Por solamente $48.080

Reloj con dos diamantes
Por $7.722.850

Elegante reloj marca Rolex
A $6.611.000...
¡Es una ganga!

Anillo de oro de 18 quilates
Por solamente $480.800

Anillo de platino con
un diamante de tres quilates
Por $4.207.000

Hermoso y elegante
anillo de plata
Por $51.085

Anillo con cinco diamantes
de un quilate cada uno por solamente
$73.000.000

Precioso anillo de esmeraldas
rodeado de diamantes $30.050.000

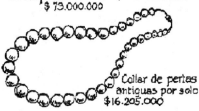

Collar de perlas
antiguas por solo
$16.205.000

Collar de oro de
14 quilates por
$510.950

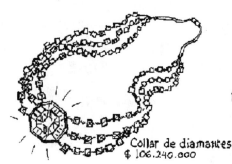

Collar de diamantes
$ 106.240.000

Hermoso collar de
plata esterlina, una
ganga por $150.250

1. _____
   _____

2. _____
   _____

3. _____
   _____

4. _____
   _____

5. _____
   _____

❊ Comprando ropa

Lea Gramática 13.3.

F. Complete estas oraciones correcta y lógicamente usando **por** o **para.**

1. —¿Te costó mucho el paraguas?

   —No, lo compré _____ solamente _____.

2. Este vestido es de una talla muy pequeña porque lo compré _____ mi hija menor.

3. Mañana es el Día del Padre. Compré un cinturón _____ mi papá y una cartera

   _____ mi abuelo.

4. Usé la misma bata _____ años. ¡Era tan cómoda y la compré _____ sólo 15 pesos!

5. Una bufanda se usa _____ _____.

6. Un camisón lo usan las mujeres _____ _____.

G. Imagínese que usted está en una tienda de ropa y que quiere comprarse un pantalón nuevo. Complete el diálogo.

1. DEPENDIENTE: _____

   USTED: Necesito un pantalón nuevo.

2. DEPENDIENTE: _____

   USTED: Creo que uso talla 38.

3. DEPENDIENTE: _____

   USTED: Tal vez gris.

4. DEPENDIENTE: _____

   USTED: Gracias, voy a probarme éste a ver si me queda bien.

Tres minutos después...

5. DEPENDIENTE: _____

       USTED: No, creo que necesito una talla más pequeña.

6. DEPENDIENTE: _____

       USTED: Gracias... Éste sí me queda bien. ¿Cuánto cuesta?

7. DEPENDIENTE: _____

       USTED: Me lo llevo. ¿Aceptan tarjetas de crédito?

8. DEPENDIENTE: _____

       USTED: Aquí la tiene.

H. Describa una experiencia que usted tuvo cuando fue a comprar alguna prenda de ropa (*article of clothing*). ¿En qué tienda estaba? ¿Era una tienda elegante? ¿Fue de compras solo/a o con otra persona? ¿Qué pasó? ¿Cómo reaccionó el/la dependiente? ¿Compró ropa allí? Escriba una composición de 15 oraciones o más (2 ó 3 párrafos).

    MODELO: Una vez entré en una tienda de ropa con mis dos hijos. Pensaba sólo mirar algunas faldas que vendían allí, pero...

✳ Las compras y el regateo

Lea Gramática 13.4–13.5.

I. ¿Recuerda qué les regaló usted a las siguientes personas para su cumpleaños? Diga qué les regaló y por qué.

    MODELO: a mi padre →
         A mi padre le regalé un suéter de lana. Se lo regalé porque siempre tiene frío.

1. a mis hermanos

_____

_____

2. a mi novio/a

_____

_____

3. a mi abuelo/a

_____

_____

4. a mi mejor amigo/a

_____

_____

5. a mi madre

_____

_____

J. Imagínese que usted está en una tienda y que quiere comprar una cartera (bolsa). Tiene que regatear con el comerciante para poder comprarla a buen precio. ¿Qué le va a decir al comerciante?

1. COMERCIANTE: ¿Quería usted alguna cosa?

USTED: _____

2. COMERCIANTE: Tenemos varias carteras de cuero, todas de muy buena calidad.

USTED: _____

3. COMERCIANTE: Están a 640 pesos, todas hechas a mano y…

USTED: _____

4. COMERCIANTE: Bueno, a usted puedo hacerle una rebaja. ¿Qué le parece si le pido 600 pesos solamente?

USTED: _____

5. COMERCIANTE: ¿450 pesos? Pero estas carteras son de puro cuero y están muy bien hechas. Se la puedo dejar en 500 pesos.

USTED: _____

6. COMERCIANTE: Está bien. ¿Se la envuelvo?

USTED: _____

K. Escoja uno de los siguientes temas y escriba una composición de 15 oraciones o más (2 ó 3 párrafos).

1. UN REGALO QUE USTED COMPRÓ Y QUE FUE UN FRACASO (FAILURE)

Use las siguientes preguntas como guía: ¿Qué compró? ¿Para quién lo compró? ¿Cuánto le costó? ¿Qué pasó con el regalo? ¿Por qué fue un fracaso? ¿Le costó demasiado? ¿Se rompió? ¿Se perdió? ¿No le gustó a la persona? ¿Por qué no le gustó? ¿Era de mala calidad? ¿No era de su talla, color o estilo? ¿Qué pasó por fin?

2. UN REGALO QUE USTED RECIBIÓ Y QUE NO LE GUSTÓ

Use las siguientes preguntas como guía: ¿Qué fue lo que usted recibió? ¿Quién se lo compró? ¿Era un regalo costoso? ¿Qué pasó con el regalo? ¿Por qué fue un fracaso? ¿Se rompió? ¿Se perdió? ¿Por qué no le gustó? ¿Era de mala calidad? ¿No era de su talla, color o estilo? ¿Qué pasó por fin?

Resumen cultural

Conteste las preguntas y complete las oraciones con la información cultural del **Capítulo 13.**

1. ¿Cómo se llama la moneda nacional de Perú? _____

   ¿y la de Costa Rica? _____

   ¿y la de Venezuela? _____

2. El general _____ derrotó a los españoles en

   _____ en 1824.

3. ¿En qué región de España se originó el flamenco? _____

4. ¿Qué dos culturas influyen en el flamenco?

   _____

5. _____ dirigió una rebelión indígena en Perú en 1780.

6. Si usted va de compras en los mercados de América Latina no olvide llevar su propia

   _____.

7. ¿Cómo se llama el explorador español que en 1531 llegó a la costa de Perú y que más tarde

   fundó la ciudad de Lima? _____

8. ¿Cómo se llama una tienda que vende joyas? _____

   ¿y una que vende helado? _____

9. Nombre cuatro grupos indígenas que habitaban la isla de Hispaniola cuando llegó Colón.

   _____

10. ¿Qué factores contribuyeron a la desaparición de todos los taínos durante la colonización

    española? _____

11. En 1989 se eligió a _____, presidente de Perú, pero después de

    una década de gobierno autoritario y corrupción, éste se refugió en _____.

12. Nombre tres tipos de artesanía que hacían los taínos.

    _____

13. ¿Cómo se llama la camisa bordada de colores claros que llevan muchos hombres en los países

    hispanos de clima tropical? _____

ctividades auditivas

✳ Los amigos animados

A. Vitaminas Vida

Y ahora escuchemos un mensaje comercial de vitaminas Vida.

¿Cuál de estos tres anuncios del periódico corresponde al anuncio que usted escuchó?

1	2	3
• Vitaminas B y C • Provee energía • Mantiene la salud • Para las personas que se cansan • Símbolo de la salud • Se vende sólo por correspondencia	• Vitaminas B y C • Provee energía • Mejora la salud • Da fuerza • Símbolo de buena salud y mejor vida • Se vende en farmacias y supermercados	• Vitaminas A y B • Provee energía • Cuida su salud • Ayuda contra la fatiga • Símbolo de salud y vida • Se vende en supermercados

B. Más preguntas sobre la salud

En KSUN, la doctora Virginia Béjar contesta preguntas de los radioyentes.

❖ ❖ ❖

¿Cuáles son los consejos de la doctora Béjar?

PREGUNTAS	CONSEJOS
1. *¿Es importante beber agua todos los días? ¿Qué es lo ideal?*	
2. *¿Qué hago? Me duelen el brazo y el codo porque juego mucho al tenis.*	

✳ Los productos y los materiales

C. Anuncios comerciales

VOCABULARIO ÚTIL

no se arrepentirá	*you won't be sorry*
los diseños	*designs*
los diseñadores	*designers*
garantizados	*guaranteed*

Y ahora dos anuncios comerciales en KSUN, Radio Sol, ¡su estación favorita!

1. Joyería y relojería Julieta

Escoja las respuestas correctas.

En la joyería y relojería Julieta,…

a. _____ reparan anillos y relojes.

b. _____ reparan bicicletas.

c. _____ reparan cámaras de video.

d. _____ garantizan sus trabajos.

e. _____ no trabajan los fines de semana.

f. _____ anuncian que esta tienda es la joya de las joyerías en el centro de Los Ángeles.

2. Almacenes Su Casa

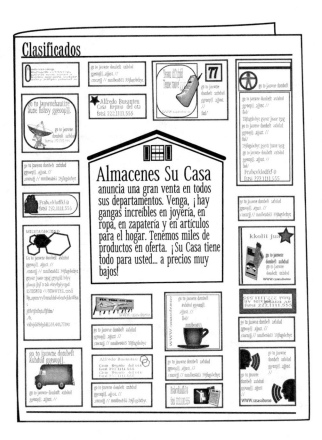

Nombre dos productos que se venden en cada uno de los departamentos de los Almacenes Su Casa.

ALMACENES SU CASA		
DEPARTAMENTO	PRODUCTOS	
Joyería	_____ 1	_____ 2
Ropa para dama	_____ 3	_____ 4
Zapatería	_____ 5	_____ 6
Artículos para el hogar	_____ 7	_____ 8

✳ Los precios

D. Una venta fabulosa

VOCABULARIO ÚTIL

como pan caliente   *like hotcakes*
¡Gracias por avisarme!   *Thanks for
                          letting me know!*

Rosita Silva acaba de regresar de la tienda El Gran Bazar y ahora conversa por teléfono con su vecina Lola Batini.

Escoja la(s) respuesta(s) más lógica(s).

1. Rosita llamó a Lola para...

   a. decirle que tenía mucha prisa.

   b. contarle que había una venta en la tienda de ropa.

   c. hablar de las amigas que vio en el supermercado.

   d. pedirle dinero porque la ropa estaba cara.

2. Los pantalones de lana...

   a. cuestan más que los vestidos.

   b. cuestan tanto como los vestidos.

   c. cuestan 190.99 pesos.

   d. cuestan menos que los vestidos.

3. Rosita opina que los suéteres...

   a. son elegantes.

   b. están baratos.

   c. son muy bonitos.

   d. cuestan demasiado.

4. Lola dice que va a ir inmediatamente porque…

   a. hay vestidos baratos en la tienda.

   b. hay mucha gente en la tienda.

   c. quiere comprar varios suéteres.

   d. le gusta el pan caliente.

E. Las gangas de Pilar

VOCABULARIO ÚTIL

¡que me muero de envidia!	*I'm dying of envy!*
el esfuerzo	*effort*
mientras más…	*the more . . .*
¡Vale!	*OK! (Spain)*

Lugar mencionado

el Corte Inglés   *department store in Spain*

Es un sábado por la noche. Pilar conversa con su novio, José, sobre las compras que hizo hoy.

¿Quién diría (*would say*) lo siguiente, Pilar (**P**) o José (**J**)?

1. _____ Tú tienes un talento para encontrar gangas y ventas.

2. _____ Fui de compras al Corte Inglés.

3. _____ Compré varios discos compactos.

4. _____ La cámara es para tu hermano, ¿no?

5. _____ Sólo sé regatear en el Rastro, pero me divierto mucho regateando.

✴ Comprando ropa

F. ¡Vamos de gemelas!

VOCABULARIO ÚTIL

ajustado en las caderas	*tight in the hips*
¡Qué más da!	*What the heck! What does it matter!*
vestidas igual	*dressed alike*

Clara y Pilar van a ir al teatro el domingo. Por eso están de compras en el Corte Inglés esta tarde.

❖ ❖ ❖

¿Cierto (**C**) o falso (**F**)?

1. ____ Las dos chicas llevan la misma talla, 40.

2. ____ Si los vestidos no les quedan, van a ponerse a dieta.

3. ____ Las chicas encuentran muchos vestidos talla 40.

4. ____ Las chicas deciden no ir al teatro porque no pueden encontrar los vestidos perfectos.

5. ____ A Pilar le queda bien el vestido talla 38 aunque un poco ajustado en las caderas.

6. ____ Las chicas deciden ir al teatro vestidas de gemelas.

G. Un regalo muy especial

VOCABULARIO ÚTIL

los aretes	*earrings*
¡qué curiosa me tienes!	*I'm so curious!*
una serenata	*serenade*
los mariachis	*Mexican street bands*

Lugares mencionados

la Zona Rosa	*an upscale neighborhood in Mexico City*
el Mercado Insurgentes	*large, open-air market south of downtown Mexico City*

Hoy Ernesto y Estela van a ir de compras porque quieren comprar un regalo de cumpleaños para Dora Lucía, la madre de Ernesto.

❖ ❖ ❖

Diga el porqué de cada circunstancia.

1. Ernesto y Estela van a ir de compras porque _____
    _____.

2. Ernesto no quiere comprar el vestido porque _____
    _____.

3. Estela sugiere que Ernesto compre unos aretes, pero él dice que no porque _____
    _____.

4. Estela dice que a Dora Lucía le encantaría que le regalaran ropa, como un suéter o una bufanda.

    Ella sabe esto porque _____.

5. Ernesto decide regalarle a su madre una serenata con mariachis porque _____
    _____.

✳ Las compras y el regateo

H. De compras en el Rastro

VOCABULARIO ÚTIL

grueso	*thick*
¡Se lo aseguro!	*I assure you!*
ganarse la vida	*to make a living*
no le saco nada	*I won't get anything*

Clara está de compras en el Rastro. Quiere comprar
un suéter y va a tener que regatear.

❖ ❖ ❖

Complete las oraciones con las palabras correctas.

1. El vendedor anuncia _____ para los días de _____ que
    ya vienen.

2. El primer precio que le da el vendedor a Clara es de _____ euros.

3. El vendedor dice que el suéter es de pura _____, hecho a
    _____.

4. Clara dice que no tiene mucho dinero porque ella es _____.

5. Después de regatear mucho, Clara compra el suéter por _____ euros.

I. La lección de regateo

VOCABULARIO ÚTIL

che   *hey; friend, pal (Arg.)*
los nuevos soles   *monetary unit of Peru*

Formas de *vos*

podés
mirá
llevás
esperá

Adriana Bolini y su amigo, Víctor Ginarte, han hecho un viaje de negocios a Perú. Ahora mismo están de compras en la parte turística del centro de Lima.

Ponga en orden estas oraciones para hacer un resumen de lo que pasa entre Adriana y Víctor.

_____ La empleada le pregunta a Adriana cuánto quiere pagar por la bolsa.

__1__ Adriana dice que le gustaría comprarle una bolsa a su mamá; entonces, ella y Víctor van de compras.

_____ En la otra tienda ven otra bolsa exactamente igual a la que Adriana compró.

_____ A Adriana le gusta una bolsa en la tienda y Víctor le ayuda a regatear.

_____ La bolsa cuesta 300 nuevos soles y Víctor le dice que probablemente se la puede llevar por 280 nuevos soles.

_____ Adriana compra la bolsa por 285 nuevos soles.

_____ Al final, Adriana está enojada porque la otra bolsa cuesta solamente 250 nuevos soles y ella pagó 285.

✳ ¡A repasar!

J. Un turista típico

VOCABULARIO ÚTIL

exagerar   *to exaggerate*
¡Qué bien suena!   *It sounds so good!*

Lugar mencionado

Nuevo Laredo   *town in Nuevo León, Mexico, bordering the town of Laredo in Texas*

Esteban Brown y Nora Morales están en el mercado central de Nuevo Laredo. Como Nora ya conoce la ciudad un poco, va a servir de guía.

¿Con quién asocia usted estos comentarios, con Esteban (**ES**), con Nora (**N**) o con el empleado (**E**)?

1. _____ Hmmm… este muchacho siempre exagera en la clase.

2. _____ Probablemente las guitarras españolas son mejores.

3. _____ Ahhh… turistas jóvenes. Definitivamente van a comprar algo.

4. _____ Voy a mostrarles la guitarra más cara.

5. _____ ¡Ay, qué chico más malo para regatear! Creo que va a pagar más de lo necesario.

6. _____ Se la dejo en 4.100 pesos.

7. _____ Sí, me la llevo por 3.950 pesos.

8. _____ Aprendí a regatear en clase, pero nunca antes compré guitarras.

Pronunciación y ortografía

✳ Ejercicios de ortografía

ADDING ACCENT MARKS WHEN ADDING EXTRA SYLLABLES

Whenever one or more pronouns are added to the end of a present participle, an accent mark must be added to the stressed syllable. For example: **estu<u>dián</u>dolo** (*studying it*).

A. Listen and write the following sentences with present participles and pronouns. Write each form correctly with an accent mark.

1. _____

2. _____

3. _____

4. _____

5. _____

If a single pronoun is added to an infinitive, a written accent mark is not needed. For example: **hablarle, verla.** If two pronouns are added, however, the form must be written with an accent mark. For example: **dármelo** (*to give it to me*), **decírselo** (*to tell it to him*).

B. Listen and write the following sentences with infinitives and pronouns. Write each infinitive correctly with an accent mark.

1. _____

2. _____

3. _____

4. _____

5. _____

ideoteca 📼

✳ Los amigos animados

Vea la sección **Los amigos animados** de las **Actividades auditivas** para hacer la actividad correspondiente.

✳ Escenas culturales

Perú

VOCABULARIO ÚTIL

la vida silvestre   *forest flora and fauna*
el Imperio Incaico   *Inca Empire*

Lugares mencionados

el Océano Pacífico
Lima
el Amazonas
los Andes
Cuzco
Machu Picchu

Lea estas preguntas y luego vea el video para contestarlas.

1. ¿Qué región ocupa gran parte de Perú? _____

2. ¿Qué idioma hablan los indígenas de Perú? _____

3. La ciudad de _____ fue la vieja capital del Imperio Incaico.

✳ Escenas en contexto

Sinopsis
Mariela va de compras en un mercado.

VOCABULARIO ÚTIL

el colón	*monetary unit of Costa Rica*
¿Qué medidas usa?	*What size does he/she wear?*
muy amable	*How nice of you*

Lea estas preguntas y luego vea el video para contestarlas.

A. ¿Cierto (**C**) o falso (**F**)?

1. _____ Las chaquetas son de seda.

2. _____ Las chaquetas están a 5.000 colones.

3. _____ Mariela cree que el precio de 5.000 colones es una ganga.

4. _____ Mariela busca un regalo para su prima.

5. _____ La vendedora es de Argentina.

B. Complete con la información correcta.

1. Las chaquetas son de _____.

2. Mariela dice que las chaquetas son un poco _____ y decide buscar

   chaquetas en _____.

3. La vendedora le ofrece un precio de _____ colones.

4. ¿Qué medidas usa la hermana de Mariela y qué colores prefiere?

_____

 ecturas

 **De compras en el Rastro**

PISTAS PARA LEER

Si a usted le gusta regatear, Madrid le ofrece una experiencia ideal: el Rastro. Al leer sobre este mercado español tan popular, visualice el lugar y los productos y objetos que se venden allí. ¡Imagínese que está de compras en el Rastro!

VOCABULARIO ÚTIL

el puesto	*stand*
atestado	*crowded*
las antigüedades	*antiques*
la explanada	*esplanade*

El Rastro, mercado al aire libre

EL RASTRO

Plaza de Cascorro s/n (sin número)

Metro: Tirso de Molina, La Latina, Embajadores, Acacias

Autobús: C, 17, 27, 36, 39

El Rastro es uno de los sitios más populares en Madrid. Este mercado al aire libre se encuentra en la Plaza de Cascorro y se extiende por muchas calles cercanas. Los domingos y días feriados entre las 10:00 de la mañana y las 2:00 de la tarde, esta zona se cierra al tránsito y se llena de **puestos.** El mejor momento para encontrar gangas es la primera hora, pues ya para el mediodía el Rastro está muy **atestado.** Hay gente que hace allí todas sus compras; también hay gente que va a la Plaza de Cascorro sin intención de comprar nada, sólo para pasear y disfrutar del ambiente alegre y animado. Y muchas personas terminan su visita al Rastro con tapas en uno de los bares y restaurantes de esta zona.

En el Rastro se puede comprar de todo: desde pájaros y mascotas hasta cuadros, ropa, zapatos, aparatos eléctricos, discos, libros. Es divertido escuchar a los vendedores, «¡Los precios más bajos!», «¡La mejor calidad!» y «¡Miren que buena mercancía!» Si usted quiere encontrar algo rápidamente, debe ir a la calle o área donde venden el producto que busca. En la calle Ribera de Curtidores, por ejemplo, venden más que nada ropa nueva y prendas de vestir hechas a mano. Si busca **antigüedades** debe ir a la calle Rodas, y si quiere comprar tela o herramientas, vaya a la **explanada** del Campillo. ¡En el Rastro hay de todo para todos!

En Madrid uno tiene a su disposición numerosas tiendas y almacenes para hacer sus compras. Sin embargo, muchos madrileños piensan que la «tienda» más estimulante y la que tiene los mejores precios es el Rastro. Pero, ¡cuidado! Para comprar allí hay que saber regatear. Si uno no regatea, paga el precio más alto. Es como un juego que uno debe aprender a jugar. De hecho, muchas personas que visitan el Rastro por primera vez van con un amigo o una amiga que conoce las reglas de este juego tan popular.

Comprensión

Imagínese que está de vacaciones en Madrid y quiere ir de compras en el Rastro. Apunte la información que necesita para tener una buena experiencia.

1. El lugar donde se encuentra este mercado

    _____

2. Los días que uno puede ir de compras en el Rastro

    _____

3. Los medios de transporte público para llegar a este mercado

    _____

4. Algunas de las cosas que se venden allí

    _____

5. El juego que hay que aprender para comprar en el Rastro

    _____

 Un paso más... ¡a escribir!

Imagínese que hay un mercado hispano como el Rastro en su ciudad y usted está allí de compras. Escriba un diálogo entre usted y el vendedor / la vendedora. ¡Y no olvide regatear!

MODELO:

COMPRADOR(A): ¿Cuánto cuesta esta chaqueta?
VENDEDOR(A): Cien dólares, joven.
COMPRADOR(A): ¿Cien dólares? Es demasiado cara.
VENDEDOR(A): ¡Pero es de muy buena calidad!
COMPRADOR(A): Le doy sesenta dólares.
VENDEDOR(A): Imposible. Se la dejo en ochenta.
COMPRADOR(A): Bueno, voy a pensarlo...

 LECTURA

Cuento: «Un Stradivarius», por Vicente Riva Palacio (México, 1832–1896)

> ### PISTAS PARA LEER
>
> Vicente Riva Palacio fue abogado, político y además autor de poesía y cuentos. Su obra describe tradiciones culturales de México y España. En este cuento, el dueño de una tienda recibe la visita de un músico pobre. Pero el dueño no sospecha que el músico tiene un plan secreto. Al leer, ponga atención a lo que dice el músico. ¿Cuál es su plan secreto? ¿Cómo piensa realizarlo?

(Continúa.)

el encargo	*request, errand*
el obsequio	*gift*
la pulsera	*bracelet*
el alfiler	*pin*
la levita	*coat, frock*
forrada	*lined*
el ataúd	*coffin*
A no caber duda	*Without a doubt*
el giro	*money order*
se maltratara	*be damaged*
halagar	*to flatter, please*
la ganancia	*profit*
el empeño	*determination*
la alhaja de príncipe	*a prince's jewel*
el corretaje	*commission*
en el acto	*right away, on the spot*
la carraca	*piece of junk*

Parte I

—¿Qué es lo que usted desea? Pase usted, señor; aquí hay todo lo que puede necesitar.

—Mil gracias. Deseaba yo ver unos ornamentos de iglesia.

—Aquí encontrará usted cuanto necesite, y todo muy bueno, de muy buena clase, muy barato y para todas las fiestas del año.

—Pues veremos; porque tengo un **encargo** de un tío muy rico, de Guadalajara, que quiere hacer un **obsequio** a la Catedral.

El vendedor era el señor Samuel, un rico comerciante y dueño de una gran joyería situada en una de las principales calles de México; pero en ella tanto podían encontrarse collares y **pulseras,** aretes y **alfileres** de brillantes, de rubíes, de perlas y esmeraldas, como ornamentos de iglesia, como lujosos muebles y objetos de arte.

El cliente era un joven pálido, alto y delgado, mirada triste, **levita** negra vieja y pantalón negro y viejo. Además, llevaba en la mano izquierda un violín metido en una caja **forrada** de negro con adornos de metal amarillo, que parecía un pequeño **ataúd.**

A no caber duda, era un músico.

El músico dejó la caja sobre el mostrador. Comenzó don Samuel a presentar ornamentos y se hicieron cálculos, y comparaciones, y apuntes, y, por fin, después de cerca de una hora de conferencia, el músico tenía ya todos los datos para escribir al tío y esperar la respuesta y el **giro,** y recoger los objetos elegidos. Antes de retirarse dijo a don Samuel:

—¿Podría dejar yo aquí este violín, mientras no lo necesito, para no tener que cargar con él hasta mi casa, que vivo lejos?

—Sí, señor. Puede dejar el violín aquí en mi tienda —contestó don Samuel.

—Quisiera yo que no **se maltratara,** porque es un violín muy bueno y lo estimo mucho.

—¡Oh! Pierda usted cuidado: vea usted dónde lo pongo. Ahí lo encontrará cuando regrese.

Y como trataba de **halagar** a tan buen comprador, don Samuel colocó cuidadosamente la caja en el lugar más ostensible de la tienda.

Parte II

A la mañana siguiente, entre la multitud de compradores que entraron en la casa de don Samuel, llegó un señor como de cuarenta años, de aspecto aristocrático, elegantemente vestido. Buscaba un alfiler para corbata, y no pudo encontrar el que deseaba; pero, cuando ya se iba, le llamó la atención la caja del violín tan vieja en medio de tantos objetos brillantes y lujosos.

—¡Qué! ¿También vende usted instrumentos de música, o tan bueno es ese violín que lo guarda usted aquí, en esa caja tan horrible?

—No es cosa mía: me lo dejaron a guardar, y sólo ahí me pareció seguro.

—¡Hombre! pues es curioso: enséñemelo usted, que yo soy también aficionado a los violines: ¡debe ser cualquier cosa!

Don Samuel bajó la caja y la abrió: el señor tomó el instrumento, miró el violín con extrañeza y lo volvió por todos lados; y después de tan maduro examen, miró fijamente a don Samuel y le dijo con solemnidad:

—Pues no es cualquier cosa; éste es un violín de Stradivarius legítimo, y si usted quiere por él seiscientos pesos, en este momento, sin moverme de aquí, se los doy y me lo llevo.

Don Samuel abrió los ojos y la boca y los oídos, y hasta las manos, no sólo por el descubrimiento sino porque soñaba en una buena **ganancia** comprando el violín al pobre músico, que de seguro estaba necesitado y de seguro también no sabía el gran precio del instrumento. Se le ocurrió en seguida lo que debía hacer, y contestó a aquel señor diciéndole:

—Mire usted, el violín no es mío; pero si usted tiene tanto **empeño** en tenerlo hablaré al dueño, aunque me parece que será exigente y va a querer mucho por él.

—¿Que si tengo empeño? Pues ya lo ve usted; como que ésta es una **alhaja de príncipe.**

—¿Y hasta cuánto puedo ofrecer?

—Pues oiga usted mi última palabra. Si me lo consigue usted por mil pesos, le doy a usted cincuenta pesos de **corretaje,** y pasado mañana vendré a saber la resolución, porque tengo que salir para Veracruz y no puedo perder más tiempo.

Parte III

Al siguiente día el pobre músico llegó a la tienda de don Samuel; no había noticia aún del tío que encargaba los ornamentos, pero el músico venía a recoger su violín. Don Samuel lo sacó de la caja afectando la mayor indiferencia, y antes de entregarlo le dijo:

—Hombre, si quisiera usted vender este violín yo tengo un amigo que es aficionado y quiero hacerle un obsequio, supuesto que usted dice que es bueno.

—¡Oh! no, señor; yo no lo vendo.

—Pero yo lo pago muy bien; le daré a usted trescientos pesos.

—¿Trescientos pesos? Por seiscientos pesos no lo vendo.

—¡Bah! Para que vea usted que quiero favorecerle, le daré seiscientos.

—No, señor, de ninguna manera.

—Setecientos.

—Mire usted; estoy muy pobre, tengo que sostener a mi madre, que está enferma, y cubrir además otras necesidades. Si usted me diera ochocientos pesos se lo dejaría, pero **en el acto.**

Don Samuel hizo el cálculo. Ochocientos me cuesta: en mil se lo doy al señor que debe venir esta tarde, y que me ha ofrecido además un corretaje de cincuenta; gano doscientos cincuenta de una mano a otra. Y continuó diciendo en voz alta:

—Bien, joven; para que vea usted que quiero servirle, aquí están mis ochocientos pesos.

Y abriendo una caja de hierro, sacó en oro el dinero, que entregó al músico.

El joven lo recibió profundamente conmovido; y diciendo a media voz: «¡Madre mía! ¡madre mía!», salió del almacén.

Parte IV

Ocho días transcurrieron sin que el señor que deseaba comprar el violín se presentara en la tienda a cumplir su promesa, cuando entró por casualidad en ella uno de los más famosos violinistas europeos, que había llegado a México a dar algunos conciertos.

—A ver qué le parece a usted este violín —le preguntó don Samuel, que ya lo conocía, abriendo la caja y mostrándole el Stradivarius.

(Continúa.)

El maestro tomó el violín, lo inspeccionó con mucho cuidado y le dijo a don Samuel:

—Pues esto es una **carraca;** no vale más de cinco pesos.

—Pero amigo mío, ¿qué dice usted? ¿que este violín no es un Stradivarius?

—Don Samuel, este violín no es un Stradivarius ni vale más de cinco pesos —le dijo el músico por última vez.

Muchos años después don Samuel enseñaba el violín a sus amigos y clientes, diciendo:

—Ochocientos pesos me costó esta lección de música.

Comprensión

A. Narre el cuento con sus propias palabras, basándose en los siguientes temas.

Parte I: la descripción de don Samuel y el músico del violín
Parte II: lo que dice el señor de aspecto aristocrático y la reacción de don Samuel
Parte III: lo que ocurre cuando el músico pobre regresa a buscar su violín
Parte IV: la lección que aprende don Samuel

B. Responda brevemente.

1. ¿Piensa usted que hay una moraleja en este cuento? Explique.

_____

_____

2. ¿Cree usted que se puede justificar lo que hace el músico pobre? Explique.

_____

_____

3. ¿Opina usted que don Samuel merecía aprender la lección que aprendió? ¿Por qué (no)?

_____

_____

4. ¿Qué consejos le daría usted a don Samuel?

_____

_____

Un paso más... ¡a escribir!

¿Tiene usted un objeto de gran valor sentimental? ¿Qué es? ¿Vendería ese objeto? Imagínese que alguien quiere comprárselo. Explíquele por qué usted no puede venderlo. O quizá decida vender ese objeto por cierto precio... ¡Escriba el diálogo!

La familia y los consejos

Capítulo 14

Actividades escritas

✳ La familia, las amistades y el matrimonio

Lea Gramática 14.2.

A. Complete el párrafo usando las formas apropiadas de **ser** o **estar.**

Hoy _____[1] domingo. Rafael y Graciela _____[2] en el parque. Rafael

_____[3] un joven bien parecido. Graciela _____[4] bonita y simpática.

Los dos _____[5] unos jóvenes muy activos. En la mañana vinieron en bicicleta al lago

y nadaron por varias horas. Ahora _____[6] muy cansados y tienen hambre. También

_____[7] algo preocupados porque van a merendar con otra pareja, Amanda y Ramón,

y ellos no han llegado. Hace una hora que los esperan y no comprenden qué pasa porque

normalmente _____[8] puntuales. Graciela dice que tal vez Amanda y Ramón

_____[9] enojados. Rafael dice que no, que _____[10] imposible, porque

ellos _____[11] muy enamorados. Dice que probablemente se les olvidó la merienda

precisamente porque _____[12] tan enamorados. Luego dice que deben empezar a comer.

Agrega que aunque Ramón _____[13] muy buen amigo, a veces _____[14]

algo desconsiderado. ¡Rafael no _____[15] contento porque tiene mucha hambre! La

merienda _____[16] lista y a él no le gusta esperar cuando tiene hambre.

B. Ésta es la escena de la boda de una joven que se llama Alicia Márquez. Decríbala. ¿Qué ve en el dibujo? ¿Cómo son las personas? ¿Cómo están hoy? (cansados, tristes, etcétera) ¿Qué están haciendo?

1. La novia es baja y gordita. Está nerviosa y tiene _____
   _____

2. El novio _____
   _____

3. Los padres de la novia _____
   _____

4. La madrina _____
   _____

5. Los pajes _____
   _____

6. El cura _____
   _____

7. Los invitados _____
   _____

C. Escoja uno de los siguientes temas y escriba una composición de 15 oraciones o más (2 ó 3 párrafos).

1. UN BUEN AMIGO / UNA BUENA AMIGA

   Describa a un buen amigo / una buena amiga. Use las siguientes preguntas como guía: ¿Cómo es su apariencia física? ¿Cómo es su personalidad? ¿Cuáles son las características de esta persona que a usted le agradan (*please you*) especialmente? ¿Es optimista? ¿comprensivo/a? ¿responsable? ¿inteligente? ¿leal? ¿Está siempre de buen humor? ¿Tiene esta persona algún defecto? ¿Es pesimista? ¿Está de mal humor frecuentemente? ¿Es irresponsable? ¿Qué actividades les gusta hacer juntos? ¿Cree usted que su amistad va a durar toda la vida?

2. UNA BODA

 Describa su boda o la boda de un amigo / una amiga o familiar. Use las siguientes preguntas como guía: ¿Dónde tuvo lugar la boda? ¿en una iglesia? ¿en la playa? ¿en un parque? ¿en un hotel? ¿en una casa particular? ¿Quién hizo los preparativos para la boda? ¿Fue una boda muy grande y elegante o íntima y pequeña? ¿Qué tipo de vestido llevaba la novia? ¿Había muchas flores? ¿Hubo recepción? ¿Dónde? ¿Se sirvió comida? ¿pastel? ¿champaña? ¿Hubo baile? ¿Adónde fue usted / fueron los novios de luna de miel?

✳ Las instrucciones y los mandatos

Lea Gramática 14.3.

D. ¿Qué les dice usted a estas personas? Use un mandato apropiado y no olvide usar los pronombres (**me, te, le, nos, les; lo, la, los, las**) si es necesario.

 MODELO: Su hermano/a siempre se pone su ropa y a usted no le gusta. →
 ¡No te pongas mi ropa! / Por favor no uses mi ropa.

1. Su mamá le sirve mucha sopa.

 _____

2. A su hermanito/a le gusta jugar con sus libros y trofeos, aunque él/ella tiene muchos juguetes.

 _____

3. A su novio/a le gusta llamarla/lo muy tarde por la noche. Usted prefiere hablar con él/ella por la tarde.

 _____

4. Usted necesita dinero para matricularse en la universidad. ¿Qué les dice a sus padres?

 _____

5. Su mejor amigo/a nunca pone atención en clase.

 _____

6. Su papá siempre saca la basura. Usted va a sacarla porque hoy es el cumpleaños de su papá.

 _____

7. La doméstica necesita limpiar las ventanas; están muy sucias.

 _____

8. Usted quiere jugar al tenis. Necesita una raqueta y su hermano tiene una.

 _____

E. Déle instrucciones a un amigo / una amiga para llegar a su casa desde la universidad. (Use mandatos informales.)

_____

_____

_____

_____

_____

Ahora déle las mismas instrucciones a su profesor(a) de español. (Use mandatos formales.)

_____

_____

_____

_____

_____

✳ Las órdenes, los consejos y las sugerencias

Lea Gramática 14.4.

F. Usted no quiere hacer estas cosas. Déle un mandato a otra persona de su familia para que las haga. Use frases como **quiero que, prefiero que** y **te aconsejo que.**

MODELO: preparar la comida → *Mamá, quiero que tú prepares la comida.*

1. limpiar la cocina

   _____

2. enseñarme a cocinar

   _____

3. ir al trabajo a medianoche

   _____

4. bañar al perro

   _____

5. devolver un libro a la biblioteca

   _____

6. llamar a la abuelita

   _____

7. prestarme dinero

_____

8. reparar el carro

_____

G. Su hermano menor va a asistir a la misma escuela secundaria a la que usted asistió. Déle cinco o seis consejos para no meterse en líos (*to get into trouble*), y para no tener problemas ni con los profesores ni con los otros estudiantes. Use frases como **te sugiero que, te recomiendo que** y **te aconsejo que.**

MODELO: asistir a clases → *Te recomiendo que asistas a clases todos los días.*

1. no copiar durante los exámenes

_____

2. devolver los libros de la biblioteca a tiempo

_____

3. hacer y entregar la tarea todos los días

_____

4. (no) comer en la cafetería

_____

5. ¿ ?

_____

6. ¿ ?

_____

H. Imagínese que usted es consejero/a de periódico. Lea la siguiente carta y contéstela con 15 oraciones o más (2 ó 3 párrafos).

Estimado Consejero:

Soy viudo y tengo tres hijos pequeños: de ocho, seis y tres años de edad. Mis padres y mi esposa murieron hace dos años y mis suegros viven en otra ciudad. Cuando mi esposa vivía yo trabajaba cincuenta horas a la semana y vivíamos bastante bien, pero ahora no puedo trabajar muchas horas, pues tengo que cuidar a mis hijos. Como paso mucho tiempo con ellos, no gano suficiente dinero: los niños necesitan ropa y no tienen muchos juguetes.

Tengo novia. Es una mujer joven, aunque es dos años mayor que yo. Estamos muy enamorados y queremos casarnos; el único problema es que ella dice que no puede criar a mis tres hijos. Me sugiere que me quede solamente con el más pequeño, el de tres años y que mande a los dos mayores a vivir con sus abuelos, mis suegros. Ella dice que quiere tener sus propios hijos conmigo. Quiero mucho a mis hijos pero también quiero a mi novia y la necesito. ¿Qué puedo hacer? ¿Qué me aconseja?

¿Qué le sugiere usted a este padre? ¿Le aconseja que trabaje más o que pase más tiempo con sus hijos? ¿Le sugiere que se case con la novia? ¿Qué puede hacer este hombre para resolver un problema tan serio?

✳ La crianza y el comportamiento

Lea Gramática 14.5

I. Guillermo está de mal humor y no quiere hacer nada hoy. Lee los mandatos que Ernesto le da a Guillermo a continuación. En cada caso indique la respuesta de Guillermo.

> MODELO: ERNESTO: Guillermo, barre el patio por favor.
> GUILLERMO: *¡Que lo barra Ernestito!* (Ernestito)

1. ERNESTO: Tiende la cama por favor.

   GUILLERMO: _____ (Berta, la doméstica)

2. ERNESTO: Lava estos platos que dejaste en la sala.

   GUILLERMO: _____ (Amanda)

3. ERNESTO: Lobo tiene hambre, dale de comer, por favor.

   GUILLERMO: _____ (Ernestito)

4. ERNESTO: Saca tu ropa de la secadora, por favor.

   GUILLERMO: _____ (mamá)

5. ERNESTO: Hace mucho calor hoy, riega las plantas del patio, por favor.

   GUILLERMO: _____ (el jardinero)

6. ERNESTO: Recoge estos papeles y libros, por favor.

   GUILLERMO: _____ (Amanda)

J. Ahora usted está de mal humor y no quiere hacer nada hoy. Su madre le pide que haga algunas cosas. En cada caso indique que usted quiere que otra persona haga la actividad: **su hermano/a, su padre, su abuelo,** etcétera.

> MODELO: SU MADRE: Saca la basura.
> USTED: *¡Que la saque mi hermano! Yo no tengo ganas.*

1. SU MADRE: Limpia el baño, por favor.

   USTED: _____

2. SU MADRE: Tráeme mis zapatillas, por favor.

   USTED: _____

3. SU MADRE: Prepara la cena, por favor.

   USTED: _____

4. SU MADRE: Ayúdame a limpiar las ventanas.

   USTED: _____

5. SU MADRE: Lleva estos paquetes al correo.

   USTED: _____

6. SU MADRE: ¿Estás de mal humor? ¿Por qué no vas al cine?

   USTED: ¿Yo? ¡No! _____

K. Imagínese que usted trabaja en una escuela secundaria donde va a enseñar un curso sobre la crianza de los adolescentes. Usted prepara una lista de consejos para los padres, dividida en cuatro categorías. Use frases como **es importante que, es indispensable que, es necesario que, es recomendable que, es mejor que** y un verbo en el subjuntivo para expresar sus consejos.

   MODELO: Es importante que los padres enseñen a los jóvenes a ser responsables.

LAS AMISTADES:

   1. _____

   2. _____

LAS NOTAS ESCOLARES (EL PROGRESO ACADÉMICO):

   3. _____

   4. _____

LOS QUEHACERES EN LA CASA:

   5. _____

   6. _____

LA ROPA:

   7. _____

   8. _____

LAS DIVERSIONES:

   9. _____

   10. _____

Resumen cultural

Complete las oraciones con la información cultural del **Capítulo 14.**

1. En 1986 España se integró a la _____ y eventualmente cambió su moneda nacional de la peseta al euro.

2. ¿Quiénes son las personas en la pintura *Las meninas* por Diego Velázquez?

   _____

3. ¿Cuál es otro nombre para la fiesta de los quince años? _____

4. ¿Cómo se llaman las catorce muchachas y los catorce muchachos que acompañan a la chica en su celebración de los quince años? _____

5. Para los supersticiosos en el mundo hispano, ¿qué día es un día de mala suerte?

   _____

6. Después de los ataques terroristas del 2004 en Madrid, los españoles eligieron a un primer ministro del partido _____, llamado _____.

7. Escriba la expresión o el refrán que corresponde a cada unas de estas situaciones.

   a. Se dice de una persona que siempre se expresa muy abiertamente:

   «_____»

   b. Usted se enfrenta a una decisión difícil. Se dice que usted está:

   «_____»

   c. No vivimos sólo para acumular dinero:

   «_____»

   d. Alguien murió: «_____»

8. ¿Qué nombre le dieron los árabes a España? _____

9. En España la dictadura del general _____ duró de 1939 a 1975.

10. ¿Cómo se llama la mujer que fundó el Ballet Folklórico de México?

    _____

11. ¿Qué tipo de baile presenta el Ballet Folklórico de México?

    _____

12. ¿Qué gente habitaba en España antes de la llegada de los romanos? _____

   _____

ctividades auditivas

✳ Los amigos animados

A. El nuevo vestido de Amanda

Amanda conversa con su madre sobre una compra que la joven hizo hoy.

❖ ❖ ❖

¿Quién diría lo siguiente, Amanda (**A**), su madre (**M**) o la vendedora (**V**)?

1. _____ Me compré un vestido nuevo.

2. _____ ¿Por qué no te probaste el vestido primero?

3. _____ ¿Qué hago ahora? Pensé que el vestido me quedaba bien.

4. _____ El problema es que no tienen una talla más pequeña.

5. _____ ¡Este vestido le queda perfecto!

6. _____ No te preocupes. Me gusta coser y te lo puedo arreglar.

B. ¡Qué rápido aprendes!

Clara conversa con Gloria Álvarez, la hermana de Pilar, sobre una compra reciente que hizo.

❖ ❖ ❖

(Continúa.)

Llene los espacios en blanco con una de estas palabras: **ganga, pesetas, precio, Rastro, dinero, regatear, suéter.**

1. Clara finalmente consiguió el _____ que buscaba.

2. Clara sabe _____ muy bien porque aprendió del maestro José.

3. Gloria está sorprendida porque Clara compró el suéter en el _____.

4. Clara le pidió al vendedor una rebaja, y entonces consiguió una _____.

✳ La familia, las amistades y el matrimonio

C. Una mamá para toda la vida

VOCABULARIO ÚTIL

verdadero	*real, true*
que me casara	*that I get married*

Susana Yamasaki González conversa con Andrés, su hijo menor. El niño le pregunta por qué él no tiene papá.

¿Cierto (**C**) o falso (**F**)?

1. _____ Andrés no tiene papá.

2. _____ Según Susana, en una familia normal no siempre hay un papá y una mamá.

3. _____ La familia que tiene Susana en Japón es muy pequeña.

4. _____ Según Susana, hay muchos tipos diferentes de familia.

5. _____ Susana nunca va a casarse otra vez.

6. _____ Andrés no quiere tener padrastro.

D. La propuesta de matrimonio

VOCABULARIO ÚTIL

le propuso matrimonio	*(he) proposed to her*
inferiores	*inferior*
machista	*male chauvinist*
que se ocupe de	*who could take care of*
liberados	*liberated*
macho	*chauvinistic*

Pilar Álvarez conversa con su amiga Clara Martin en un café de la Plaza Mayor. Su novio le propuso matrimonio y ella está preocupada.

Conteste las preguntas correctamente según el diálogo entre Clara y Pilar.

1. Según Pilar, ¿dónde es mejor la situación de la mujer?

    _____

2. Según Pilar, ¿qué piensan los hombres de las mujeres españolas?

    _____

3. José le propuso matrimonio a Pilar, pero ella no está contenta. ¿Cómo lo hizo José? ¿Qué le dijo?

    _____

4. ¿Qué le dice Clara en broma (*joking*)?

    _____

5. Y Pilar, ¿quiere ella casarse ahora? ¿Por qué?

    _____

✴ Las instrucciones y los mandatos

E. Canal 10, ¡su televisión en español!

VOCABULARIO ÚTIL

los conjuntos juveniles	*young musical groups*
los ritmos contagiosos	*catchy rhythms*
los artistas	*performers* (lit. *artists*)
la temporada	*season* (*for sports or other seasonal events*)

Y ahora en KSUN, Radio Sol, un anuncio del Canal 10, ¡el canal que todos preferimos!

Complete los espacios en blanco según el anuncio.

¡_____¹ de la televisión en español! ¡No se pierda la nueva programación de su

Canal 10! ¡_____² sus momentos más divertidos con nosotros!

(Continúa.)

Comience la tarde mirando la _____³ «Sueños de amor», con el famoso

actor Marcelo Chávez. Descubra los conjuntos juveniles del momento y mire el sensacional

_____⁴ de música rock, «¡Roquísimo!», con sus videoclips favoritos. Disfrute de

las canciones más románticas y _____⁵ los ritmos contagiosos de América

Latina en «Domingo de fiesta».

No olvide mirar, además, nuestros conciertos espectaculares con _____⁶ de

fama internacional.

¡_____⁷ los partidos más emocionantes de la temporada de béisbol! El Canal

10 tiene lo _____⁸ para usted y su familia. ¡Canal 10! ¡Su televisión en español!

F. Un joven muy maduro

VOCABULARIO ÚTIL

maduro	*mature*
la crianza	*upbringing*
mantener	*maintain*
el periodismo	*journalism*

Estela Ramírez de Saucedo conversa sobre su familia con su cuñado Raúl. Estela tiene algunas preocupaciones.

❖ ❖ ❖

¿Qué consejos le da Raúl a Estela para las preocupaciones que ella tiene? Hay más de una respuesta posible.

1. PREOCUPACIÓN: Estela está un poco cansada últimamente.
   CONSEJOS:

   a. _____ Duerme más.

   b. _____ Come más legumbres.

   c. _____ Descansa un poco.

   d. _____ Toma leche caliente antes de dormir.

2. PREOCUPACIÓN: Ernesto trabaja demasiado y no le ayuda con la crianza de los niños.
   CONSEJOS:

   a. _____ Pídele el divorcio.

   b. _____ Habla con él.

   c. _____ Explícale bien la situación.

   d. _____ Pídele que no trabaje tanto.

3. PREOCUPACIÓN: La vida de hoy en día es muy cara y no es fácil mantener a una familia con sólo un sueldo.

   CONSEJOS:

   a. _____ Trabaja más en casa haciendo cosas para vender.

   b. _____ Busca más compañeras en tu misma situación.

   c. _____ Busca un empleo.

   d. _____ Diles a los niños que busquen trabajo.

✳ Las órdenes, los consejos y las sugerencias

G. Anuncios comerciales: Desodorante Aroma, la revista *Juventud*

VOCABULARIO ÚTIL

frescos	*fresh*
la fragancia	*fragrance*
manchar	*to stain*
cómodos	*comfortable*

Y ahora una breve pausa comercial en KSUN, la estación favorita de todos en California.

¿A cuál de los productos se refieren las oraciones siguientes, al desodorante Aroma (**A**) o a la revista *Juventud* (**J**)?

1. _____ Contiene entrevistas interesantes con tus artistas favoritos.

2. _____ Es para mantenerse frescos y cómodos.

3. _____ Tiene una fragancia agradable.

4. _____ Ofrece consejos para que disfrutes más del tiempo libre.

5. _____ Protege sin manchar la ropa.

6. _____ Es un producto de jóvenes para jóvenes.

7. _____ Expresa las muchas formas de ser joven en el mundo de hoy.

✳ La crianza y el comportamiento

H. Consejos de la doctora Ríos

VOCABULARIO ÚTIL

las malas palabras	*bad words*
a pesar de	*in spite of*
lo han regañado	*(they) have scolded him*
que los rodea	*who surround him*
el castigo	*punishment*
las golosinas	*candy, sweets*
créanme	*believe me*

La doctora Ríos publica una columna en el periódico contestando cartas de padres con problemas. Escuche lo que ella les dice a estos padres.

Empareje estas frases correctamente. Tenga cuidado; en algunos casos hay dos respuestas.

1. _____ El problema básico de estos padres es…

2. _____ El niño no entiende…

3. _____ Según la doctora Ríos,…

4. _____ La doctora les recomienda…

5. _____ Cuando el niño tenga cuatro años…

6. _____ La doctora está segura de que si no las oye…

a. muy pronto el niño va a olvidar las palabras.
b. los padres pueden empezar a explicarle todo.
c. que no debe usar esas palabras nunca.
d. probablemente el problema son los adultos.
e. que su hijo usa malas palabras en público.
f. que ya no le digan nada al niño, que esperen.
g. el comportamiento del niño es normal.
h. que les digan a otras personas que no usen esas palabras.

I. Una mujer moderna

VOCABULARIO ÚTIL

el rol	*role*
anticuado	*old fashioned*
los chismes	*gossip*

Doña María Eulalia conversa con su hijo Javier. Los dos tienen opiniones diferentes sobre el rol de la mujer en el mundo moderno.

Hay una palabra o frase incorrecta en cada oracion. Escriba una **X** en la palabra equivocada y luego escriba la palabra correcta.

1. Últimamente doña María Eulalia está saliendo mucho con una amiga. _____

2. Javier es un hombre moderno. _____

3. Doña María Eulalia sale a cenar con su amigo, don Enrique. _____

4. A Javier le molesta que su madre sea una mujer moderna. _____

5. Doña María Eulalia es una vieja típica. _____

✳ ¡A repasar!

J. Una receta mágica

VOCABULARIO ÚTIL

manda a pedir	*order out*
se niegan	*refuse*
¡Manos a la obra!	*At your service!*
los bifes	*steaks (Arg.)*

Hoy, al llegar a su casa después del trabajo, Víctor Ginarte llama por teléfono a su vecina, doña Zulema Roldán. Doña Zulema es una simpática viuda de sesenta años. Los dos vecinos son muy buenos amigos.

❖ ❖ ❖

Llene los espacios en blanco para completar el menú para la cena de Víctor y Adriana. Después, complete la receta para la preparación de la comida.

EL MENÚ
Casa de Víctor

Bistecs
Arroz con _____ 1
Ensalada de _____ y _____ 2
Pan
Vino
Café y _____ 3

(Continúa.)

Escoja las instrucciones de la siguiente lista: **busque, compre, corte, déjelos, fríalo, lave, ponga.**

PREPARACIÓN DE LOS BISTECS

Ingredientes:

Dos bifes

Una _____ 4

Un _____ 5

Un diente de _____ 6

Aceite

Instrucciones:

_____ 7 en pedacitos muy pequeños una cebolla, un tomate

y un diente de ajo y _____ 8 todo en aceite. Después,

_____ 9 a freír dos bistecs en esa salsa a fuego lento.

_____ 10 cocinar por lo menos cinco minutos por cada lado.

Pronunciación y ortografía

✳ Ejercicios de ortografía

ACCENT REVIEW (PART III)

In the imperfect tense, the first-person plural form (**nosotros/as**) of **-ar** verbs always has a written accent mark: **estudiábamos, cantábamos, jugábamos.** Do not forget that for regular **-er** and **-ir** verbs, all the imperfect forms have an accent mark: **comía, vivías, corríamos.** The **nosotros/as** forms of the irregular verbs **ser** and **ir** also have accent marks: **éramos, íbamos.**

A. Listen to the following narrative and write the verb forms. Use accent marks when necessary.

Cuando yo _____ 1 ocho años, mi hermano y yo _____ 2 mucho, pero

siempre _____ 3 juntos. Como yo _____ 4 el mayor, _____ 5

muchos juguetes. Mi hermano también _____ 6 juguetes, pero siempre

_____ 7 jugar con los míos. Como yo _____ 8 que _____ 9 mis

juguetes, siempre _____ 10 tratos (*deals*) con él. Yo me _____ 11 sus dulces y

él _____ 12 jugar con todas mis cosas.

Todos los veranos _____[13] de viaje con nuestros padres. _____[14]

mucho tiempo en el campo con los abuelos. No _____[15] tareas. _____[16] al

río a pescar o a veces nos _____[17] en casa y _____[18] todo el día.

Remember to include accent marks on the first and third persons of most preterite forms.

B. Listen and write the sentences you hear, adding an accent mark to the past-tense form if necessary.

1. _____

2. _____

3. _____

4. _____

5. _____

Remember that the meaning of some Spanish words changes depending on whether they have a written accent mark. Some of the most frequently used word pairs of this type are **él/el, mí/mi, tú/tu, sí/si, sé/se, dé/de,** and **té/te.**

C. Write the sentences you hear, remembering to add an accent mark to words when the meaning requires one.

1. _____

2. _____

3. _____

4. _____

5. _____

6. _____

7. _____

8. _____

Remember that an accent mark is needed on affirmative commands and present participles if one or more pronouns are added and on infinitives if two pronouns are added.

D. Listen and write the sentences you hear, adding accent marks where necessary.

1. _____

2. _____

3. _____

4. _____

5. _____

 ideoteca 📼

✳ Los amigos animados

Vea la sección **Los amigos animados** de las **Actividades auditivas** para hacer la actividad correspondiente.

✳ Escenas culturales

España

VOCABULARIO ÚTIL

la joya arquitectónica	*architectural jewel*
conmemorar	*commemorate*
el triunfo	*triumph*
la época	*era, epoch*
el siglo	*century*

Lugares mencionados

la Península Ibérica
Europa
Madrid
el Escorial
el monasterio de San Lorenzo
la Giralda
Sevilla
la Alhambra
Granada
Toledo

Lea estas preguntas y luego vea el video para contestarlas.

1. ¿Dónde está el famoso monasterio de San Lorenzo? _____

2. ¿Qué edificación es una muestra (un ejemplo) del arte islámico? _____

3. La Giralda se construyó en el siglo _____ durante la época islámica «almohade».

✳ Escenas en contexto

Sinopsis
José Miguel le habla a Paloma de un problema personal que
tiene. Él sospecha que una amiga abusa de las drogas.

VOCABULARIO ÚTIL

Cuéntame	*Tell me*
prometerme	*to promise me*
me cae muy bien	*I really like him/her*
sucedió	*happened*
sin despedirse	*without saying good-bye*
«entre la espada y la pared»	*"between a rock and a hard place"*
lo dudo	*I doubt it*
Tú siempre llamas al pan, pan y al vino, vino.	*You always tell it like it is.*
la opción	*choice*
verdadera	*true*

Lea estas preguntas y luego vea el video para contestarlas.

A. ¿Cierto (**C**) o falso (**F**)?

1. _____ José Miguel y Teresa se conocieron hace una semana.

2. _____ José Miguel dice que Teresa le cae bien.

3. _____ Después del cine, José Miguel y Teresa fueron a cenar.

4. _____ Paloma le aconseja a José Miguel que no vuelva a ver a Teresa.

B. Ponga en orden cronológico esta narración sobre Teresa y José Miguel.

1. _____ A Teresa se le cayó la mochila.

2. _____ Teresa se bajó del auto sin despedirse.

3. _____ José Miguel vio la bolsa de plástico pero no le dijo nada a Teresa.

4. _____ José Miguel y Teresa fueron al cine.

5. _____ Teresa puso la bolsa de plástico en la mochila.

C. Complete con la información correcta.

1. José Miguel quiere hablarle a Teresa sobre lo que pasó, pero tiene miedo de saber la verdad sobre ella. ¿Qué expresión usa Paloma para describir la situación de José Miguel?

   «Estás _____.»

2. Paloma le recomienda a Miguel que _____

   _____

 ecturas

 ## Escuche a sus hijos.

 PISTAS PARA LEER

Este artículo viene de una revista hispana de los Estados Unidos y trata el tema de las relaciones entre padres e hijos. Varios jóvenes hispanos ofrecen su opinión. Antes de leer, identifique los nombres en la actividad de **Comprensión.** Luego busque el nombre y la edad de cada persona en el artículo. ¡Ahora léalo!

VOCABULARIO ÚTIL

cuanto antes	*as soon as possible*
anime	*encourage*
a gusto	*comfortable*
los valores	*values*
habrá	*there will be*

ESCUCHE A SUS HIJOS

En este artículo algunos jóvenes hispanos de los Estados Unidos les ofrecen sugerencias a los padres.

«Cuando su hijo tenga un problema en la escuela, resuélvalo **cuanto antes**», dice Fernando, de 14 años. «No lo deje para luego, pensando que se va a resolver solo o que es simplemente una etapa. Una vez saqué una mala nota en mi clase de historia y no se lo dije a mis padres porque me moría de miedo. Yo, de verdad, quería contárselo, pero no sabía cómo ellos iban a reaccionar.»

«Si usted es una madre soltera, **anime** a su hijo a encontrar otro adulto modelo, como un tío, un muchacho mayor o algún amigo de la familia», sugiere Rubén, de 16 años. «Muchos adolescentes se sienten más **a gusto** con los padres de sus amigos que con los suyos. Cuando su hijo esté en casa de un amigo, no lo llame para darle órdenes.»

«Si usted es de otro país, haga un esfuerzo por entender que nosotros hemos crecido en una cultura diferente con reglas diferentes», dice Angélica, de 15 años. «En el país de mi padre, las niñas pasan mucho tiempo en casa. Quiero que él comprenda que yo me crié en los Estados Unidos y que ésta también es mi cultura. Trato de llegar a la hora que él me dice, pero necesito un poquito más de libertad.»

«Es difícil hablar de cosas serias», agrega Rubén. «Si su hijo no quiere hablar con usted, no lo obligue. Trate de encontrar un momento durante la semana —una tarde o una noche— para hacer cosas divertidas juntos, ir de compras, ver una película, salir a comer.»

«Si nos crían con disciplina y nos enseñan los buenos **valores**, no tendrán que gritarnos», dice Julieta, de 13 años. «Mi mamá y yo nos sentamos a conversar y hablamos de mis problemas. Cuando hago algo incorrecto, ella me lo explica, pero siempre termina diciéndome que me quiere mucho. No trate de controlar todos nuestros actos ni de estar siempre con nosotros; el exceso de control pone distancia entre los padres y los hijos.»

«Por lo general, los adolescentes lo critican todo», comenta Eduardo, de 17 años. «¡Están descubriendo el mundo a su manera! No les diga siempre 'no', así **habrá** menos conflicto. Si usted los trata con amor y respeto, ellos reaccionarán positivamente.»

Comprensión

¿Quién les daría los consejos siguientes a los padres: Fernando (**F**), Rubén (**R**), Angélica (**A**), Julieta (**J**) o Eduardo (**E**)?

1. _____ Demuéstreles respeto y amor y habrá menos conflicto.

2. _____ Comprenda que sus hijos viven en un mundo distinto de aquél en el que usted creció.

3. _____ Resuelva inmediatamente cualquier problema relacionado con la escuela.

4. _____ Si usted creció en otro país, déles más libertad a sus hijos aquí en los Estados Unidos.

5. _____ Cuando sus hijos han hecho algo incorrecto, converse con ellos y explíqueles su error.

6. _____ Haga cosas con sus hijos, pero no los presione para que hablen cuando ellos no quieran hacerlo.

7. _____ No trate de estar siempre al lado de sus hijos; esto puede crear más distancia entre ustedes.

8. _____ Deje que sus hijos hagan amistad con otros adultos, un familiar o un joven mayor.

Un paso más... ¡a escribir!

Basándose en su propia niñez o adolescencia, haga una lista de cinco sugerencias para mejorar la comunicación entre un muchacho o una muchacha y sus padres. Puede dirigir sus consejos tanto a los hijos como a los padres.

LECTURA

Cuento: «Ya llega el día», por los autores de *Dos mundos*

PISTAS PARA LEER

La narradora de este cuento es Susana Yamasaki, una mujer peruanojaponesa de 33 años. Susana está divorciada y vive con sus padres y sus dos hijos en Cuzco. Antes de leer, considere estas preguntas: ¿Qué opina usted del machismo? ¿Cómo lo define? ¿Conoce a alguien que esté en la misma situación de Susana?

VOCABULARIO ÚTIL

¡Basta!	*Enough!*
sí misma	*herself*
No tiene sentido	*It makes no sense*
no le alcanzaba	*wasn't enough*
el porvenir	el futuro
el apoyo	*support*
las raíces	*roots*
hasta la médula	*to the core*
cumplir	*to comply*
sumisa	*submissive*
encarnar	*to embody*

Susana escuchó el despertador y lo apagó, aunque ya llevaba tiempo despierta, pensando en Édgar. Cuando su esposo dormía con ella, era él quien apagaba el aparato y luego la despertaba suavemente. Pensar en Édgar en este momento, tan temprano, era una mala manera de comenzar el día. «**¡Basta!**», se dijo Susana a **sí misma**. «**No tiene sentido** seguir viviendo en el pasado, imaginándome la familia que Édgar no quiso crear conmigo. ¡Basta de recuerdos!»

Su vida había cambiado mucho desde los días felices de su matrimonio, cuando todavía no existía la sombra del divorcio. Ahora tenía dos empleos, de secretaria y de guía de turistas, porque uno solo **no le alcanzaba** para tantos gastos. El cambio más importante, sin embargo, era tener dos hijos que cuidar. Los padres de Susana la ayudaban con la crianza de Armando y Andrés. «Mis hijos tienen dos abuelos tan buenos como el pan», pensó Susana. Pero sólo ella tenía la obligación y la responsabilidad de criar a esos niños.

Le gustaba despertarse temprano para reflexionar en silencio. Sus padres también se levantaban con los primeros rayos de sol. Los tres disfrutaban de la calma de la mañana, cuando todavía no había empezado el ruido, el ciclón de los niños. Armando tenía 13 años y Andrés 9, pero cuando estaban juntos no había diferencia de edad. Jugaban y peleaban como chicos al fin.

Hoy sábado Susana tenía planes personales. Se tomaría libre la mañana del trabajo para ocuparse un poco de sí misma. Iría a la peluquería y luego haría algunas compras. En realidad no quería estar aquí en la oscuridad, recordando el pasado y pensando en el futuro. Pero no podía evitarlo. Llegaban a su mente imágenes de su juventud y posibles visiones del **porvenir.** Lo más gratificador de estos momentos era imaginarse a sus hijos de adultos, dos hombres a su lado, dándole amor y **apoyo:** el amor y el apoyo que su esposo no tuvo el valor de darle.

¿Qué los separó? ¿Qué factores convirtieron a Susana y a Édgar en dos extraños? Eran demasiado jóvenes cuando se casaron; casi no se conocían. Después, cuando por primera vez hablaron del divorcio, Susana pensó que ella tenía la culpa de este fracaso: «Porque no pude ser la esposa tradicional que Édgar buscaba.» Luego trató de entender la conducta de Édgar. Se preguntó si tal vez el problema fuera la diferencia cultural entre ellos. Él era peruano y ella, pues... ella se sentía peruana de corazón, pero sus **raíces** estaban en una isla asiática lejana.

Susana había nacido en Cuzco de padres japoneses y había crecido en un hogar donde se hablaban dos lenguas y donde las costumbres japonesas convivían con las peruanas. La suya era una casa bilingüe, bicultural, donde un día se comía sushi o sopa misotaki y otro día ají de gallina o ceviche. Era una casa en la que nunca se cuestionaba el valor de las dos culturas. Y esta familia no era la excepción; había muchos hogares como el de los Yamasaki en Perú.

No, la diferencia de razas y culturas no fue la causa del fracaso de este matrimonio. Édgar no era un hombre racista ni prejuicioso, sólo un hombre típico: macho **hasta la médula.**

«¡Qué tontas somos a veces las mujeres!», pensó Susana. «La sociedad nos enseña a ser dependientes, aplaude nuestro sentimentalismo desde que somos niñas; mientras más sentimentales, más femeninas; mientras más tontas y calladas, más atractivas. ¡Y lo aceptamos todo sonriendo!» Quizás aquel amor que ella sentía por su esposo era sólo necesidad: necesidad de estar casada y **cumplir** con las normas de la sociedad.

Pero Susana no supo ser ni sentimental ni callada. No pudo cumplir. Ella quería trabajar, soñaba con tener su propia agencia de viajes. Édgar, en cambio, quería una esposa **sumisa,** ama de casa, una madre para sus hijos. Quería una mujer sin aspiraciones y sin identidad propia. Quizás pensó que Susana, siendo japonesa, estaría dispuesta a **encarnar** a la mujer asiática estereotípica: callada, obediente, invisible. ¡Qué ideas tan absurdas! Cuando Édgar se dio cuenta de que Susana nunca sería un estereotipo, se fue. Un día desapareció y ella tuvo que enfrentarse a la vida sola, madre ya de un niño y en espera de otro. Édgar regresó algún tiempo después, para pedirle el divorcio y desaparecer definitivamente...

«¡Basta ya de recuerdos!» se dijo Susana a sí misma. «Ya llega el día y es hora de comenzar... hora de vivir.» Se levantó y fue al cuarto de Armando y Andrés. Les dio un beso a sus hijos y pensó, «Ustedes no serán como su padre.»

Comprensión

A. Describa a la familia de Susana.

1. sus hijos

_____

2. sus padres

_____

3. su esposo

_____

B. Comente estos aspectos de la vida de Susana.

1. su matrimonio

   _____

2. su opinión del machismo

   _____

3. sus empleos

   _____

4. sus planes y sueños

   _____

5. su visión del futuro

   _____

Un paso más... ¡a escribir!

Escriba una composición de dos páginas basándose en uno de los siguientes temas.

1. Imagínese la vida de Susana de aquí a cinco años. ¿Estará casada ella? ¿Tendrá su propio negocio? ¿Qué estarán haciendo sus hijos? Escriba una segunda parte del cuento. Si quiere, puede empezar así: **Pasaron cinco años y un día Susana se levantó pensando...**

2. Piense en Armando, el hijo mayor de Susana. ¿Qué estaría pensando este chico la misma mañana en que Susana se quedó en la cama recordando a Édgar? ¿Cuáles son los recuerdos del niño sobre el divorcio y sobre su padre? Escriba el monólogo de Armando. Puede usar esta frase para comenzar: **No quiero levantarme hoy porque estoy triste pensando en...**

El
porvenir

Capítulo 15

ctividades escritas

✳ El futuro y las metas personales

Lea Gramática 15.1–15.2.

A. Reaccione ante las siguientes situaciones, usando el futuro en una pregunta para expresar «probabilidad».

> MODELO: Es la boda de su hija. Todos están listos, pero el novio no ha llegado. (estar) →
> *¿Dónde estará?*

1. Usted tiene un niño pequeño. Normalmente duerme muy bien, pero hoy está llorando mucho. (tener hambre o estar enfermo)

_____

2. Usted entra en la clase. Los estudiantes están allí, pero el profesor no ha llegado. (venir hoy)

_____

3. Es el cumpleaños de su novio/a. Usted le quiere comprar algo. Ve rosas, chocolates, joyas. No sabe qué comprar. (gustar más)

_____

4. Usted escucha un ruido horrible afuera de su casa. (ser un accidente o una explosión)

_____

5. Su nuevo amigo / nueva amiga lo/la invita a usted a comer en su casa. Dice que le preparará una comida deliciosa. (saber cocinar)

_____

B. Complete las siguientes conversaciones según el contexto. Use la forma correcta —subjuntivo o indicativo— de estos verbos: **decir, llegar, mostrar, preparar, saber, tener.**

1.   ESTELA: ¿Sacaste ya la basura, hijo?

   GUILLERMO: No, mamá, todavía no la saco.

   ESTELA: Sácala antes de que _____ tu papá.

2.   ERNESTO: Amanda, ¿siempre _____ tú el almuerzo a las doce los sábados?

   AMANDA: Sí, pero hoy no lo voy a preparar hasta que mamá me _____ que es hora.

3.   ERNESTO: ¿Ya te mostró su coche nuevo mi hermana Paula?

   ESTELA: No. ¿Es bonito?

   ERNESTO: ¡Qué coche! Llámame después de que te lo _____; quiero saber tu opinión.

4.   PAULA: Andrea, ¿_____ tiempo libre hoy? Necesito hablar contigo.

   ANDREA: No, lo siento. Te llamaré en cuanto _____ unas horas libres.

5.   AMANDA: Graciela, ¿_____ las respuestas al Ejercicio 7?

   GRACIELA: No, pero voy a preguntarle a mi papá. En cuanto las _____ te llamaré.

C. Complete las oraciones de manera apropiada para hablar de su futuro.

1. Voy a comprar un carro nuevo en cuanto _____.

2. Trabajaré en una compañía grande e importante cuando _____.

3. No me casaré hasta que _____.

4. Compraré una casa antes de que _____.

5. Tendré hijos tan pronto como _____.

6. Compraré muebles antiguos después de que _____
_____.

7. Empezaré a ahorrar dinero para mi jubilación tan pronto como _____
_____.

8. Aprenderé a cocinar bien en cuanto _____.

D. Haga dos listas: una de cinco cosas que usted hará en el futuro y otra de cinco cosas que no hará en el futuro.

(Yo) Haré un viaje alrededor del mundo.   *No viajaré en barco.*

_____   _____

_____   _____

_____   _____

_____   _____

E. Escriba una composición de 15 oraciones o más sobre sus planes para el futuro. Use las siguientes preguntas como guía:

¿Se graduará de la universidad? ¿Estudiará más para sacar otro título (*degree*)? ¿Trabajará? ¿Dónde? ¿Abrirá su propio negocio? ¿Qué venderá? ¿Comprará casa? ¿Se casará / se divorciará? ¿Tendrá hijos? ¿Cuántos? ¿Se mudará a otra ciudad / otro estado? ¿Viajará mucho? ¿Seguirá los estudios del español o aprenderá otro idioma? ¿Cuál?

✳ Cuestiones sociales

Lea Gramática 15.3–15.4.

F. Alberto y Carmen participan en una discusión en la clase de español. Están discutiendo sobre la pena de muerte. Escoja la forma correcta entre el presente de indicativo y el presente de subjuntivo.

ALBERTO: No podremos controlar la tasa de delitos[a] en este país a menos que se _____[1] en efecto la pena de muerte. (pone/ponga)

CARMEN: ¿Y tú crees que la pena de muerte resuelve el problema de la delincuencia? Si esperamos reducir la tasa de crímenes violentos en nuestra sociedad, tenemos que reformar nuestro sistema de educación de manera que todos _____[2] recibir instrucción escolar. (pueden/puedan)

ALBERTO: Es una propuesta[b] excelente y estoy de acuerdo con tal de que ningún asesino[c] _____[3] derecho a la libertad provisional.[d] (tiene/tenga)

PROF. MARTÍNEZ: Creo que todos queremos cambiar la sociedad para que _____[4] menos violencia. (hay/haya)

G. Complete las oraciones lógicamente según el contexto. Use la forma correcta del presente de indicativo o de subjuntivo de los verbos siguientes: **apreciar, dar, ofrecer, pagar, poder, saber, ser, tener.**

MODELO: Las compañías buscan empleados que *sepan* trabajar bien.

1. En nuestro país todos queremos un empleo que _____ bien.

2. Este año todos vamos a trabajar mucho para que el jefe nos _____ un aumento.

3. No creo que todos (nosotros) _____ recibir un aumento este año; la situación económica está peor cada día.

4. Necesitamos buscar una compañía que _____ mayor interés en el bienestar de los empleados.

5. Hay varias compañías que _____ a sus ejecutivos y se preocupan por su bienestar.

6. Pues, entonces, esta compañía va a tratarnos muy bien en cuanto _____ ejecutivos.

7. ¡Tendremos que asistir a la universidad dos años más para que la compañía nos _____ un puesto tan elevado!

---

[a]*crime*   [b]*proposal, proposition*   [c]*murderer*   [d]*libertad... parole*

H. Un amigo / Una amiga de usted da opiniones acerca de todo, pero usted no siempre está de acuerdo con lo que opina. Reaccione a las siguientes afirmaciones de su amigo/a usando expresiones de duda como **no creo que, dudo que, es imposible que,** o expresiones positivas como **es verdad que, es seguro que, creo que** o exclamaciones como **qué bueno que, qué lástima que.**

> MODELO: Marta estudia muchísimo. →
> *Yo no creo que ella estudie tanto como tú crees.* (*Es verdad que Marta estudia ocho horas al día.*)

1. El aborto es un homicidio.

   _____

2. Las guerras son necesarias para el progreso.

   _____

3. Hoy hay mujeres en todas las profesiones.

   _____

4. La religión es lo más importante de la vida.

   _____

5. Los desamparados son personas perezosas.

   _____

6. El terrorismo es el problema más serio del mundo moderno.

   _____

7. La diversidad cultural es la causa de todos los problemas de este país.

   _____

8. En la América Latina también existe la discriminación racial.

   _____

 I. Escoja uno de los siguientes temas y escriba una composición de 15 oraciones o más (2 ó 3 párrafos).

1. LA DIVERSIDAD CULTURAL

   ¿Cree usted que hay aspectos positivos de la diversidad cultural? ¿Hay aspectos negativos? Explique cuáles son los aspectos positivos y negativos de la diversidad cultural de este país, en su opinión. Piense en sus vecinos, sus compañeros de clase, sus restaurantes favoritos, la música, etcétera.

2. LA EDUCACIÓN BILINGÜE

   En muchos países hispanos los padres inscriben a sus hijos en escuelas bilingües: español–francés o español–inglés. La educación bilingüe es también muy importante en varios estados y ciudades de este país. Muchas personas la consideran necesaria. Explique cuáles son los aspectos positivos y los aspectos negativos de la educación bilingüe. Piense en los muchos estudiantes que toman clases de idiomas en la universidad. ¿Sería más fácil enseñarles otro idioma a la edad de 7 u 8 años o es mejor esperar para estudiar otro idioma?

✳ El futuro y la tecnología: posibilidades y consecuencias

Lea Gramática 15.5–15.6.

J. Complete cada hipótesis empleando las formas correctas del pasado del subjuntivo de los siguientes verbos: **comprar, haber, hablar, poder, querer, saber, ser.**

> MODELO: Si *pudiera,* volvería a la universidad, pero no puedo.

1. Si no _____ tantos trabajadores indocumentados, nuestros sueldos serían mejores.

2. Creo que si los latinoamericanos _____ que no es tan fácil ganarse la vida aquí, se quedarían en su país.

3. Si las compañías no _____ ganar tanto dinero, nos pagarían más.

4. Si los ejecutivos _____ más considerados con los empleados, los sueldos serían justos.

5. También si _____ menos cosas superfluas, tendríamos más dinero para las necesidades diarias.

6. Si los candidatos presidenciales _____ más de las cuestiones sociales, los ciudadanos estarían mejor informados para votar.

K. Usted está en una reunión de personas que se preocupan por los problemas de las escuelas públicas. Está allí para representar a los estudiantes de su universidad. En este momento la gente está charlando en grupos pequeños. Complete los trozos de conversación, usando el presente o el pasado de subjuntivo.

1. AMA DE CASA 1:   Si las universidades _____ bien a los maestros, no habría

    tantos problemas. (preparar)

    AMA DE CASA 2:   Tienes razón. Hasta que todos (nosotros) _____ en serio la

    carrera de maestro, nada se va a resolver. (tomar)

2. MÉDICO 1:   Yo sugiero que _____ exámenes comprensivos a fin de año.

    (haber)

    MÉDICO 2:   Fernando, si los maestros _____ lo que tú aconsejas, tendrían

    que construir muchas escuelas nuevas. (hacer)

    MÉDICO 1:   No, yo no quiero que _____ más escuelas. (construir)

    MÉDICO 2:   Entonces, ¿qué van a hacer los maestros con los niños que no

    _____ lo suficiente para aprobar[1] el examen? (saber)

(Continúa.)

---

[1]*pass*

3.   ABUELO: Me preocupa que mis nietos no _____ asistir a buenas

escuelas. ¡No hay una sola escuela buena en nuestro barrio! (poder)

ABUELA: Exageras. Dudo que _____ verdad lo que dices. ¿Has visitado

todas las escuelas? (ser)

4.   JOVEN 1: No tendríamos tantos problemas si toda esta gente _____ por

el candidato conservador. (votar)

JOVEN 2: Bah, no creo que el candidato conservador _____ tanto interés

en la educación. (tener)

PADRE DE FAMILIA: Prefiero que no (nosotros) _____ del pasado. Es importante

que _____ de resolver los problemas del presente para que

nuestros hijos _____ la mejor formación posible. (hablar /

tratar / obtener)

5.   NIÑO 1: ¡Ojalá que esta reunión _____ pronto! (terminar)

NIÑO 2: No terminará hasta que todos los adultos _____ de acuerdo.

(ponerse)

L. Diga lo que pasaría si…

MODELO: Si prohibieran las armas de fuego (*firearms, weapons*),… → *habría menos crímenes violentos.*

1. Si los niños no pasaran tanto tiempo viendo la televisión,…

_____

2. Si la gente no tomara bebidas alcohólicas antes de manejar,…

_____

3. Si la venta de drogas no estuviera prohibida,…

_____

4. Si todos nos dedicáramos más a nuestro trabajo,…

_____

5. Si hubiera más coches híbridos,…

_____

M. Piense en el progreso de la tecnología. En su opinión, ¿son buenos todos los inventos? A continuación aparece una lista de inventos de las últimas décadas. Escoja siete u ocho y divídalos en dos grupos. Escriba un párrafo sobre los inventos beneficiosos y otro sobre los inventos peligrosos o dañinos (*harmful*). Escriba una composición de 15 oraciones o más (2 párrafos).

INVENTOS: coches eléctricos o híbridos, energía solar, alimentos transgénicos (*genetically modified foods*), computadoras portátiles, bombas «inteligentes», corazones artificiales, teléfonos celulares, cirugía (*surgery*) robótica, trabajos por Internet, ciberasistentes (*cyber aids, like PDAs*), selección genética, energía nuclear, teléfonos celulares con cámara, cámaras digitales, conexión inalámbrica (*wireless*) al Internet, televisión por satélite, análisis de ADN (*DNA*)

Resumen cultural

Conteste las preguntas y complete las oraciones con la información cultural del **Capítulo 15.**

1. Para el año 2010, ¿qué grupo minoritario será el más grande de los Estados Unidos?

    _____

2. Nombre tres campos en los cuales se siente influencia de los hispanos en los Estados Unidos.
    Para cada campo señale un nombre hispano.

    MODELO: *deportes:* ***Sammy Sosa***

    deportes: _____

    ciencias: _____

    política: _____

3. ¿Cuál fue el resultado de la guerra entre los Estados Unidos y México?

    _____

4. De 1876 a 1880 y de 1884 a 1911 México fue gobernado por el dictador

    _____.

5. ¿Cuál era el lema de Emiliano Zapata? _____

6. Nombre dos eventos importantes de la historia mexicana que ocurrieron en 1994.

    _____

    _____

7. ¿Qué tema tratan los murales de Siqueiros? _____

    Describa su arte. _____

    _____

8. ¿Qué pasó en México, D.F., en 1968? _____

    _____

9. Si enviamos un documento por correo electrónico, lo mandamos como archivo

    _____.

10. Cuando vamos a un sitio Web de una organización, vamos primero a _____.

(Continúa.)

11. Para proteger su computadora de los gusanos y otros virus es recomendable tener

_____.

12. ¿Cómo se llama el correo electrónico que nosotros no pedimos y de personas o agencias que no

conocemos? _____

13. Si no queremos que otros miembros de la familia o los colegas usen nuestra computadora

podemos ponerle _____.

 ctividades auditivas

✳ Los amigos animados

A. Los consejos de un amigo

Ernesto Saucedo está en casa de Pedro Ruiz, hablando de sus preocupaciones.

❖ ❖ ❖

¿Qué consejos le da Pedro a Ernesto para las preocupaciones que tiene?

PREOCUPACIONES DE ERNESTO	CONSEJOS DE PEDRO
1. Trabajo demasiado y no tengo tiempo para la familia.	_____ _____
2. Hay mucho trabajo en la compañía y no puedo tomar vacaciones.	_____ _____
3. A veces tengo que trabajar los fines de semana.	_____ _____

B. El concierto de guitarra

Nora, Esteban y Carmen están en una fiesta en casa de un compañero de clase.

Diga el porqué de las siguientes circunstancias.

1. La fiesta es un poco aburrida porque

   _____

2. Nadie baila porque probablemente

   _____

3. No van a poner discos porque

   _____

4. Esteban trajo su guitarra española porque

   _____

5. Los chicos cantan «Cielito lindo» porque

   _____

✳ El futuro y las metas personales

C. Las predicciones de don Julián

VOCABULARIO ÚTIL

| el adivino | *fortune teller* |
| nunca fallan | *they never fail* |

A continuación, el programa de entrevistas de Mayín Durán para KSUN, Radio Sol de California.

(Continúa.)

¿Cuáles son las predicciones de don Julián en cuanto a las preocupaciones de los radioyentes?

PREOCUPACIONES	PREDICCIONES
1. Su hijo va a Miami en agosto. ¿Habrá un ciclón en el Caribe ese mes?	_____
2. Su esposa saldrá para Nueva York. ¿Llegará el avión bien?	_____
3. Su novio quiere casarse con ella. Ella no está lista y quiere saber si su novio va a esperar el tiempo que ella necesita.	_____

D. La profesión y la personalidad

VOCABULARIO ÚTIL

la labor humanitaria	*humanitarian work*
¡Adivinen!	*Guess!*
el trabajador social	*social worker*
las investigaciones	*research*
que realices tu sueño	*that your dreams come true*
los genios	*geniuses*

Carmen, Alberto y Esteban están en la clase de español hablando sobre las profesiones que piensan seguir.

Diga qué profesión deciden seguir estas personas y por qué va bien con su personalidad.

1. Alberto dice que piensa ser _____ .

   Va bien con su personalidad porque _____ .

2. Carmen dice que va a ser _____ .

   Va bien con su personalidad porque _____ .

3. Esteban dice que quiere ser _____ .

   Va bien con su personalidad porque _____ .

✳ Cuestiones sociales

E. El viaje de Carmen

VOCABULARIO ÚTIL

Hospitalarios	*Hospitable*
perceptiva	*perceptive*
los piropos	*flirtatious remarks*
los silbidos	*whistles*

Carmen regresó a San Antonio ayer, después de hacer un viaje por América Latina. Hoy está hablando con su amigo Raúl sobre sus experiencias.

❖ ❖ ❖

Complete las oraciones según el diálogo.

1. A Carmen los mexicanos le parecieron _____ y _____.

2. Carmen cree que los puertorriqueños son _____ y los argentinos son

    _____.

3. Según Raúl, Carmen está describiendo _____.

4. Carmen dice que hay _____ del carácter de un país que uno puede ver durante un viaje corto.

5. Según Carmen, ¿cuál fue la mejor parte del viaje?

    _____

F. ¿Qué piensan ustedes?

VOCABULARIO ÚTIL

grave	*very serious*
las muertes	*deaths*
la causa	*cause*
se quedó sin	*was left without*

En la clase de la profesora Martínez, varios estudiantes hablan de los problemas de nuestra sociedad. Están tratando de decidir cuál es el más grave.

❖ ❖ ❖

Aquí hay una lista de los problemas que mencionan los estudiantes de la profesora Martínez. Escriba al lado de cada problema por qué lo consideran serio los estudiantes o la profesora.

1. **las armas de fuego:** _____

    _____

2. **el aborto:** _____

    _____

3. **los desamparados:** _____

    _____

4. **el desempleo:** _____

    _____

✳ El futuro y la tecnología: posibilidades y consecuencias

G. Es lindo soñar.

VOCABULARIO ÚTIL

Oigan	*Listen*
si yo me sacara	*if I won (the lottery)*
¿Seguirías estudiando?	*Would you continue studying?*
invertiría	*I would invest*

Mónica, Alberto, Carmen y Esteban están conversando sobre qué harían si se ganaran la lotería.

Escoja la(s) respuesta(s) más lógica(s).

1. ¿Qué haría Esteban si se sacara la lotería?

    a. Compraría una casa.

    b. Viajaría por todo el mundo.

    c. Compraría varios coches de lujo.

    d. Le daría dinero a su familia.

2. ¿Qué haría Carmen?

    a. Viajaría por todo el mundo.

    b. Compraría dos casas.

    c. Les compraría un coche nuevo a sus padres.

    d. Ahorraría el resto del dinero.

3. Carmen seguiría estudiando porque…

    a. le gusta mucho estudiar.

    b. la educación es para toda la vida.

    c. ella quisiera estudiar toda la vida.

    d. es fácil perder el dinero.

4. Alberto dice que si él se ganara cincuenta millones de dólares,...

   a. compraría dos casas, una para él y otra para su familia.

   b. invertiría en empresas norteamericanas solamente.

   c. no estudiaría más.

   d. invertiría en empresas que no dañan el medio ambiente.

5. Si Mónica se ganara la lotería, ella...

   a. no haría nada de lo que sus compañeros dijeron.

   b. no compraría un coche de lujo pero sí compraría un coche híbrido.

   c. terminaría sus estudios y luego viajaría por un año.

   d. compraría muchos boletos de lotería para toda su familia.

H. El idioma es algo vivo.

VOCABULARIO ÚTIL

interactivo	*interactive*
Es una pena	*It's too bad*
aproveches/aprovecho	*you take advantage / I take advantage*
modestia aparte	*all modesty aside*

La profesora Martínez y el profesor de matemáticas, Alejandro López, conversan hoy durante su almuerzo sobre el tema de la tecnología.

¿Cuál es el debate entre la profesora Martínez y el profesor López sobre las computadoras? Diga cuál es la reacción de la profesora Martínez ante las afirmaciones de su amigo.

1. PROF. LÓPEZ: Yo uso un programa interactivo en mi salón de clase ahora. Los estudiantes aprenden mucho. ¿Y tú no usas programas interactivos en tus clases?

   PROF. MARTÍNEZ: _____

2. PROF. LÓPEZ: ¿Sólo usan computadoras en el laboratorio? ¿Eso es todo?

   PROF. MARTÍNEZ: _____

(*Continúa.*)

3. PROF. LÓPEZ: Pero las computadoras pueden ofrecernos muchos beneficios. Es una pena que tú no los aproveches.

    PROF. MARTÍNEZ: _____

4. PROF. LÓPEZ: No te gusta usar computadoras en el salón de clase.

    PROF. MARTÍNEZ: _____

✳ ¡A repasar!

I. ¡Estamos de acuerdo!

VOCABULARIO ÚTIL

dedicarles	*to devote to them*
te distraes	*you amuse yourself*
los colegas	*colleagues*
hacerle la lucha	*to try* (coll. *Mex.*)
el acceso	*access*

Estela y Ernesto conversan sobre el tema del trabajo.

Conteste las preguntas según el diálogo.

1. ¿De qué se cansa Estela?

    _____

2. Según Ernesto, ¿cuáles son las ventajas de ser ama de casa?

    _____

3. Según Ernesto, ¿cuál es una de las desventajas de su trabajo?

    _____

4. A Estela y Ernesto les interesan varios temas de los artículos de Pedro. ¿Cuáles son?

    _____

5. ¿Qué solución propone Ernesto para cambiar la vida de él y la de Estela?

    _____

Videoteca

✳ Los amigos animados

Vea la sección **Los amigos animados** de las **Actividades auditivas** para hacer la actividad correspondiente.

✳ Escenas culturales

México

VOCABULARIO ÚTIL

poblado/a   *populated*
las raíces   *roots*
soleado/a   *sunny*

Lugares mencionados

el Distrito Federal (el D.F.)
Teotihuacán
Oaxaca
Guadalajara
Acapulco
Cancún

(*Continúa.*)

Lea estas preguntas y luego vea el video para contestarlas.

1. ¿Cómo son los mexicanos? _____

_____

2. Mencione tres tipos de arte mexicano. _____

_____

3. Nombre una ciudad mexicana prehispánica. _____

✳ Escenas en contexto

Sinopsis
La señorita Castillo le ayuda a uno de los
estudiantes en el laboratorio de computadoras.

VOCABULARIO ÚTIL

manejar	*to manage, work*
intenta	*try*
mandar	*to send*
la cuenta	*account*
el error tipográfico	*typo*
adjuntar	*to attach*
elegir (elija)	*to select*

Lea estas preguntas y luego vea el video para
contestarlas.

A. ¿Cierto (**C**) o falso (**F**)?

1. _____ El estudiante está frustrado porque no puede leer sus mensajes electrónicos.

2. _____ La señorita Castillo quiere hacerlo primero y luego le pide al estudiante que lo haga.

3. _____ La señorita Castillo le dice que primero escriba la dirección electrónica del profesor.

4. _____ Después se hace clic, y el documento se manda.

5. _____ El estudiante tiene teléfono celular.

B. Complete con la información correcta.

1. Mariela dice que prefiere que el estudiante lo haga porque así

_____.

2. ¿Cuáles son los pasos que le explica la señorita Castillo?

Primero _____

Ahora _____

Ahora, con el ratón, _____

Es necesario que _____

Al final, _____

ecturas

 **Cuento: «Colores que vuelan», por los autores de *Dos mundos***

PISTAS PARA LEER

La gente emigra generalmente por razones políticas, económicas o profesionales. En el caso de México, muchos de los inmigrantes que vienen a los Estados Unidos son personas que buscan trabajo. Ése es el caso del protagonista de este cuento: un hombre que llega al «Norte» en busca de empleo y, gradualmente, se integra a la sociedad estadounidense. ¿Cómo logra adaptarse el personaje?

VOCABULARIO ÚTIL

el arco iris	*rainbow*
salió retratado	*his photograph appeared*
el conserje	*janitor*
desteñida	*faded*
nunca se apartaba	*was never away*
el gancho	*hook*
el tambo	*trash can* (Mex.)
se desate un tornado	*a tornado strikes*
el mero mero	verdadero, real (Mex.)
fiel	*loyal*
sordo	*deaf*
el seguro	*insurance*
el esmero	*care*
el escrito	*writing, article*

Francisco Santana siempre iba a recordar el 2004 como el año de la felicidad. Su hija, Leticia, se había graduado de la escuela secundaria. Y lo había hecho de una manera especial: con «colores volantes», *flying colors,* según le dijo una de las maestras en la ceremonia de graduación.

—Qué manera de hablar tan chistosa tiene esta gente —le comentó Francisco a su esposa, Margarita, riéndose—. ¡Colores que vuelan! ¿Como los del **arco iris**?

—Eso quiere decir con buenas notas —le explicó ella.

—Lo importante —agregó Francisco— es que nuestra hija se graduó y la pusieron en la lista de alumnos excelentes. Y más importante aún es que Leti pronto va a ser maestra.

Francisco también recordaría el 2004 como el año en que **salió retratado** en el periódico. Era el periódico de Midwestern University, la universidad donde él trabajaba de **conserje.** ¡Caray, qué honor salir así, como una persona famosa! Francisco —Pancho, como lo llamaban los amigos— no lo pudo creer cuando vio la fotografía.

—¿Ese tipo tan feo soy yo? —le preguntó a Margarita.

(Continúa.)

—¡Claro que eres tú! ¡Y muy bien que te ves!

Sí, él era aquel hombre de la foto con su uniforme de kaki, la gorra de safari **desteñida,** la bolsa para la basura que **nunca se apartaba** de su lado y el **gancho** para recoger los papelitos y los desperdicios. Francisco Santana, Empleado del Año.

Margarita se alegró mucho y Leticia también reaccionó con alegría. Las dos estaban orgullosas de él. Francisco llevaba menos de diez años en el Norte y ya había salido en el periódico. Leti le leyó el artículo lentamente, para que él lo entendiera, y se lo tradujo al español... *Desde las siete de la mañana hasta las cinco de la tarde, Francisco Santana trabaja manteniendo limpio el campus...*

«¡Qué fuerte es el invierno en esta tierra!», exclamó Pancho, mientras vaciaba su bolsa de basura en uno de los grandes **tambos** del campus. Trabajar al aire libre en diciembre era como respirar hielo. Él trataba de moverse mucho, de caminar aprisa, casi trotando. El ejercicio probablemente le hacía bien. Lo mantenía en buena forma, como decía Leti, *in good shape*. En ocho años de nevadas en esta ciudad de Kansas llamada Topeka, él sólo había tenido un par de resfríos.

«Cuántas cosas pueden pasar en un año», se dijo Francisco a sí mismo, «Cosas terribles y cosas fantásticas.» El mundo estaba lleno de catástrofes, guerras y terrorismo, y sin embargo Pancho estaba teniendo experiencias maravillosas. La graduación de Leti, por ejemplo. Y luego en la universidad lo felicitaban porque ahora él, un conserje que recogía basura, era famoso.

Desde las siete de la mañana —como decía el artículo— hasta las cinco de la tarde, Francisco Santana mantiene limpio el campus. ¡Llueva, nieve o **se desate un tornado**! Siempre puntual, Pancho recoge una hoja de papel, una bolsita de hamburguesa o pizza, un lápiz perdido, una caja vacía, un cuaderno olvidado...

«*Mr. Santana es uno de nuestros mejores empleados. ¡El mejor del año!*» Así lo describía el presidente de la Midwestern University en el periódico. Un señor tan poderoso, un hombre que tantas cosas decidía, el **mero mero** jefe decía que él, «*good old Pancho*», era un empleado responsable y **fiel.**

El periodista que entrevistó a Francisco era un joven de mochila y tenis sucios, alto como tantos aquí. El muchacho le hablaba despacio, como si Francisco fuera **sordo...**

—*Mr. Santana, how . . . does it feel . . . to be . . . Employee of the Year?*

Luego el joven se puso a conversar en español. Francisco le agradeció el esfuerzo. El periodista le dijo que México era un país «*muy hermouso*», que había estado en Puerto Vallarta y le había parecido un «*paradiso*», que las mujeres mexicanas eran «*muy bounitas*».

—*I want to ask you a few questions, if you don't mind . . .*

El muchacho le hizo preguntas sobre su vida, que cuánto tiempo hacía que había venido, que de qué parte de México era, que cuántos hijos tenía. Pero el joven no le preguntó si Francisco tenía documentos legales. «No tiene por qué preguntarme eso», pensó Pancho, aunque estaba listo para responderle con orgullo que sí, que ya tenía su tarjeta, la deseada *Green Card*.

Después Pancho trató de hacerle algunas preguntas al periodista...

—Pues bien, joven, ¿qué significa para usted ser «Empleado del Año»?

—*It's a great honor, Mr. Santana.* Un honor grande.

—¿Significa que me van aumentar el sueldo?

—No sé... No creo.

—¿Me van a dar más beneficios del **seguro** médico?

—Yo no tengo esa información, Mr. Santana. Usted debe hablar con su jefe...

El periodista no pudo contestar ninguna de las preguntas, mucho menos la que más le interesaba a Francisco: —Si soy Empleado del Año, entonces... los estudiantes me van a saludar, ¿verdad? ¿Ya no me van a mirar como si yo fuera menos que un animal?

En todos los años que Francisco Santana llevaba trabajando en la Midwestern University, nadie se había parado a conversar con él. La gente pasaba y ni siquiera le decía «*Hello*». Algunos le ofrecían sonrisas incómodas, obligatorias. Sin quererlo, él ya se había acostumbrado a trabajar en silencio, como una sombra.

«Nunca es uno demasiado viejo para las buenas sorpresas», pensó Pancho, sintiéndose optimista. Para él, el 2004 sería el año de la felicidad. Su hija se había graduado y era una persona con conocimientos. Leti iba a ser maestra; les iba a enseñar cosas del mundo y de la historia a los hijos de inmigrantes mexicanos. Ella los ayudaría a hacerse gente buena, a triunfar en la vida.

Por primera vez en la tierra del Norte, Francisco Santana se sentía visible. En la universidad habían notado su existencia, se habían dado cuenta de que él trabajaba con **esmero** y dedicación. Como decía el artículo: puntualmente, llueva, nieve o se desate un tornado.

—Los **escritos** tienen un poder muy extraño —le comentó Pancho a Margarita—. ¡Ahora todo el mundo me saluda! Los estudiantes y las secretarias y los profesores me dicen «*Good Morning, Mister Santana. How are you?*» Entiendo ahora por qué la gente quiere ser famosa. ¿Te imaginas, Margarita, que de pronto me llamen «Míster»?

Francisco Santana, «*good old Pancho*», nunca olvidaría este año. Entre tantas cosas increíbles, había aprendido que en los días más fríos y grises de diciembre, hay ciertos colores que vuelan por el aire.

Comprensión

Defina las siguientes palabras y frases. ¿Quién las dice o las piensa? ¿Qué significan?

1. el año de la felicidad

   _____

2. colores volantes

   _____

3. Empleado del Año

   _____

4. ¡Llueva, nieve o se desate un tornado!

   _____

5. No puedo darle esa información.

   _____

6. ¡Te ves muy bien en la foto!

   _____

7. *Green Card*

   _____

8. *good old Pancho*

   _____

9. ¡Buenos días, Mr. Santana!

   _____

10. Usted es un excelente empleado.

   _____

Un paso más... ¡a escribir!

Escriba un drama para representar este cuento. Su obra teatral debe tener cuatro escenas correspondientes a las cuatro partes de «Colores que vuelan». Incluya diálogos entre Francisco y los otros personajes: Margarita, Leticia, el presidente de la universidad y el periodista. ¡Y luego presente su drama en clase!

Cuento: «Cassette», por Enrique Anderson Imbert (1910–2000)

Selección de su libro *Dos mujeres y un Julián* (1982)

PISTAS PARA LEER

Enrique Anderson Imbert fue un escritor argentino muy prolífico. Publicó novelas, cuentos y libros de ensayos. Su obra narrativa, de rica imaginación, contiene temas fantásticos pero también una voz analítica y científica. En «Cassette», por ejemplo, se cuenta una historia de ciencia ficción que tiene lugar en el año 2132. Al leerlo, imagínese ese futuro. ¿Existirán los libros en el siglo XXII?

VOCABULARIO ÚTIL

Entretanto	*Meanwhile*
en penitencia	*punished*
antes que él naciera	*before he was born*
¡Cómo se habrán aburrido!	*How bored they must've been!*
el caracol	*snail*
parlante	*talking (film)*
almacena	*(it) stores, registers*
el guiño	*sign, wink*
el navío sideral	*spaceship*
portentosa	*prodigious*
despampanante	*stunning*
el desparpajo	*impudence, disorder*
el proyectazo	*un proyecto grande*
el tocayo	*namesake*

Año: 2132. Lugar: aula de cibernética. Personaje: un niño de nueve años.

Se llama Blas. Por el potencial de su genotipo ha sido escogido para la clase Alfa. O sea, que cuando crezca pasará a integrar ese medio por ciento de la población mundial que se encarga del progreso. **Entretanto,** lo educan con rigor. La educación, en los primeros grados, se limita al presente: que Blas comprenda el método de la ciencia y se familiarice con el uso de los aparatos de comunicación. Después, en los grados intermedios, será una educación para el futuro: que descubra, que invente. La educación en el conocimiento del pasado todavía no es materia para su clase Alfa: a lo más, le cuentan una que otra anécdota en la historia de la tecnología.

Está **en penitencia.** Su tutor lo ha encerrado para que no se distraiga y termine el deber de una vez.

Blas sigue con la vista una nube que pasa. Ha aparecido por la derecha de la ventana y muy airosa se dirige hacia la izquierda. Quizás es la misma nube que otro niño, **antes que él naciera,** siguió con la vista en una mañana como ésta y al seguirla pensaba en un niño de una época anterior que también la miró y en tanto la miraba creía recordar a otro niño que en otra vida... Y la nube ha desaparecido.

Ganas de estudiar, Blas no tiene. Abre su cartera y saca, no el dispositivo calculador sino un juguete. Es una cassette.

Empieza a ver una aventura de cosmonautas. Cambia y se pone a oír un concierto de música estocástica.[1] Mientras ve y oye, la imaginación se le escapa hacia aquellas gentes primitivas del siglo XX a las que justamente ayer se refirió el tutor en un momento de distracción.

¡Cómo se habrán aburrido, sin esta cassette!

«Allá, en los comienzos de la revolución tecnológica —había comentado el tutor— los pasatiempos se sucedían como lentos **caracoles.** Un pasatiempo cada cincuenta años: de la pianola a la grabadora, de la radio a la televisión, del cine mudo y monocromo al cine **parlante** y policromo».

¡Pobres! Sin esta cassette ¡cómo se habrán aburrido!

Blas, en su vertiginoso siglo XXII, tiene a su alcance miles de entretenimientos. Su vida no transcurre en una ciudad sino en el centro del universo. La cassette admite los más remotos sonidos e imágenes: transmite noticias desde satélites que viajan por el sistema solar; emite cuerpos en relieve; permite que él converse, viéndose las caras, con un colono de Marte; remite sus preguntas a una máquina computadora cuya memoria **almacena** datos fonéticamente articulados y él oye las respuestas.

(Voces, voces, voces, nada más que voces pues en el año 2132 el lenguaje es únicamente oral: las informaciones importantes se difunden mediante fotografías, diagramas, **guiños** electrónicos, signos matemáticos.)

En vez de terminar el deber Blas juega con la cassette. Es un paralelepípedo de $20 \times 12 \times .3$ que, no obstante su pequeñez, le ofrece un variadísimo repertorio de diversiones.

Sí, pero él se aburre. Esas diversiones ya están programadas. Un gobierno de tecnócratas resuelve qué es lo que debe ver y oír. Blas da vueltas a la cassette entre las manos. La enciende, la apaga. ¡Ah, podrán presentarle cosas para que él piense sobre ellas pero no obligarlo a que piense así o asá!

Ahora, por la derecha de la ventana, reaparece la nube. No es nube: es él, él mismo que anda por el aire. En todo caso, es alguien como él, exactamente como él. De pronto a Blas se le iluminan los ojos:

—¿No sería possible —se dice— mejorar esta cassette, hacerla más simple, más cómoda, más personal, más íntima, más libre, sobre todo más libre?

Una cassette también portátil, pero que no dependa de ninguna energía microelectrónica; que funcione sin necesidad de oprimir botones; que se encienda apenas se la toque con la mirada y se apague en cuanto se le quite la vista de encima; que permita seleccionar cualquier tema y seguir su desarrollo hacia delante, hacia atrás, repitiendo un pasaje agradable o saltándose uno fastidioso... Todo esto sin molestar a nadie, aunque se esté rodeado de muchas personas, pues nadie, sino quien use tal cassette, podría participar en la fiesta. Tan perfecta sería esa cassette que operaría directamente dentro de la mente. Si reprodujera, por ejemplo, la conversación entre una mujer de la Tierra y el piloto de un **navío sideral** que acaba de llegar de la nebulosa Andrómeda, tal cassette la proyectaría en una pantalla de nervios. La cabeza se llenaría de seres vivos. Entonces uno percibiría la entonación de cada voz, la expresión de cada rostro, la descripción de cada paisaje, la intención de cada signo... Porque, claro, también habría que inventar un código de signos. No como ésos de la matemática sino signos que transcriban vocablos: palabras impresas en láminas cosidas en un volumen manual. Se obtendría así una **portentosa** colaboración entre un artista solitario que crea formas simbólicas y otro artista solitario que las recrea...

—¡Esto sí que sería una **despampanante** novedad! —exclama el niño—. El tutor me va a preguntar: «¿Terminaste ya tu deber?» «No», le voy a contestar. Y cuando, rabioso por mi **desparpajo,** se disponga a castigarme otra vez ¡zas! Lo dejo con la boca abierta: «¡Señor, mire en cambio qué **proyectazo** le traigo!»...

(Continúa.)

---

[1]El arte estocástico tiene sólo la función del goce (*enjoyment*) del sonido musical, del color o de las palabras.

(Blas nunca ha oído hablar de su **tocayo** Blas Pascal,[2] a quien el padre encerró para que no se distrajera con las ciencias y estudiase lenguas. Blas no sabe que así como en 1632 aquel otro Blas de nueve años, dibujando con tiza en la pared, reinventó la Geometría de Euclides,[3] él, en 2132, acaba de inventar el Libro.)

Comprensión

A. Responda brevemente a estas preguntas.

1. Describa al protagonista de este cuento. ¿A qué grupo o clase pertenece?

_____

_____

2. ¿Qué lenguaje se habla en el año 2132? ¿Hablamos un lenguaje como ése hoy en día?

_____

_____

3. Describa el juguete que Blas saca de su cartera. ¿Cuál es su función? ¿Con qué objeto tecnológico del mundo de hoy podríamos comparar este juguete?

_____

_____

4. ¿Por qué se aburre tanto Blas? ¿Qué hace él para distraerse?

_____

_____

5. ¿Qué se imagina Blas al final del cuento? ¿Por qué es importante su invención?

_____

_____

B. Explique brevemente las siguientes oraciones. ¿A qué se refieren? ¿Por qué son importantes?

1. Un gobierno de tecnócratas resuelve qué es lo que debe ver y oír.

_____

_____

2. Esa cassette operaría directamente dentro de la mente.

_____

_____

---

[2]Blaise Pascal (Francia, 1623–1662), genio en matemáticas, inventó la primera calculadora digital en 1642.
[3]Euclides (Egipto, 365–300 a.c), genio en geometría; su obra *Los elementos* se usó por 2.000 años.

3. Un artista solitario crea formas simbólicas y otro artista solitario las recrea.

_____

_____

4. Él acaba de inventar el libro.

_____

_____

5. Blas nunca ha oído hablar de su tocayo.

_____

_____

Un paso más... ¡a escribir!

Imagínese el futuro lejano del año 2132. ¿Cómo será la raza humana? ¿Qué tecnologías tendremos? ¿Existirán los libros? ¿Haremos viajes a otros planetas? Escoja dos aspectos de ese futuro y descríbalos en forma de cuento. Si quiere, puede narrar su historia en primera persona, desde la perspectiva del protagonista.

ⒺΧpansión gramatical

This **Expansión gramatical** is intended to help expand your knowledge of Spanish grammar at a more advanced level. These topics are often encountered during a second-year course, but you may want to explore some of them on your own. Your instructor may also want to cover these areas after finishing *Dos mundos*. Answers to the exercises in this section are included in the Answer Key at the back of this *Cuaderno*.

The grammar that you have studied in *Dos mundos* is by no means all the grammar that you will need to know in order to read, write, and speak native-sounding Spanish, but don't be discouraged. You can already communicate with native speakers on a wide array of topics, and your ability to understand spoken and written material will allow you to interact comfortably with the Spanish-speaking world. Much of your knowledge of advanced grammar will come not from rules and exercises but from interacting with native speakers, reading, listening to the radio, and watching TV. All of these activities are powerful ways to acquire grammar in a meaningful context. Many nonnative speakers of Spanish become lifelong learners, continually adding to their repertoire of vocabulary and grammatical knowledge, all the while enjoying their contact with the Spanish-speaking world. **¡Buen viaje!**

1. Indicating to Whom Something Belongs: Possessive Pronouns

A. When a possessive adjective (**mi, tu, nuestro/a, vuestro/a, su**) functions as a noun, it is called a possessive pronoun (**mío/a, tuyo/a, nuestro/a, vuestro/a, suyo/a**).

    —¿De quién son estos pantalones?   —*Whose pants are these?*
    —Son **míos.**   —*They're mine.*

    —¿Son de Alberto estas corbatas?   —*Do these ties belong to Alberto?*
    —Sí, creo que son **suyas.**   —*Yes, I think they're his.*

B. Note that possessive pronouns change their form to show gender and number. Except after the verb **ser** (as in the preceding examples), they are accompanied by a definite article (**el, la, los, las**).

	SINGULAR		PLURAL	
(yo)	el mío	la mía	los míos	las mías
(tú)	el tuyo	la tuya	los tuyos	las tuyas
(usted, él/ella)	el suyo	la suya	los suyos	las suyas
(nosotros/as)	el nuestro	la nuestra	los nuestros	las nuestras
(vosotros/as)	el vuestro	la vuestra	los vuestros	las vuestras
(ustedes, ellos/as)	el suyo	la suya	los suyos	las suyas

| —¿Dónde están los coches? | —Where are the cars? |
| —**El mío** está aquí, pero **el tuyo** no. | —Mine is here, but not yours. |

| —¿Dónde están las calculadoras? | —Where are the calculators? |
| —**La mía** está en casa. ¿Dónde está **la tuya**? | —Mine is at home. Where is yours? |

| —¿Es suyo ese coche pequeño? | —Is that small car yours? |
| —No, **el nuestro** es el grande que está allí. | —No, ours is the big one that is over there. |

C. In Spanish one possessive pronoun (**el suyo**) corresponds to the English possessive pronouns *yours* (singular or plural), *his, hers,* and *theirs*. Therefore, out of context, the sentence **El suyo no ha llegado** could correspond to all of the following English meanings: *His/Hers/Theirs/Yours (sing., pl.) hasn't arrived.* Normally, in conversation, context will tell you to what and to whom **suyo/a/os/as** refers.

| —¿Es ésta la bicicleta de Mónica? | —Is this Monica's bicycle? |
| —No, es **mía. La suya** está en casa. | —No, it's mine. Hers is at home. |

As an alternative to **suyo,** you may use the article followed directly by **de** plus the name of the person.

| —¿Es de Alberto esta patineta amarilla? | —Does this yellow skateboard belong to Albert? |
| —No, **la de Alberto** es roja. | —No, Albert's is red. |

Ejercicio 1

Carmen encuentra (*finds*) varias cosas en el salón de clase. Ella le pregunta (*asks*) a Alberto de quién son. Dé las respuestas de Alberto según el modelo (*according to the model*).

> MODELO: ¿De quién son estas plumas? ¿Son de los estudiantes? →
> Sí, son *suyas.* (No, no son *suyas,* son de la profesora Martínez.)

1. ¿De quién es este abrigo? ¿Es tuyo? _____

2. ¿De quién son estas mochilas? ¿Son de Pablo y Lan? _____

3. ¿De quién es este cuaderno? ¿Es mío? _____

4. ¿De quién son estas calculadoras?¿Son de Mónica y Nora? _____

5. ¿De quién es este reloj? ¿Es de Luis? _____

6. ¿De quién es este diccionario? ¿Es nuestro? _____

7. ¿De quién son estas rosas? ¿Son de la profesora Martínez? _____

8. ¿De quién es esta patineta? ¿Es de Esteban? _____

9. ¿De quién es este disco compacto? ¿Es tuyo? _____

10. ¿De quién son estos papeles? ¿Son míos? _____

2. Asking and Answering Questions: Patterns in the Preterite

A. Four common question-and-answer patterns in the preterite include **yo** or **nosotros/as** verb forms in the answer. If the question refers to *you,* then your answer will use the **yo** form of the verb. If the question refers to *you and others,* then your answer will use the **nosostros/as** form of the verb.

INFORMAL SINGULAR

—*Did you . . . ?*
—*Yes, I did. / No, I didn't.*

QUESTION	ANSWER	EXAMPLE
¿ -aste?	-é.	—¿Terminaste? —Sí, terminé.
¿ -iste?	-í.	—¿Comiste? —No, no comí.

POLITE SINGULAR

—*Did you . . . ?*
—*Yes, I did. / No, I didn't.*

QUESTION	ANSWER	EXAMPLE
¿ -ó usted?	-é.	—¿Terminó usted? —Sí, terminé.
¿ -ió usted?	-í.	—¿Comió usted? —No, no comí.

INFORMAL AND POLITE PLURAL (**Latin America**); POLITE PLURAL (Spain)

—*Did you . . . ?*
—*Yes, we did. / No, we didn't.*

QUESTION	ANSWER	EXAMPLE
¿ -aron ustedes?	-amos.	—¿Terminaron ustedes? —Sí, terminamos.
¿ -ieron ustedes?	-imos.	—¿Comieron ustedes? —No, no comimos.

INFORMAL PLURAL (Spain)

—*Did you . . . ?*
—*Yes, we did. / No, we didn't.*

QUESTION	ANSWER	EXAMPLE
¿ -asteis vosotros/as?	-amos.	—¿Terminasteis vosotros/as? —Sí, terminamos.
¿ -isteis vosotros/as?	-imos.	—¿Comisteis vosotros/as? —No, no comimos.

B. If the question refers to others, the verb form in the question and answer will usually be the same.

—¿**Llegó** tu hermano a las ocho?
—No, **llegó** más tarde.

—*Did your brother arrive at eight?*
—*No, he arrived later.*

—¿**Viajaron** tus padres a Europa?
—Sí, **viajaron** a España y Portugal.

—*Did your parents travel to Europe?*
—*Yes, they traveled to Spain and Portugal.*

Ejercicio 2

Conteste sí o no.

MODELO: ¿Te lavaste el pelo? → Sí, *me lavé* el pelo. (No, no *me lavé* el pelo.)

Ayer,...

1. ¿fuiste a un concierto? _____

2. ¿cenaste con tus abuelos? _____

3. ¿escribiste un mensaje electrónico? _____

4. ¿compraste un auto? _____

5. ¿leíste un poema? _____

La semana pasada, ¿tú y tus amigos...

6. hicieron un viaje? _____

7. vieron una película buena? _____

8. ganaron dinero en la lotería? _____

9. dieron una fiesta? _____

10. sacaron muchas fotografías? _____

3. Using Regional Pronouns: *vos* and *vosotros/as* Forms

A. The pronouns **tú** and **usted(es)** are used by the majority of Spanish speakers and are recognized by everyone. However, as you know, Spanish has two other pronouns that are equivalent to English *you:* **vos** (*inf. sing.*) and **vosotros/as** (*inf. pl.*).

In some countries, particularly Argentina, Uruguay, Paraguay, and most of Central America, speakers prefer to use the pronoun **vos** and its verb forms when speaking with friends and family. **Vos** is also used by many speakers in parts of Colombia, Chile, and Ecuador. If you travel to areas where **vos** is used, everyone will accept that you use **tú** and **usted** because you are a foreigner, but if you stay in one of those countries for any length of time, you will probably find yourself using **vos** and its verb forms with your friends.

Like **tú,** the plural pronoun **ustedes** is recognized and used by all speakers of Spanish. However, in the northern and central areas of Spain, including Madrid, speakers distinguish between informal and formal *you* in the plural. They use **vosotros/as** as an informal plural pronoun and **ustedes** as a formal plural pronoun.

B. Except for the present indicative and subjunctive (and some forms you have not yet learned), the **vos** verb forms are almost identical to the **tú** verb forms. In the present tense, use the endings **-ás** for **-ar**

verbs, **-és** for **-er** verbs, and **-ís** for **-ir** verbs. Stem vowels do not change: **querés, podés, dormís.**
Note in the examples that follow that, unlike the pronoun **tú,** the pronoun **vos** is commonly used in place of someone's name.

¿Qué **querés** comer **vos**?	*What do you want to eat?*

The **vos** commands are formed with the infinitive minus its **-r: terminá, comé, escribí.**

Vení con nosotros.	*Come with us.*

Most other tenses use the same forms as **tú.**

¿Adónde **fuiste** ayer **vos**?	*Where did you go yesterday?*
Y **vos,** ¿dónde **vivías** de joven?	*And you, where did you live in your youth?*
¿Qué **estás** haciendo **vos**?	*What are you doing?*
¿**Has** terminado **vos**?	*Have you finished?*

The subject pronoun **vos** is also used after a preposition. All other pronouns, as well as the possessive adjectives, are the same as the **tú** forms.

Este regalo es para **vos.**	*This gift is for you.*
Vos, ¿cómo es el clima en **tu** ciudad?	*What's the weather like in your city?*
¿En qué hotel **te quedaste vos**?	*At which hotel did you stay?*
No **te** vi ayer, **vos.** ¿Dónde **estabas**?	*I didn't see you yesterday. Where were you?*
Te voy a contar un buen chiste, **vos.**	*I'm going to tell you a good joke.*

C.   Here is a review of the **vosotros/as** endings for the tenses you have learned so far. Like the pronoun **tú,** the pronoun **vosotros/as** is usually dropped.

PRESENT: habláis, coméis, recibís
PAST: hablasteis, comisteis, recibisteis
IMPERFECT: hablabais, comíais, recibíais
PRESENT PROGRESSIVE: estáis + hablando/comiendo/recibiendo
PRESENT PERFECT: habéis + hablado/comido/recibido
COMMANDS: hablad, comed, recibid

¿Qué **queréis** comer?	*What do you want to eat?*
¿Adónde **fuisteis**?	*Where did you go?*
Y **vosotros,** ¿dónde **vivíais** cuando **estabais** en Madrid?	*And you, where did you live when you were in Madrid?*
¿Qué **estáis** haciendo?	*What are you doing?*
¿**Habéis** terminado?	*Have you finished?*

The pronouns are **vosotros/as** (subject, object of preposition), **vuestro/a/os/as** (possessive), and **os** (all other object pronouns).

Soy de Madrid. ¿De dónde sois **vosotros**?	*I'm from Madrid. Where are you from?*
Estos billetes son para **vosotras.**	*These tickets are for you.*
¿Cómo es el clima en **vuestro** país en el invierno?	*What's the weather like in your country in the winter?*
No **os** vi ayer. ¿Dónde estabais?	*I didn't see you yesterday. Where were you?*
Os voy a contar una historia interesante.	*I'm going to tell you an interesting story.*
¿En qué hotel **os** hospedasteis?	*At which hotel did you stay?*

Ejercicio 3

Aquí tiene usted una conversación entre dos amigos en Argentina. Imagínese que el diálogo ahora tiene lugar en Cuba, y haga los cambios necesarios para cambiar **vos** a favor de **tú.**

—¿Vas a quedarte en casa esta noche vos? _____ [1]

—No, pienso salir al cine. ¿Y vos? _____ [2]

—No sé.

—¿Por qué no venís conmigo vos? _____ [3]

—¿Qué pensás hacer después del cine? _____ [4]

—Dar una vuelta por el centro. ¿Querés? _____ [5]

—¿Tenés coche? _____ [6]

—Claro que sí. ¿Qué decís? _____ [7]

—De acuerdo. ¿A qué hora pasás a buscarme? _____ [8]

—A las ocho.

Ejercicio 4

Esta conversación tuvo lugar en Madrid, pero vamos a suponer que estamos ahora en Santiago de Chile. Escriba el diálogo, haciendo todos los cambios necesarios para usar **ustedes** en vez de **vosotros/as.**

CHICA 1: ¿Qué pensáis hacer esta noche? _____ [1]

CHICA 2: No sé. ¿Qué queréis hacer vosotros? _____ [2]

CHICO: ¿Qué os parece ir al cine? Hay una nueva película francesa que tengo ganas de ver.

_____

_____ [3]

CHICA 1: A vosotros os gustan las películas francesas, pero a mí no. Me aburren. ¿No os gustaría salir a

bailar un rato? _____

_____ [4]

CHICO: Pero si vosotras sabéis que soy el peor bailador de Madrid. ¡No, gracias! ¿Qué tal si hacemos

una fiesta en casa? _____

_____ [5]

CHICA 2: ¡Excelente idea! Vosotros dos invitáis a vuestros amigos y yo invito a los míos. ¿A qué hora?

_____

_____ [6]

CHICA 1: ¿Qué os parece si empezamos a las diez?

_____ [7]

4. The Passive Voice

A. The passive voice in Spanish, as in English, is constructed with the verb **ser** followed by a past participle. Most tenses of **ser** may be used, but the past tense is most common.

<table>
<tr><td>Los criminales fueron arrestados por la policía.</td><td>The criminals were arrested by the police.</td></tr>
</table>

The agent that performs the action is expressed in a phrase beginning with **por**.

<table>
<tr><td>La fiesta fue organizada por los estudiantes.</td><td>The party was organized by the students.</td></tr>
</table>

B. Note that the past participle in these constructions must agree in number and gender with the subject of the sentence.

<table>
<tr><td>El cuento fue escrito por un escritor famoso.</td><td>The short story was written by a famous writer.</td></tr>
<tr><td>La novela fue escrita por Carlos Fuentes.</td><td>The novel was written by Carlos Fuentes.</td></tr>
</table>

Ejercicio 5

Cambie las oraciones de la voz pasiva a una declaración directa.

MODELO: La motocicleta fue reparada por Nacho. → Nacho *reparó* la motocicleta.

1. El pastel fue horneado por Estela. _____

2. Las cartas son escritas por Pedro. _____

3. Los libros son pagados por los estudiantes cada semestre.

   _____

4. La Batalla de Puebla fue ganada por los mexicanos en 1862.

   _____

5. El incendio fue apagado por los bomberos.

   _____

6. Nora y Pablo fueron atacados por un loco.

   _____

7. El edificio fue diseñado por el arquitecto.

   _____

8. La tarea es asignada por el profesor. _____

9. La pregunta fue contestada por Esteban. _____

10. Los exámenes fueron calificados por la profesora Martínez.

    _____

5. Narrating Past Experiences: The Present Perfect and the Pluperfect

GRAMÁTICA ILUSTRADA

Como el médico no había llegado, la enfermera le puso la inyección al paciente.

Cuando el médico llegó, la enfermera ya le había puesto la inyección al paciente.

The present perfect (see **Gramática 10.1**) refers to events that did occur or did not yet occur at some unspecified point in relation to the here and now. Both Spanish and English use the present tense of the auxiliary verb (**haber** and *to have*) and a past participle to express this idea. Remember that regular past participles end in **-ado** or **-ido;** see page 364 of the textbook for a list of irregular past participles.

—¿**Has comido** el ceviche?	—*Have you eaten ceviche (before)?*
—Sí, pero nunca **he probado** los calamares.	—*Yes, but I have never tried squid.*
—El doctor Rosas y yo ya **hemos visto** al paciente.	—*Doctor Rosas and I have already seen the patient.*
—Y, ¿**han hablado** con su esposa también?	—*And have you spoken with his wife, too?*

Another perfect tense that you may often hear is the pluperfect (past perfect or **pluscuamperfecto**) for actions that precede preterite events. This tense uses the imperfect tense of the auxiliary verb **haber.***

---

*For more on the perfect tense see **Expansión gramatical 9.**

PLUPERFECT		
(yo)	había	
(tú)	habías	
(usted, él/ella)	había	-ado
(nosotros/as)	habíamos	+
(vosotros/as)	habíais	-ido
(ustedes, ellos/as)	habían	

PRESENT PERFECT: Ellos no **han vuelto.** — *They have not returned.*

PLUPERFECT: Ellos todavía no **habían vuelto** cuando yo llegué. — *They had not returned yet when I arrived.*

PRESENT PERFECT: **Hemos visto** las pirámides aztecas tres veces. — *We have seen the Aztec pyramids three times.*

PLUPERFECT: Como no **habíamos visto** las pirámides mayas, decidimos hacer un viaje a Guatemala. — *Since we had not seen the Mayan pyramids, we decided to take a trip to Guatemala.*

Remember that all pronouns must be placed before the auxiliary verb **haber.**

No **nos hemos acostado** todavía. — *We haven't gone to bed yet.*

¿Ya **te habías bañado** cuando tus amigos llegaron para la fiesta? — *Had you already taken a bath when your friends arrived for the party?*

Ejercicio 6

Marque todas las respuestas lógicas.

1. A los 7 años yo ya…

    a. había terminado la escuela primaria.

    b. había asistido al kínder.

    c. había aprendido a caminar.

    d. había visitado el consultorio de un médico.

2. A los 9 años yo ya…

    a. había manejado un camión.

    b. había viajado por avión.

    c. había tenido gripe varias veces.

    d. había estudiado en la universidad.

3. Hoy, cuando llegamos a clase, mis compañeros y yo ya…

    a. habíamos escrito la composición.

    b. habíamos desayunado.

    c. nos habíamos peinado.

    d. habíamos hablado con el presidente de Chile.

(Continúa.)

4. Cuando mi amigo llegó a la universidad hoy, todavía no...

   a. había hecho la tarea.

   b. había respirado.

   c. se había vestido.

   d. había leído la lección para hoy.

5. A los 8 años mis hermanitas ya...

   a. habían tenido varicela.

   b. habían escalado varias montañas.

   c. habían ganado un millón de dólares.

   d. habían estado resfriadas varias veces.

Ejercicio 7

Escriba la forma correcta de **haber** en el presente (**he, has, ha, hemos, habéis, han**) o en el imperfecto (**había, habías, había, habíamos, habíais, habían**), seguido del participio pasado.

1. Cuando mis padres llegaron, mis amigos y yo ya _____ la casa. (limpiar)

2. Como Estela y Ernesto nunca _____ a la Torre Eiffel, decidieron ir de vacaciones a París. (subir)

3. Andrea nunca _____ el acueducto en Segovia; algún día le gustaría ir a España. (ver)

4. A los 20 años Pedro Ruiz ya _____ varios artículos para el periódico *La Voz*. (escribir)

5. Son las diez de la noche y Guillermo todavía no _____ su tarea. (hacer)

6. Antes de acostarse, Amanda _____, pero se le olvidó lavarse los dientes. (ducharse)

7. Paula todavía no _____ a China. Espera hacer un viaje allí el año que viene. (viajar)

8. Cuando Estela y Ernesto regresaron del concierto, los niños ya _____. (acostarse)

6. *Por/Para:* Summary

You'll recall that **por** and **para** have a variety of meanings and correspond to English prepositions such as *for, by, through,* and *in order to.* Here are some additional meanings of **por** and **para.**

A. **Por** is used with **aquí** and **allí** to mean *around* or *in a general area.*

—¿Hay una gasolinera **por aquí**?

—Sí, hay una cerca, pero tenemos que bajar **por allí.**

—*Is there a gas station somewhere around here?*

—*Yes, there's one nearby, but we have to go down over there.*

Para is often used with **acá** and **allá,** instead of **aquí** and **allí,** to indicate destination.

—¿Quién es el muchacho que viene **para acá?**	—Who's the guy coming this way?
—Es Alberto.	—That's Alberto.

B. **Por** used with **trabajar** (and similar verbs) means *in place of.* **Para** used with **trabajar** refers to an employer or means *for someone's benefit.*

Puedo trabajar **por** ti el viernes, pero no el sábado.	I can work for you (in your place) Friday, but not Saturday.
Daniel trabaja ahora **para** la compañía Mexicana de Aviación.	Daniel is working for Mexicana Airlines now.

Here is a summary of the most common meanings of **por** and **para.**

por (*for, by, through*)

Substitution for:	Mientras el presidente estuvo en el hospital, el vicepresidente tomó varias decisiones **por** él.
	While the president was in the hospital, the vice president made several decisions for him.
In exchange for / Paying:	¡Pagué más de cien dólares **por** mi libro de química!
	I paid more than a hundred dollars for my chemistry book!
Movement by, through, or along a place:	Cuando manejamos a Acapulco, pasamos **por** muchos pueblos pequeños.
	When we drove to Acapulco, we passed through many small towns.
Length of time (may be omitted):	Anoche estudié la gramática (**por**) dos horas.
	Last night I studied grammar for two hours.
General time or area:	**por** la mañana, **por** la tarde, **por** la noche; **por** la playa, **por** el parque, **por** la ciudad, **por** aquí
	in the morning, in the afternoon, at night; by (on) the beach, around (through) the park, around the city, around here
Transportation:	Yo nunca he viajado **por** tren; siempre he viajado **por** avión.
	I have never traveled by train; I have always traveled by plane.

para (*for; in order to*)

Recipient:	Aquí hay un regalo **para** ti.
	Here is a gift for you.
Employer:	Me gustaría trabajar **para** las Naciones Unidas.
	I would like to work for the United Nations.
Destination:	El presidente de Colombia salió ayer **para** Madrid.
	The president of Colombia left for Madrid yesterday.
Telling time:	Son diez **para** las ocho.
	It's ten to eight.
Deadline:	Tenemos que terminar el trabajo **para** el miércoles.
	We have to finish the work by Wednesday.
Purpose:	Es necesario estudiar **para** sacar buenas notas.
	It is necessary to study in order to get good grades.

Ejercicio 8

Complete las oraciones con **por** y **para,** siguiendo las reglas a continuación. Luego apunte la regla que usted siguió. (Puede decirlo en inglés; vea el modelo.)

POR	PARA
1. substitution for	7. recipient
2. in exchange for / paying	8. employer
3. movement by, through, or along a place	9. destination
4. length of time (may be omitted)	10. telling time
5. general time or area	11. deadline
6. transportation	12. purpose

MODELO: Me encanta salir a pasear *por* la tarde. No salgo *por* la noche porque tengo miedo.

[_5_] [_5_]

1. ¿Cuándo sales _____ Machu Picchu? [_____]

2. ¿Qué es mejor, viajar _____ tren o viajar _____ avión? [_____] [_____]

3. Me encanta caminar _____ la playa, pero mis hermanos prefieren caminar

   _____ el bosque o la selva. [_____] [_____]

4. ¿Necesitas manejar _____ ir al supermercado que está cerca de tu casa? [_____]

5. Viajé _____ toda España porque estuve allí _____ dos meses. [_____] [_____]

6. ¿Es _____ el próximo lunes el informe sobre la selva amazónica? [_____]

7. ¡Ay, es tarde! Ya son veinte _____ las dos. [_____]

8. Mi tío es programador y trabaja _____ la compañía Microsoft de Chile. [_____]

9. Hoy es el cumpleaños de Estela. Ernesto compró un collar de perlas _____ ella. [_____]

10. El ladrón escapó _____ la ventana. [_____]

11. Regresé a la tienda y cambié el suéter _____ un saco de seda. [_____]

12. ¿Cuánto pagaste _____ ese (teléfono) celular? [_____]

13. ¿_____ quién son estos anillos? [_____]

14. Salimos hoy _____ Argentina. Tenemos que estar en Buenos Aires _____

    el 9 de julio. [_____] [_____]

15. Me gustaría sacar muy buenas notas en todas mis clases; esta noche debo estudiar

    _____ seis horas. [_____]

16. No te preocupes. Si te enfermas, yo puedo trabajar _____ ti. [_____]

7. Pronoun Placement: Summary

GRAMÁTICA ILUSTRADA _____

Amanda **le regala** una playera a Guillermo.

Ernestito **les pide** dinero a sus padres.

¿Las plantas? Guillermo **está regándolas** ahora.

(Guillermo **las está regando** ahora.)

¿El carro? Amanda va a **lavárnoslo** hoy.

(Amanda **nos lo** va a lavar hoy.)

¿Las legumbres? **Cómetelas** ahorita o no te voy a servir el postre.

¿La ropa? **No la lave** hoy, mejor mañana.

A single set of rules governs the placement of reflexive (**me, te, se, nos, os, se**), indirect (**me, te, le, nos, os, les**), and direct (**me, te, lo/la, nos, os, los/las**) object pronouns.*

_____

*Recognition: **os** is the reflexive, direct, and indirect object pronoun that corresponds to the subject pronoun **vosostros; te** is the reflexive, direct, and indirect object pronoun that corresponds to the subject pronoun **vos.**

A. Object pronouns directly precede a conjugated verb (a verb with endings in any tense).

—¿Cuándo **te diviertes** más?
—Cuando mi novio **me lleva** a bailar.

—*When do you have the most fun?*
—*When my boyfriend takes me dancing.*

—¿Qué **te dijo** Carmen?
—**Me dijo** que tenía prisa.

—*What did Carmen tell you?*
—*She told me that she was in a hurry.*

—¿Has visto a Alberto hoy?
—No, no **lo he visto** todavía.

—*Have you seen Alberto today?*
—*No, I haven't seen him yet.*

—Por lo general, ¿cuándo **se acuestan** ustedes?
—**Nos acostamos** muy tarde, a la una o a las dos de la madrugada.

—*What time do you usually go to bed?*
—*We go to bed very late, at one or two in the morning.*

B. When a conjugated verb is followed by an infinitive or a present participle, object pronouns can either precede the conjugated verb or follow and be attached to the infinitive or the present participle.

—¿Qué ibas a **decirme**?   *o*
—¿Qué **me ibas a decir**?

—*What were you going to tell me?*

—**Quería decirte** que te quiero.   *o*
—**Te quería decir** que te quiero.

—*I wanted to tell you that I love you.*

—¿Ya llamaste a Alberto y a Esteban?
—No, pero **estoy llamándolos** ahora.   *o*
—No, pero **los estoy llamando** ahora.

—*Did you already call Alberto and Esteban?*
—*No, but I am calling them now.*

—¿Ya terminaste la tarea?
—No, pero **estoy terminándola** ahora.   *o*
—No, pero **la estoy terminando** ahora.

—*Did you already finish the homework?*
—*No, but I'm finishing it now.*

C. These same pronouns follow and are attached to affirmative commands but precede negative ones.

—**Tráigame** el café después de la cena.
—No **me traiga** el café ahora.

—*Bring me the coffee after dinner.*
—*Don't bring the coffee to me now.*

—¡**Hazlo** ahora!
—¡No **lo hagas** mañana!

—*Do it now!*
—*Don't do it tomorrow!*

D. Double pronoun sequences such as **me lo** (*it to me*) and **se los** (*them to her/him/you/them*) also follow the rules previously described.

—¡**Démelos**!
—¡No **me los dé**!

—*Give them to me!*
—*Don't give them to me!*

—¿**Te preparo** la cena ahora?
—Sí, **prepáramela,** por favor.

—*Shall I fix dinner for you now?*
—*Yes, fix it for me, please.*

—¿Tienes el libro?
—No, Carmen no **me lo ha dado** todavía.

—*Do you have the book?*
—*No, Carmen hasn't given it to me yet.*

—¿Cuándo vas a **llevarle** los documentos a la señorita Saucedo?
—Ya **se los llevé** ayer.

—*When are you going to take the documents to Miss Saucedo?*
—*I already took them to her yesterday.*

E. Note that it is necessary to add an accent on the verb under the following circumstances.

1. Present participles with one or two pronouns (**bañándome**)
2. Affirmative commands with one or two pronouns (**lléveselo**)
   (Exceptions include one syllable commands that have only one pronoun attached: **hazme, ponle, dinos**)
3. Infinitives with two pronouns (**vendérmelo**)

These accents are necessary to preserve the original stress on the verb form.

Ejercicio 9

Los Ruiz están de vacaciones en Acapulco. Acaban de regresar de la playa y Clarisa le pide muchas cosas a su madre. Dé la forma correcta de los mandatos de Clarisa, usando el mandato informal y el pronombre **me**.

MODELO: traer / refresco → Mamá, *tráeme* un refresco, por favor.

1. hacer / un sándwich _____
2. lavar / el traje de baño _____
3. poner / música _____
4. comprar / una playera _____
5. dar / la loción _____

Ejercicio 10

Guillermo le hace preguntas a Amanda y ella siempre contesta que no. ¿Qué dice Amanda? Conteste con **me lo** o **me la** y el mandato.

MODELO: ¿Te traigo el libro? → No, *no me lo traigas.*

1. ¿Te arreglo el radio? _____
2. ¿Te abro la puerta? _____
3. ¿Te presto el dinero? _____
4. ¿Te preparo el sándwich? _____
5. ¿Te enciendo el televisor? _____
6. ¿Te digo la verdad? _____

Ejercicio 11

El secretario de Paula le hace algunas preguntas. Ella siempre contesta que sí. Dé las contestaciones de Paula usando mandatos formales y dos pronombres.

MODELO: ¿Le doy los cuadernos a la señora González? → Sí, *déselos.*

1. ¿Le pido los documentos a la señora Vargas ahora? _____
2. ¿Le leo el mensaje del señor Ruiz? _____
3. ¿Le presto el dinero a la recepcionista? _____
4. ¿Le escribo las cartas a máquina? _____
5. ¿Le cuento las noticias al señor Ochoa? _____

Ejercicio 12

Es Nochebuena en casa de los Saucedo. Los regalos están en la sala pero sin etiquetas. Todos quieren saber quién les hizo esos regalos. Amanda y Guillermo contestan.

MODELO: DORA: ¿Quién me regaló esta magnífica licuadora? (papá) →
    AMANDA Y GUILLERMO: *Te la* regaló papá.

1. ANDREA: ¿Quién me dio esta bata tan fina? (nosotros)

   _____

2. DORA Y JAVIER: ¿Quién nos dio estas herramientas tan útiles? (Raúl)

   _____

3. RAÚL: ¿Quién me regaló este magnífico reloj? (papá y mamá)

   _____

4. JAVIER: ¿Quién me ha comprado estas lindísimas corbatas? (la abuela)

   _____

5. DORA: ¿Y quién me regaló esta sartén tan moderna? (Estela)

   _____

6. AMANDA: Oye, Guillermo, ¿quién nos trajo estas playeras tan hermosas? (Raúl)

   _____

8. Hypothesizing about the Past: *si hubiera* _____ *-do... habría* _____ *-do*

In both English and Spanish hypothetical sentences in the past consist of two clauses: an *if* clause and a *then* clause. *If I had done something (but I didn't), then I would have . . .* In English the verb in the *if* clause is in the past perfect (*had done*) and the verb in the *then* clause is in the conditional perfect (*would have*).

> *If the president had resigned, the country would have been better off.*

In Spanish, the verb in the *if* clause is in the past perfect subjunctive: the past subjunctive form of **haber (hubiera, hubieras, hubiera, hubiéramos, hubierais, hubieran)**, plus a past participle. The verb in the conclusion or *then* clause is in the conditional perfect: the conditional form of **haber (habría, habrías, habría, habríamos, habríais, habrían)**, plus a past participle.

> *if* clause = past subjunctive of **haber** + past participle
>
> *then* clause = conditional of **haber** + past participle

Si **hubiera ganado** las elecciones, el candidato **habría hecho** varios cambios para mejorar la situación económica.	*If he had won the election, the candidate would have made various changes to improve the economic situation.*

Si el gobierno **hubiera protegido** la selva tropical, **se habrían salvado** varias especies de pájaros.

If the government had protected the rain forest, several species of birds would have been saved.

These forms are not frequently heard in everyday conversation, but they are quite common in writing and more formal speech.

Ejercicio 13

Aquí tiene usted las opiniones de varios ciudadanos. Escriba la forma correcta del verbo **haber**.

MODELO: UNA AMA DE CASA: Si *hubiera* ganado el candidato popular, no *habríamos* tenido tantos problemas políticos.

1. UNA AMA DE CASA: Si _____ conservado la electricidad, no _____ subido los precios.

2. UN HISTORIADOR: Si la tasa de la natalidad mundial no _____ aumentado tanto en el último siglo, no _____ habido tantas guerras.

3. UN INGENIERO: Si se _____ construido este puente de cemento reforzado, no se _____ caído durante el terremoto.

4. UNA TRABAJADORA SOCIAL: Menos jóvenes se _____ metido en pandillas si el gobierno _____ gastado más en la educación.

5. UN POLICÍA: Si se _____ legalizado la cocaína, muchas personas se _____ hecho drogadictos.

6. UNA ECOLOGISTA: Nosotros no _____ sufrido una crisis de energía si el gobierno _____ proporcionado más fondos para la energía renovable (energía «verde»).

7. UNA MADRE ORGULLOSA: Si mi hijo no _____ estudiado tanto, nunca se _____ graduado de la Facultad de Medicina.

8. UNA MAESTRA: Si nosotros _____ gastado menos en el presupuesto militar, _____ ahorrado lo suficiente para pagarles la educación universitaria a muchos jóvenes pobres.

9. The Perfect Tenses: Summary

A. The perfect tenses in both Spanish and English are formed with the auxiliary verb **haber** (*to have*) and a past participle. You have already studied one of these tenses, the present perfect. (See **Gramática 10.1** for the present-tense forms of **haber** with past participles.)

Nunca **he viajado** a Brasil.　　　　　　*I have never been to Brazil.*

B. The past perfect indicative (pluperfect) describes an action that preceded another action in the past. It consists of an imperfect form of **haber** (**había**) plus a past participle. (See **Expansión gramatical 5** for the imperfect forms of **haber.**)

> ¡Perdimos el vuelo! Cuando llegamos al aeropuerto, el avión ya **había salido.**

> *We missed the flight! When we arrived at the airport, the plane had already left.*

C. In **Expansión gramatical 8** you were introduced to two other perfect tenses: the conditional perfect (**habría llegado**) and the past perfect subjunctive (**hubiera llegado**).

> Si los demócratas **hubieran ganado** las elecciones, **habrían proporcionado** más fondos para el bienestar social.

> *If the democrats had won the election, they would have allotted more funds for social welfare.*

D. The present perfect subjunctive is often used to indicate a completed action in sentences of subjective reaction or doubt. It consists of the form **haya** plus a past participle.

> ¡Qué bueno que el partido conservador **haya ganado** las elecciones!

> *I am glad that the conservative party has won the election!*

Ejercicio 14

Complete las oraciones con una forma del verbo auxiliar **haber** en el indicativo (**he, has, ha, hemos, habéis, han**) o en el subjuntivo (**haya, hayas, haya, hayamos, hayáis, hayan**), seguido del participio pasado del verbo entre paréntesis.

MODELOS: Los obreros siempre *se han opuesto* a las reducciones en los sueldos. (oponerse)

Es una lástima que los obreros no *hayan protestado* cuando les redujeron el sueldo. (protestar)

1. —Esteban, ¿_____ _____ la película *Mar adentro*? (ver)

   —Ay no, Carmen. No la _____ _____ todavía. (ver)

   —Pues, es una lástima que no la _____ _____ porque es excelente. (ver)

2. —Y tú, Carmen, ¿_____ _____ *La hija de la fortuna*? (leer)

   —No, porque no _____ _____ un curso de literatura latinoamericana. (tomar)

3. —¿Todavía no _____ _____ Pablo del cine? (volver)

   —No, y tampoco _____ _____ la tarea. (hacer)

   —¡Imposible! No creo que no la _____ _____ antes de irse. (hacer)

4. —Alberto, ¿cuántas veces _____ _____ tarde a la clase este semestre? (llegar)

   —Ni una vez este semestre. ¿Por qué, Nora?

   —Hmmm... ¿y cuántas mentiras _____ _____? (decir)

   —¿Crees que soy mentiroso, Nora?

   —No, Alberto, pero dudo que me _____ _____ la verdad. (decir)

Ejercicio 15

Complete las oraciones con el imperfecto del verbo **haber** y el participio pasado del verbo que aparece entre paréntesis.

MODELO: Antes de cumplir los diez años, Raúl ya *había aprendido* inglés en México. (aprender)

1. Carmen, Esteban y Alberto sacaron una D en el examen porque no _____

   _____. (estudiar)

2. ¡Qué mala es esa chica! Nos dijo que antes de tomar la prueba ella se _____

   _____ todas las respuestas en la mano derecha. (escribir)

3. ¡Qué casa tan bella! ¡Nunca _____ _____ (yo) una casa tan linda! (ver)

4. Alberto está enojado con Lan porque ella le preguntó si él _____

   _____ durante el examen ayer. (copiar)

5. —Lan, ¿es verdad que todavía no _____ _____ _____

   cuando tu novio llegó a tu casa esta mañana? (levantarse)

   —No exageres, Alberto. Ya _____ _____ _____, pero

   todavía no _____ _____ _____. (levantarse, ducharse)

6. ¡Qué mala suerte! Cuando llegamos, la fiesta ya _____ _____.

   (terminar)

10. The Subjunctive: Summary

Remember that the subjunctive is used in dependent clauses when the verb in the main clause implies certain conditions. The following is a summary of the most common occurrences of the subjunctive in Spanish.

FOLLOWING **querer (Gramática 11.2)**

Lan, no quiero que tú **salgas** con ese hombre.

Lan, I don't want you to go out with that man.

Andrea quiere que sus hijas **se vistan** para ir a la iglesia

Andrea wants her daughters to get dressed to go to church.

FOLLOWING **cuando (Gramática 11.3)**

La fiesta empezará cuando tú **llegues.**

The party will begin when you arrive.

Saldremos a cenar cuando ellos **vuelvan.**

We'll go out for dinner when they return.

WITH "SOFTENED" COMMANDS **(Gramática 14.4)**

Te aconsejo que **regreses** temprano porque mañana tenemos un examen a las ocho.

I advise you to return early because we have a test tomorrow at eight.

Es importante que todos los niños **tengan** la oportunidad de asistir a la escuela.

It's important that all children have the chance to go to school.

WITH *LET/HAVE* COMMANDS **(Gramática 14.5)**

—Tenemos que **resolver** el problema de la venta ilegal de armas nucleares.

—We have to solve the problem of the illegal sale of nuclear weapons.

—¡No, que lo **resuelva** el gobierno!

—No, let the government solve it!

IN TIME CLAUSES **(Gramática 15.2)**

Tendremos problemas de superpoblación **hasta que logremos** controlar la tasa de la natalidad.	*We will have overpopulation problems until we manage to control the birth rate.*
Tan pronto como saque su título, Luis trabajará para una empresa de Internet.	*As soon as he gets his diploma, Luis will work for an Internet company.*

IN ADJECTIVE CLAUSES **(Gramática 15.3)**

En las guarderías infantiles necesitamos personal que **sepa** educar a los niños.	*In child care centers we need personnel who know how to educate children.*

WITH PURPOSE CLAUSES **(Gramática 15.3)**

Vamos a hablar con nuestros hijos sobre las drogas y el sexo **para que estén** bien informados. La ignorancia es su peor enemigo.	*Let's talk with our children about drugs and sex so that they will be well informed. Ignorance is their worst enemy.*

EXPRESSING OPINIONS **(Gramática 15.4)**

Dudo que **se pueda** erradicar el crimen en las ciudades grandes.	*I doubt we can erradicate crime in large cities.*
No creo que la construcción de más reactores nucleares **resuelva** la crisis de la energía.	*I don't believe that building more nuclear reactors will solve the energy crisis.*

EXPRESSINGS REACTIONS **(Gramática 15.4)**

Ojalá que **podamos** descubrir una vacuna contra el SIDA.	*I hope we can discover a vaccine for AIDS.*
¡Qué lástima que Paula no **haya terminado** su carrera universitaria!	*What a pity that Paula didn't finish her college education!*

IN *IF* CLAUSES **(Gramática 15.5)**

Si **conserváramos** más el agua, no habría escasez.	*If we conserved more water, there wouldn't be a shortage.*
Si **dejáramos** de usar el automóvil como transporte personal, no habría tanta contaminación ambiental.	*If we quit using the automobile for personal transportation, there would not be so much air pollution.*

IN *IF* CLAUSES IN THE PAST TENSE **(Expansión gramatical 8)**

Si **hubieran instalado** detectores de metales en las escuelas, habrían muerto menos estudiantes el año pasado.	*If they had installed metal detectors in schools, fewer students would have died last year.*
Si las empresas de energía **hubieran invertido** en la energía solar, no habría habido tantos apagones.	*If the energy companies had invested in solar energy, there would not have been so many blackouts.*

Ejercicio 16

Todas estas oraciones requieren el subjuntivo. Complételas con la forma correcta del verbo entre paréntesis, según el contexto.

MODELO: Es necesario que ustedes *pongan* atención en clase. (poner)

1. Compraré una casa más grande en cuanto _____ dinero. (tener)

2. ¡Ernestito, no quiero que _____ a la pelota aquí dentro! (jugar)

3. Te sugiero que _____ a la biblioteca y _____ los libros que necesitas. (ir, buscar)

4. Es necesario que todos _____ a tiempo a clase. (llegar)

5. Siento mucho que _____ enfermo, Esteban. ¡Qué _____ _____ pronto! (estar, mejorarse)

6. Espero que no _____ cola en el cine. ¡No me gusta esperar! (haber)

7. —Quiero comprar una casa que _____ un jardín grande. (tener)

—Dudo que (tú) la _____ aquí tan cerca de la playa. (encontrar)

8. Si Alberto _____ más responsable, no llegaría tarde a clase. (ser)

9. Si (yo) _____ _____ todos los apuntes, habría aprobado el examen. (repasar)

10. Es probable que nadie _____ la respuesta a tu pregunta. (saber)

Ejercicio 17

Algunas de estas oraciones requieren el subjuntivo, pero otras no. Lea cada una con cuidado antes de completarlas.

MODELOS: Si tú *supieras* la verdad, estarías furioso. (saber)

Es verdad que el agujero en la capa de ozono *se pone* cada año más grande. (ponerse)

1. Siempre que tenemos dinero, _____ a Cancún. (ir)

2. Cuando _____ dinero, iremos a Cancún. (tener)

3. —No creo que nadie _____ vivir en este barrio tan peligroso. (querer)

—Pues, yo no creo que el barrio _____ tan peligroso como tú dices. (ser)

4. Si _____, iré a tu casa después del trabajo. (poder)

5. Si _____, iría a tu casa, pero mi carro está descompuesto. (poder)

6. Los ciudadanos no _____ bien informados. ¡Es importante que _____ bien informados! (estar, estar)

7. Ésta es una universidad excelente. Hay profesores que _____ enseñar. (saber)

8. Si nosotros _____ _____ un carro más grande el año pasado, todos podríamos viajar juntos ahora. (comprar)

9. Al profesor le sorprendió que los estudiantes no _____ la tarea a tiempo. (entregar)

10. Dudo que se _____ el problema de las pandillas sin que el gobierno _____ fondos para centros educativos en toda ciudad grande. (resolver, proporcionar)

Answer Key

▲ = *Answers may vary.*

PASO A

ACTIVIDADES ESCRITAS **A.** *Read the descriptions carefully and write the corresponding names of your own classmates.* **B.** 2. Son unos lentes. 3. Es un sombrero. 4. Son unas botas. 5. Es un abrigo. **C.** 1. negro 2. blanco 3. verdes 4. amarillo 5, 6. moradas, verdes; rojas 7, 8, 9. roja, blanca y azul **D.** *You should write about your own clothing:* Mi falda es negra y larga. Mis camisas son blancas y nuevas. **E.** 1. doce, 12 2. quince, 15 3. veinticuatro, 24 4. treinta y cinco, 35 5. ocho, 8. **F.** 1. Lean. 2. Bailen. 3. Escuchen. 4. Escriban. 5. Salten. 6. Canten. **G.** Cómo se llama 2. Me llamo 3. Mucho 4. Igualmente 5. usted 6. gracias 7. cansado **Repaso de palabras y frases útiles** 1. Cómo se llama 2. Muy; gracias; Y usted 3. Cómo; Me llamo; Mucho gusto 4. Hasta luego **ACTIVIDADES AUDITIVAS** **A.** 1. Esteban 2. Carmen 3. Mónica 4. Pablo **B.** 1. Mónica 2. Esteban 3. Nora 4. Luis **C.** 1. C 2. C 3. F 4. F **D.** 1. 4 2. 3 3. 26 4. 14 5. 1 **E.** 5, 9, 18, 39, 26, 4, 15, 34, 23, 20 **F.** 1. Pónganse de pie. 2. Caminen. 3. Salten. 4. Corran. 5. Bailen. 6. Canten «De colores». 7. Digan «Buenos días». 8. Siéntense. **G.** 1. C 2. F 3. C 4. F **H.** 1. ¡Hasta mañana! 2. Adiós. 3. Hasta luego. 4. Hasta pronto. 5. Nos vemos. 6. ¡Hasta la próxima!

PASO B

ACTIVIDADES ESCRITAS **A.** 1. estás, tú 2. está usted, usted 3. estás, usted **B.** *Your answers should be original, but they should look like the* **modelo.** *Remember to start with* **hay** *(there is / there are).* **C.** Carmen no tiene el pelo largo. 2. Mónica no es gorda. 3. Esteban no tiene bigote. 4. Nora no tiene barba. 5. Luis y Alberto no son feos. **D.** 1. cara, ojos, nariz, boca 2. cabeza, pelo, orejas 3. cuerpo, cabeza, cuello, brazos, manos, piernas, pies **E.** *The structure of your descriptions should be similar to that of the* **modelo,** *but the information provided should be original (about your family members or your classmates).* **Repaso de palabras y frases útiles** 1. gracias 2. Cuánto cuesta 3. tímido 4. divertida 5. perezoso 6. trabajador **ACTIVIDADES AUDITIVAS** **A.** 1. usted 2. tú *or* usted 3. tú 4. usted **B.** 1. R 2. E 3. LD 4. R **C.** 1. No 2. Sí 3. No 4. Sí 5. Sí 6. No 7. Sí 8. No 9. Sí 10. Sí 11. Sí 12. No **D.** 69, 63, 40, 55, 52, 48 **E.** 1. los hombros 2. la boca 3. las manos 4. las piernas 5. la cabeza 6. los pies 7. el brazo 8. el estómago 9. la nariz 10. el cuello **F.** 1. F 2. C 3. F 4. C **G.** 1. d, g 2. b, c, f 3. a, e **H.** 1. $59.00 2. pequeña 3. 69.50 4. largo 5. elegante **PRONUNCIACIÓN Y ORTOGRAFÍA** **Ejercicios de ortografía** 1. ¿Cómo? 2. ¿Qué? 3. ¿Quién? 4. ¿Cuántos? 5. ¿Cuál?

PASO C

ACTIVIDADES ESCRITAS **A.** *You should include the names of the members of your own family. Items 7 and 8 are about you.* **B.** *Answers should be original.* **C.** 1. es de la profesora. 2. es de Graciela. 3. son de Ernestito. 4. es de Carmen. 5. son de doña Lola. 6. son de Pablo. **D.** *Answers should be similar to* **modelo,** *but they should have original information.* **E.** ▲ 1. Tengo… años. 2.–5. Tiene… años. **F.** 1. setenta, 70 2. noventa, 90 3. ochenta, 80 4. cien, 100 **G.** 1. alemana, alemán; 2. egipcio, árabe 3. japonés, Japón 4. italiano, Italia 5. sudafricano, inglés y afrikaans; 6. española, España 7. inglés 8. inglés, francés **H.** 1. Falso: La mujer que tiene un Toyota habla tres idiomas, pero no es de Bogotá; es de Cuzco, Perú. 2. Cierto. 3. Falso: El hombre de México no habla inglés; habla español y francés. 4. Cierto. 5. Falso: Susana tiene un coche japonés y habla japonés también. **Repaso de palabras y frases útiles** 1. Cómo cambia el mundo 2. Perdón 3. apellido, apellido 4. De quién son… **Resumen cultural** 1. Los indígenas cuna 2. Sergio

Velázquez   3. Fernando Botero   4. el apellido del padre   5. el apellido de la madre   6. 2000
ACTIVIDADES AUDITIVAS   **A.** Álvaro Ventura; Lisa Méndez de Ventura; Diana; Toni   **B.** Catalina: mamá; Marcos: sobrino; Francisco: hermano mayor; Mario: hermano   **C.** 1. chaqueta negra es
2. bolsa amarilla es   3. suéter morado es   4. lentes de sol son   **D.** 1. 89   2. 57   3. 19   4. 72
5. 15   6. 60   7. 92   8. 8   **E.** 1. Alberto: 31   2. Nora: 25   3. Esteban: 19   4. la profesora
Martínez: 30 y muchos   **F.** 1. alemana   2. Hugo   3. delgada, pelo negro, agradable; china
4. Brigitte; pelo rojo   5. mexicoamericana   6. Esteban; cómico   **G.** 1. C   2. F   3. F   4. C   5. C
PRONUNCIACIÓN Y ORTOGRAFÍA   **Ejercicios de ortografía**   **A.** 1. el niño   2. la niña   3. la señorita
4. el señor   5. la compañera de clase   **B.** 1. llama   2. amarillo   3. silla   4. ella   5. apellido
C. 1. chico   2. muchacha   3. escuchen   4. chaqueta   5. coche   **VIDEOTECA**   **Escenas culturales**
1. b   2. c   3. c   4. a   5. b   6. b   7. c   **Escenas en contexto**   **A.** 1. F   2. C   3. C   4. F
B. 1. Ricardo Salazar   2. simpática, entusiasta   3. un poco reservada

CAPÍTULO 1

ACTIVIDADES ESCRITAS   **A.** 1. Silvia nació el quince de abril de mil novecientos ochenta y cinco.
2. Alberto nació el veintidós de diciembre de mil novecientos setenta y cinco.   3. Pablo nació el once de diciembre de mil novecientos ochenta y cuatro.   4. Mónica nació el diecinueve de agosto de mil novecientos ochenta y ocho.   5. Esteban nació el cuatro de agosto de mil novecientos ochenta y siete.
B. 1. 1521   2. 1821   3. 1776   4. 2004   5. *The year you were born.*   **C.** ▲   1. ¿Estudias español, Esteban?   2. Nora y Luis, ¿leen ustedes novelas?   3. ¿Vive usted en una casa, profesora?   4. Pablo, ¿comes en la cafetería?   5. ¿Canta usted en español, profesora Martínez?   **D.** 1. ¿Cuántas faldas tiene Amanda?   2. ¿Dónde vive don Anselmo?   3. ¿Cómo se llama el novio de Amanda?   4. ¿Qué idiomas habla papá?   5. ¿Cuándo es el cumpleaños de Guillermo?   **E.** ▲   1. El nombre de esta chica es Silvia Alicia Bustamante Morelos. Tiene 21 años. Es de México y vive en el Paseo de la Reforma número 5064, apartamento 12, en la capital, México, D. F. Su número de teléfono es el 5-62-03-18. Es soltera y no tiene hijos.   **F.** *Your description should look like the* **modelo,** *but should have original information.*
G. 1. Son las nueve en punto.   2. Son las ocho y cuarto (quince).   3. Son las diez menos trece.
4. Son las tres y media (treinta).   5. Son las once y veinte.   6. Son las doce en punto. (Es medianoche. Es mediodía.)   7. Es la una y cinco.   8. Son las cinco menos cuarto (quince).   9. Son las nueve menos dos.   10. Son las siete menos cinco.   **H.** 1. Es a las 13:05 *or* a la una y cinco de la tarde.   2. Es a las diez y media de la mañana.   3. Es a las 19:10 *or* a las siete y diez de la tarde.   4. Es a las 16:00 *or* a las cuatro de la tarde.   5. Es a las nueve y media de la mañana.   **I.** 1. pasear con los perros.
2. jugar al basquetbol.   3. correr en la playa.   4. A Luis le gusta leer.   5. A Mónica le gusta ver partidos de béisbol en la televisión.   **J.** 1. te gusta, me gusta   2. les gusta, nos gusta   3. le gusta, me gusta   **K.** *Your description should look like the* **modelo,** *but it should have original information.*
Repaso de palabras y expresiones útiles   1. Qué hora tiene   2. no comprendo   3. Cómo se escribe…
4. por favor   5. No lo creo   6. Ya es tarde   **Resumen cultural**   1. España   2. Guantánamo   3. El basquetbol   4. Rigoberta Menchú; el Premio Nobel de la Paz   5. el béisbol   6. Diego Rivera, David Alfaro Siqueiros, José Clemente Orozco   7. las costumbres mexicanas, el obrero, la Revolución Mexicana
8. Frida Kahlo   9. la Sierra Nevada   10. Son las ocho y media de la noche.   **ACTIVIDADES AUDITIVAS**
A. 1. Sí   2. Sí   3. No   4. No   5. No   6. Sí   7. Sí   8. Sí   **B.** 1. e   2. b, d   3. a, c   **C.** 1. el 23 de junio de 1987   2. el 22 de diciembre de 1975   3. el 4 de agosto de 1987   4. el 12 de junio
D. 1. 2-55-50-25   2. 5-55-14-36   3. 3-45-59-58   4. calle, 535   **E.** 1. 5:00   2. 1:15   3. 8:30   4. 7:40
5. 11:55   **F.** 1. 6:50   2. 8:00   3. 9:30; 12:45   4. cada hora   **G.** 1. LA   2. LU   3. PM   4. LA
5. PM   **H.** 1. Amanda   2. (Ernestito) tiene ocho años.   3. (*any one of these*) jugar al tenis, llevar ropa extraña, hablar con su amiga   4. (*any one of these*) jugar con su perro, andar en bicicleta   5. (*any two of these*) jugar al fútbol, ir al cine, escuchar música, hablar con su amiga   **I.** Carlos Medrano: romántica; rojo, 122, apartamento B, grande; Leti Valdés: rock; negro; avenida Manchester, 408, apartamento 2; mediana   **PRONUNCIACIÓN Y ORTOGRAFÍA**   **Ejercicios de ortografía**   1. borrador   2. hora
3. doctor   4. correcto   5. rojo   6. bailar   7. pizarra   8. perro   9. pero   10. nariz   **VIDEOTECA**
Escenas culturales   1. b   2. a   **Escenas en contexto**   **A.** 1. F   2. F   3. C   4. F   5. C   6. F
B. 1. 16   2. joven, morena; gorda   **LECTURAS**   **Nota cultural: ¡Hola!… ¡Hasta mañana!**
Comprensión   1. I   2. I   3. I   4. I   5. F   6. F   7. I   8. I   9. F   10. I   **Lectura: Raúl, el superactivo**   *Comprensión*   1. F   2. F   3. F   4. F   5. C   6. F   7. C   8. C   9. C   10. C

CAPÍTULO 2

ACTIVIDADES ESCRITAS   **A.** *Your answer should look like the* **modelo,** *but it should have original information.*   **B.** *Your description should look like the* **modelo,** *but it should have original information.* **C.** *Include your class schedule, then read the prompt and include the corresponding classes. Information should be original.*   **D.** *Your description should look like the* **modelo,** *but it should have original information.*   **E.** *Use corresponding forms of* **querer** *plus an infinitive to express your wishes. Information should be original.*   **F.** *Your answer should look like the* **modelo,** *but it should have original information.*   **G.**   2. Es invierno. Quieren esquiar.   3. Hace buen tiempo. Quieren hacer un picnic (una merienda).   4. Hace sol. (Hace calor.) Quieren tomar el sol y nadar.   5. Hace frío y llueve. Quieren tomar un taxi.   6. Llueve y hace calor. Quieren jugar en el agua.   **H.** *Complete the question with any weather you choose, then answer it. Your answer should look like the* **modelo,** *but it should have original information.*   **I.** *Write about what you like to do and where you like to go for at least two kinds of weather.*
Repaso de palabras y frases útiles   1. Qué buena idea, ¡Ni pensarlo!   2. Por qué   3. Nos vemos   4. A que hora…   **Resumen cultural**   1. el euro   2. la primaria; la preparatoria   3. las plazas   4. Carmen Naranjo   5. Quito   6. verano; calor   7. invierno; frío   8. La Universidad de Salamanca   9. La Universidad de Santo Domingo   10. Pichincha   **ACTIVIDADES AUDITIVAS**   **A.**   1. c, f   2. a, g   3. d, g   4. b, d, e, g   **B.**   1. Bartlett   2. 5-97-40-03   **C.**   a. 2   b. 4   c. 1   d. 3   **D.**   1. F   2. C   3. F   4. F   **E.**   MÓNICA los lunes, miércoles y viernes: química a las 9:00, matemáticas a las 11:00 y literatura inglesa a la 1:00; todos los días: español a las 8:00   PABLO los lunes, miércoles y viernes: historia a las 10:00 y matemáticas a las 12:00; todos los días: español a las 8:00   **F.**   1. Sí   2. No   3. Sí   4. Sí   5. Sí   6. No   7. Sí   8. No   **G.**   1. N   2. N   3. R   4. R   5. N   6. R   7. N   **H.**   1. abrigo   2. suéter   3. traje de verano, sandalias   4. pantalones cortos, sandalias   5. abrigo, botas   **I.**   1. c, e, f   2. b, g   3. a, d   **PRONUNCIACIÓN Y ORTOGRAFÍA**   **Ejercicios de ortografía**   1. estómago   2. teléfono   3. cámara   4. artística   5. simpático   6. matemáticas   7. dólares   8. América   9. química   10. gramática   11. tímido   12. sábado   13. romántico   14. décimo   15. México   **VIDEOTECA**   **Escenas culturales**   1. c   2. a   3. c   **Escenas en contexto**   **A.**   1. F   2. C   3. C   4. F   5. F   **B.**   1. bucear   2. Hace calor y llueve.   3. Hace más fresco y no llueve mucho.   4. Es muy húmedo; hace mucho calor y mucho sol.   **LECTURAS**   **Nota cultural: Nombres y apellidos**   *Comprensión*   1. Es falso. Los hispanos lleven el apellido del padre y el apellido de la madre.   2. Es cierto.   3. Es falso. Sólo su familia lo sabe.   4. Es cierto.   **Lectura: Aquí está Nora Morales**   *Comprensión*   1. Es cierto.   2. Es falso. Nora tiene un amigo mexicano.   3. Es cierto.   4. Es falso. Nora es de estatura mediana y tiene el pelo castaño.

CAPÍTULO 3

ACTIVIDADES ESCRITAS   **A.** ▲   1. Voy a un restaurante / a casa.   2. Voy a una piscina / al mar.   3. Voy a la biblioteca / a casa.   4. Voy a la librería.   5. Voy a la papelería.   6. Voy a la playa.   **B.** ▲   1. vemos cuadros de pintores famosos.   2. compramos zapatos, botas y sandalias.   3. compramos ropa, cosas para la casa y más.   4. nadamos, tomamos el sol y esquiamos en el agua.   5. rezamos.   6. estudiamos y leemos.   **C.** *Your description should look like the* **modelo,** *but it should have your own information.*   **D.** *Answers should be original. All verbs should end in* **-o.**   **E.** *Answers should be original. All verbs should end in either* **-as** *or* **-es** *because you are addressing another student.*   **F.** *Your paragraph should look like the* **modelo,** *but it should have your own information.*   **G.** *Answers should be original. Include foods for the three meals. Classify them according to your taste.*   **H.**   1. ¿Está cerca el restaurante español?   2. ¿Es sabrosa la comida mexicana?   3. ¿Prefiere tu hermano la comida vegetariana?   4. ¿Desayuna pan tostado y té la profesora?   5. ¿Comen carne (ellos)?   6. ¿Necesitan tomar leche los niños?   **I.**   1. peruano   2. español   3. boliviana   4. ecuatoriana   5. colombiano   6. argentina   7. mexicano   8. costarricense   **J.** *Your description should look like the* **modelo,** *but it should have information about two of your friends.*   **Repaso de palabras y frases útiles**   1. De nada   2. Lo siento   3. De acuerdo   **Resumen cultural**   1. Antoni Gaudí   2. Verdadismo; Soraida Martínez   3. Arizona, Colorado, Nuevo México, Texas   4. Florida, Nueva Jersey   5. 30.000.000   6. La Iglesia de la Sagrada Familia, el Parque Güell, Barcelona   7. Sandra Cisneros   8. Colombia   9. Managua   10. Ecuador   11. César Chávez   12. estado libre asociado   13. Cabeza de Vaca   14. Alfonsina Storni   **ACTIVIDADES AUDITIVAS**   **A.**   1, 3, 5, 6   **B.**   Buenos Aires: en enero hace calor, hace sol. En julio llueve y hace frío. México: en enero hace frío. En julio llueve.   **C.**   1. d   2. f   3. a   4. c   **D.**   1. enfrente de la plaza central.

2. detrás del edificio de Ciencias.   3. en la Facultad de Ciencias Naturales.   4. enfrente del gimnasio.
5. cerca de la Facultad de Ingeniería, en la avenida Ximenes, enfrente del Centro Universitario.
E. 1. de la familia 2. está en 3. va al 4. Voy, ir 5. vas a 6. a comprar   **F.** 1. E 2. G 3. E
4. A 5. E 6. E 7. A   **G.** 1. por el desayuno 2. la leche 3. la fruta 4. (*any two of these*) pastel
con helado, papas fritas, hamburguesas, perros calientes, tacos 5. el desayuno   **H.** 1. Managua,
Nicaragua 2. Madrid, España 3. Valparaíso, Chile 4. La Habana, Cuba   **I.** 1. ingeniería
2. historia 3. Va a jugar al tenis. 4. Van a almorzar. 5. en las canchas 6. en el Taco Feliz (en un
restaurante mexicano)   Pʀᴏɴᴜɴᴄɪᴀᴄɪóɴ ʏ ᴏʀᴛᴏɢʀᴀꜰíᴀ   **Ejercicios de ortografía**   **I.** 1. hablan
2. hombres 3. hola 4. hasta luego 5. hora 6. hermana 7. Honduras 8. hace buen tiempo
9. historia 10. hospital   **II.** 1. abuela 2. cabeza 3. nuevo 4. febrero 5. novio 6. abril
7. primavera 8. habla 9. llevo 10. libro   **III.** 1. suéter 2. lápiz 3. fácil 4. difícil 5. fútbol
Vɪᴅᴇᴏᴛᴇᴄᴀ   **Escenas culturales** 1. c 2. b   **Escenas en contexto**   **A.** 1. F 2. C 3. C 4. C
5. F   **B.** 1. economía 2. Alarcón; Robledo 3. la 1:30 4. el Café Azul 4. escuchar música jazz
en el Café Azul   Lᴇᴄᴛᴜʀᴀs   **Nota cultural: La variedad musical** *Comprensión* 1. a 2. c 3. d
4. f 5. b 6. g 7. h 8. e 9. j 10. k   **Lectura: Adela Martínez, profe de español** *Comprensión*
1. b 2. a 3. b, c 4. a

CAPÍTULO 4

Aᴄᴛɪᴠɪᴅᴀᴅᴇs ᴇsᴄʀɪᴛᴀs   **A.** *Answers should reflect what you like, prefer, or want to do on these holidays. Verb
(action word) should be an infinitive (e.g. hablar, comer, escribir).*   **B.** *Describe what you plan to do on the next
holiday. Use* **voy a** + *infinitive (of the listed verbs) to express your plans. Add additional information to flesh out
your description.*   **C.** 1. me despierto 2. me levanto 3. Me ducho 4. se levanta 5. prepara
6. desayunamos 7. sale 8. salgo 9. vuelvo 10. Duermo 11. hablo   **D.** *Write about a typical
Monday in your life.*   **E.** ▲ 1. Primero, se viste (se pone la ropa). Luego, recoge sus libros y sale para
la universidad. Finalmente, llega a su clase de español. 2. Primero, Luis va la baño. Está cerrado, por
eso pregunta: «¿Quién está en el baño?» Su hermana contesta: «Yo.» Mientras espera, Luis se afeita.
Finalmente, se ducha. 3. Primero, la profesora bebe café y lee el periódico. Luego, se lava los dientes.
Después se maquilla y, finalmente, se pone perfume.   **F.** 1. ducharse, se seca 2. afeitarse, se lava
los dientes 3. desayunar, lee 4. sale, ponerse 5. trabajar (hacer su trabajo), bebe (toma)   **G.** *Tell
how you feel in each situation.* ▲ 1. Estoy ocupada/cansada. 2. estoy enojado/a. 3. tengo miedo.
4. estoy enamorada. 5. Tengo prisa   **H.** *For each item, tell what you do when you feel that way.*   **I.** *Use
the questions as a guide to write your composition.*   **Resumen cultural** 1. el Día de los Reyes Magos
2. el carnaval 3. Inti Raymi 4. la Guelaguetza 5. disfraces 6. la cumbia 7. José Martí 8. las
Fallas 9. su santo 10. José Guadalupe Posada 11. mayas 12. 1821   Aᴄᴛɪᴠɪᴅᴀᴅᴇs ᴀᴜᴅɪᴛɪᴠᴀs
A. 1. martes, jueves 1:00 a 2:45 2. martes 8:30 a 10:00, miércoles 2:00 a 4:00   **B.** 1. 8:15 2. 11:20
3. 5:30   **C.** b, c, e, g, h   **D.** 1. c 2. b 3. c 4. a   **E.** 1. P 2. A 3. A 4. CC 5. P
6. P 7. A   **F.** 1. En la mañana 2. En la tarde 3. Después del trabajo 4. A las 10:30 ᴘ.ᴍ., más o
menos 5. Los sábados y los domingos   **G.** 1. F 2. F 3. C 4. F 5. C   **H.** 1. C 2. F 3. F
4. C 5. C   **I.** 1. don Anselmo 2. don Anselmo 3. don Eduardo 4. don Eduardo 5. su esposa
6. don Anselmo 7. don Anselmo   Pʀᴏɴᴜɴᴄɪᴀᴄɪóɴ ʏ ᴏʀᴛᴏɢʀᴀꜰíᴀ   **Ejercicios de ortografía**
I. 1. los ojos 2. geografía 3. joven 4. rojo 5. jugar 6. recoger 7. vieja 8. generalmente
9. anaranjado 10. bajo 11. gente 12. el traje 13. generosa 14. las hijas 15. jueves   **II.** 1. yo
2. silla 3. voy 4. llorar 5. hay 6. llegar 7. muy 8. playa 9. amarillo 10. llamar 11. apellido
12. mayo 13. llueve 14. hoy 15. estoy 16. calle 17. millón 18. leyendo 19. soy 20. caballo
Vɪᴅᴇᴏᴛᴇᴄᴀ   **Escenas culturales** 1. c 2. a 3. a   **Escenas en contexto**   **A.** 1. F 2. F 3. C
4. C 5. F   **B.** 1. su cumpleaños 2. no tiene su recibo 3. esperar hasta el viernes   Lᴇᴄᴛᴜʀᴀs
Lectura: Poesía: «Cinco de mayo» *Comprensión* 1. La batalla de Puebla de 1862 2. horchata,
tostaditas, guacamole, mango con chile y limón 3. música, colores, banderas, piñata 4. Porque es el
mes de mayo; las vacaciones de verano.   **Lectura: Las distracciones de Pilar** *Comprensión* 1. G
2. LD 3. G 4. P 5. LD 6. G 7. P 8. G 9. P 10. P

ACTIVIDADES ESCRITAS **A.** 1. nos, le 2. le, le 3. nos, le 4. les, Le 5. Me, te, me
B. 2. comprendo, explica 3. terminar, empezar 4. escucho, dice 5. hago 6. comprenden, hacen preguntas 7. prepara/enseña 8. recoge 9. escribe, escribimos 10. aprendemos **C.** *Write about what you do in your Spanish class.* **D.** *Your answers should look like the the two* **modelos,** *but they should contain original information.* **E.** *Some possible people: Kobe Bryant, Tiger Woods, Gloria Estefan, Michelle Kwan, Picabo Street, Sammy Sosa* **F.** *Your answers should be original.* **G.** 1. médico 2. maestras 3. mecánico 4. peluquera 5. ingenieros 6. cajera 7. contadora 8. cantantes 9. mesero 10. trabajadores sociales **H.** *Answers should be original. They should start with a form of* **estar (estoy, estás, está, estamos, están)** *and a verb ending in* **-ando, -iendo,** *or* **-yendo.** **I.** *Write about your current or ideal job. Remember to describe your duties* (**obligaciones**), *as well as the positive and negative aspects of the job.* **J.** *Fill in the note with your plans for your next birthday.* **K.** *Write about your plans after graduation* (*retirement*). *Use different verbs to express plans:* **voy a, quiero, pienso, tengo ganas de, me gustaría, quisiera.** **L.** ▲ 1. La profesora Martínez llega a su casa en su carro. Primero bebe café. Más tarde cena sola. Después tiene sueño. Le gustaría acostarse, pero tiene que preparar su clase. 2. Primero la terapeuta le da masaje al paciente. Luego examina sus reflejos. Después ayuda al paciente a caminar. Finalmente, trae la silla de ruedas para el paciente. Al paciente le gustaría jugar/divertirse con ella (la silla). 3. Primero Esteban recoge los platos. Luego limpia la mesa. Después atiende a una clienta. Después le sirve café, pero le gustaría invitar a la cliente al cine. 4. Primero la doctora llega al hospital a las diez menos diez. Después habla con una enfermera. Luego examina a un paciente y opera a un paciente. Más tarde quiere leer una novela y dormirse en el sofá. 5. Primero el abogado entra al edificio de la Corte Suprema. Luego defiende a un criminal. Después habla/consulta con el juez. Finalmente el criminal le paga. El abogado está contento, pero quisiera jugar al fútbol con sus hijos. **Resumen cultural** 1. Simón Bolívar 2. no 3. arroba 4. tacaño 5. los arahuacos 6. Gabriel Bracho 7. excelente 8. enlace 9. jonrón, béisbol, basquetbol, suéter (también: estrés, Internet, sitio Web, surfear) 10. vista, sierra, canal, cigarro, lasso (también: mustang, pueblo, rancho) 11. tamale barbecue, hurricane (también: cigar, lasso, and many words for food: tomato, chocolate, chile) **ACTIVIDADES AUDITIVAS** **A.** 1. N 2. N 3. N 4. Q 5. Q **B.** c, d **C.** 1. C 2. A 3. A 4. C 5. C 6. A 7. C 8. A **D.** 1. restaurante 2. casi nunca tienen horas flexibles. 3. club nocturno 4. trabajar; sabe **E.** 1. V 2. A 3. V 4. N 5. V 6. A **F.** 1. L 2. C 3. C 4. LD **G.** 1. El plomero está ocupado. Está instalando la tubería. 2. Está ocupado también. Está reparando unos cables eléctricos. 3. Está instalando los cables en el techo. 4. con el plomero **H.** 1. F 2. C 3. F 4. C 5. C 6. F **I.** 1. C 2. C 3. C 4. F 5. F 6. F **J.** 1. L 2. G 3. L 4. L 5. C **PRONUNCIACIÓN Y ORTOGRAFÍA** **Ejercicios de ortografía I.** 1. cara 2. ¿Cuánto cuesta? 3. poco 4. parque 5. ¿Qué es? 6. ¿Quién está aquí? 7. corto 8. chaqueta 9. cosa 10. aquí **II.** **A.** 1. café 2. está 3. entendí 4. esquí 5. papá **B.** 1. cafés 2. también 3. francés 4. alemán 5. dirección 6. profesión 7. japonés 8. televisión 9. perdón 10. jabón **C.** 1. estación, estaciones 2. japonés, japonesa 3. definición, definiciones 4. opinión, opiniones 5. inglés, ingleses **VIDEOTECA** **Escenas culturales** 1. el libertador de América del Sur 2. el petróleo **Escenas en contexto** **A.** 1. C 2. F 3. F 4. C 5. C **B.** 1. hacer una cita 2. está con un cliente 3. empleo **LECTURAS** **Nota cultural: La educación en el mundo hispano** *Comprensión* 1. El sistema escolar hispano tiene cuatro partes. Los estudios universitarios duran de cuatro a cinco años. Los estudiantes pueden escoger medicina, derecho o ingeniería, entre otras carreras. 2. La tasa de alfabetismo en Uruguay y Cuba es alta porque la educación es gratis. Mucha gente va a la escuela. 3. La Universidad de Salamanca; la Universidad de Santo Domingo **Lectura: La diversidad económica** *Comprensión* 1. Chile 2. Honduras, otros países centroamericanos y Guinea Ecuatorial 3. Guinea Ecuatorial 4. Cuba y la República Dominicana 5. Argentina

CAPÍTULO 6

ACTIVIDADES ESCRITAS **A.** ▲ 1. El sofá es más grande que el sillón. El sillón es más grande que la mesita. El sofá es el más grande de los tres. / La mesita es más pequeña que el sillón. El sillón es más pequeño que el sofá. La mesita es la más pequeña de los tres. 2. El abuelo es mayor que el hombre. El hombre es mayor que el niño. El abuelo es el mayor de los tres. / El niño es menor que el hombre. El hombre es menor que el abuelo. El niño es el menor de los tres. 3. La casa es más cara que el carro.

El carro es más caro que la bicicleta. La casa es la más cara de los tres. / La bicicleta es más barata que el carro. El carro es más barato que la casa. La bicicleta es la más barata de los tres. 4. Amanda tiene tanto dinero como Graciela. Ernestito no tiene tanto dinero como Amanda y Graciela. 5. La casa de los Saucedo tiene tantas ventanas como la casa de los Silva. La casa de los Saucedo y la casa de los Silva no tienen tantas ventanas como la casa de los Ruiz. 6. El edificio Torres es tan moderno como el edificio Echeverría. El edificio Gonzaga no es tan moderno como el edificio Torres o el edificio Echeverría.
B. 1. *Your answers should be original and should start with* **Es mejor** *or* **Es peor** *plus the appropriate statement and a reason; e.g.,* **Es mejor vivir en el centro porque hay muchos restaurantes y cines allí.** **C.** *Use verbs in the* **yo** *form:* **Un día típico, desayuno con... A veces limpio la casa con... o trabajo en el jardín... Otras veces juego con...** *Statements should be original.* **D.** *You can either describe your house/apartment or your neighborhood. Statements should be original.* **E.** *Combine a phrase from each column to make logical sentences about obligations in your own household.* **F.** *Decide how often the chores listed have to be done. Use* **Hay que** *or* **Es necesario** *plus the chore and a word or phrase to indicate the frequency.* **G.** *Describe your obligations at home. Answer the questions to create an original paragraph.* **H.** 1. Ernestito sacó la basura. 2. Lobo jugó con un gato. 3. Amanda tendió la cama. 4. Ernesto habló por teléfono por una hora. 5. Estela regó las plantas. 6. Guillermo cortó el césped. **I.** *Provide original answers about what you did on your last birthday. Remember that the first-person* (**yo**) *form of regular verbs ending in* -ar *should end in* -é (**hablé, estudié, caminé**) *and those of* -er *and* -ir *regular verbs should end in* -í (**comí, leí, escribí, abrí**).
J. 1. Sabes, sé 2. conoce, conozco, conocen 3. sabes, conozco 4. sé, conozco 5. sabes, sé, sé 6. conoces, conozco 7. sabe, sé, sé, 8. Conocen, sabemos **K.** 1. lo 2. los 3. los, los 4. los, los 5. las **L.** *The dialogue should be original. See textbook (p. 227) for ideas.* **Resumen cultural** 1. Unidas de Centroamérica 2. Óscar Arias Sánchez; el Premio Nóbel de la Paz 3. Nicaragua 4. perro callejero (perro abandonado) 5. dogos 6. del Imperio Romano 7. van a las plazas o al centro. 8. Una zona mixta tiene casas particulares, apartamentos, tiendas y oficinas en la misma área. 9. del 16 al 24 de diciembre 10. Organizan procesiones que van de casa en casa. Los niños llevan velas, cantan y tocan a las puertas. A veces le ofrecen flores al niño Jesús y reciben dulces o hay una piñata. 11. zócalo
ACTIVIDADES AUDITIVAS **A.** 1. E 2. B 3. E 4. E 5. B **B.** 1. R 2. R 3. P 4. P 5. P **C.** 1. c 2. b 3. a 4. d 5. a **D.** 1. alquiler 2. condominios 3. dormitorios 4. sala 5. cocina 6. 700 **E.** 1. Limpiamos 2. sacudimos los muebles 3. Barremos 4. limpiamos dos baños 5. 95 6. quehaceres domésticos 7. 323-298-7044 **F.** 1. R 2. R 3. A 4. R 5. A **G.** 1. C 2. C 3. C 4. C 5. C 6. F **H.** 1. b, c, f 2. d 3. a 4. e 5. f 6. b 7. b 8. f **I.** 1. F 2. C 3. F 4. C 5. F **PRONUNCIACIÓN Y ORTOGRAFÍA** **Ejercicios de ortografía** **I.** 1. portugués 2. hamburguesa 3. guitarra 4. Guillermo **II.** 1. economía 2. cafetería 3. zapatería 4. geografía 5. librería 6. día 7. sociología 8. biología **VIDEOTECA** **Escenas culturales** 1. amables y alegres 2. parques nacionales, refugios y reservas biológicas 3. las tortugas, las playas, las montañas, los bosques y el pueblo **Escenas en contexto** **A.** 1. C 2. F 3. C 4. C 5. F **B.** 1. un dormitorio, baño con ducha, cocina con lavaplatos 2. 600, 700 **LECTURAS** **Lectura: Habla la gata Manchitas.** *Comprensión* 1. g 2. d 3. b 4. g 5. f 6. d, e 7. c 8. a, b 9. c, d, e 10. c 11. h 12. a, d, e **Lectura: ¡Nadie es perfecto!** *Comprensión* 1. En la familia de Armando, *todos ayudan* con los quehaceres domésticos. 2. A la mamá de Armando *le molestan* las cosas tradicionales. 3. La abuela de Armando prepara *comida japonesa y también peruana.* 4. La madre de Armando se encarga de *limpiar la casa y reparar los aparatos y los muebles.* 5. El abuelo de Armando *no sabe reparar nada (no sabe hacer reparaciones)* en la casa. 6. Armando y su hermano ayudan a *su abuelo a regar las plantas y rastrillar el patio.* 7. A veces, Armando deja *sus camisas* en el piso.

CAPÍTULO 7

ACTIVIDADES ESCRITAS **A.** ▲ 1. No, ya estudié ayer. 2. No, ya la vi anoche. 3. No, ya los visité el mes pasado. 4. No, ya hice ejercicio contigo la semana pasada. 5. No, ya fui de compras el fin de semana pasado. **B.** 1. fue 2. Me levanté 3. oí 4. me duché 5. me vestí 6. salí 7. fui 8. puse 9. manejé 10. llegué 11. llegué 12. se puso 13. dio 14. Trabajé 15. almorcé 16. descansé 17. Salí 18. Tuve que 19. asistí 20. oí 21. dijo 22. Dormí **C.** *Su párrafo debe ser original. Recuerde que para hablar de su fin de semana debe usar formas verbales de la primera persona* (**yo**): *me levanté, estudié, trabaje, comí, corrí, escribí, fui, tuve, hice, etcétera. No escriba una lista de actividades. Incluya detalles interesantes.* **D.** 1. Jugué 2. me duché 3. me puse 4. fui 5. Me divertí 6. me acosté

7. jugó   8. se duchó   9. se puso   10. salió   11. se divirtió   12. se acostó   **E.** *Las actividades deben ser originales. Piense en lo que hicieron los miembros de su familia y/o sus amigos. Mire los modelos y recuerde usar el pasado.*   **F.** *Recuerde usar la segunda persona* (**tú**) *en el pretérito.*   **G.** ▲ Manejaron a Ciudad Juárez. Llegaron a Ciudad Juárez. Fueron a la plaza y escucharon música. Raúl fue a la Librería México. Esteban entró en la tienda Guitarras Segovia. Fueron al cine para ver una película. Cenaron en un restaurante muy bueno. Regresaron al carro con los paquetes. Volvieron a San Antonio.   **H.** *Los detalles deben ser originales.*   1. Hace un año que me gradué de la escuela secundaria.   2. Hace dos semanas que conocí a mi profesor(a) de español.   3. Hace tres días que limpié mi cuarto.   4. Hace una semana que fui al cine con mi novio/a.   5. Hace un mes que me divertí mucho con mis amigos.   **I.** *Sus respuestas deben ser originales.*   **J.** 1. llegó, vio, fue, encontraron   2. declaró/declararon, fue, empezó, empezó, terminó   3. declaró, terminó, Fue, tuvo, fue, regresó   **Resumen cultural**   1. 1862, Batalla de Puebla   2. Bernardo O'Higgins, Simón Bolívar, José de San Martín   3. Maximiliano de Hapsburgo   4. Es una caminata de 43 kilómetros que empieza en Chachabamba y termina en Machu Picchu.   5. Hernán Cortés   6. los quechuas   7. Más vale solo que mal acompañado.   8. el castellano   9. Colombia, Ecuador, Perú, Bolivia, Chile, Argentina   10. Chile, Bolivia, Paraguay, Argentina y Uruguay   11. Violeta Chamorro; nicaragüense   12. Reuben Martínez   13. Jorge Argueta   **ACTIVIDADES AUDITIVAS**   **A.** 1. Sí   2. Sí   3. No   4. Sí   5. No   6. Sí   7. Sí   **B.** 1. G   2. NG   3. G   4. G   5. NG   6. G   7. G   **C.** 1. fue, bailó   2. llamó   3. salió, volvió   4. pasó   5. dijo   6. dijo   **D.** 1. c   2. b, c   3. a, b   4. b   5. b, c   **E.** 1. c   2. b   3. c   4. c   5. a   **F.** 4, 7, 1, 3, 5, 2, 6   **G.** 1. S   2. M   3. S   4. B   5. M   **H.** 1. 27 de abril de 1973   2. 33 años   3. 33   4. 45 años   5. visitar a sus abuelos y otros parientes   6. tienen su familia   7. le gustaría viajar a Japón (la tierra de sus padres)   **I.** 1. F: Carla se divirtió el sábado en la playa.   2. C   3. F: En la playa tomaron el sol, escucharon música, nadaron y jugaron al voleibol.   4. C   5. C   **PRONUNCIACIÓN Y ORTOGRAFÍA**   **Ejercicios de ortografía**   **I. A.** 1. saco   2. sombrero   3. silla   4. casa   5. seis   **B.** 1. brazo   2. nariz   3. izquierda   4. rizado   5. azul   **C.** 1. cierre   2. lacio   3. gracias   4. bicicleta   5. cereal   **II. A.** 1. comí   2. estudié   3. salí   4. trabajé   5. entendió   6. llegó   7. lavó   8. corrí   9. jugó   10. terminó   **B.** 1. hice   2. puse   3. pude   4. quise   5. dijo   6. trajo   7. vino   **III. A.** 1. Juan no quiso buscar el reloj ni los lentes que perdió.   2. Yo busqué el reloj, pero encontré solamente los lentes.   3. Roberto no jugó al tenis porque llegó muy tarde.   4. Yo llegué temprano y jugué con su compañero.   5. No pude leer el periódico ayer; mi padre sí lo leyó.   6. Hoy busqué el periódico, pero no llegó.   7. Dije que no, pero mi hermano no me creyó.   8. Esta tarde empecé a hacer la tarea a las dos; Luis empezó a las cuatro.   9. Cuando llegamos a Acapulco, busqué mi traje de baño.   10. Yo no pagué el viaje; pagó mi esposo.   **B.** 1. me bañé   2. hablé   3. dije   4. manejaste   5. llegué   6. tuviste   7. levantó   8. salió   9. vino   10. desayunamos   11. hicimos   12. quiso   13. compraron   14. se lavó   15. incluyó   **VIDEOTECA**   **Escenas culturales**   1. europeos   2. arte, arquitectura   3. el tango   **Escenas en contexto**   **A.** 1. F   2. C   3. F   4. F   5. C   **B.** 1. historia latinoamericana   2. amigos (María y José)   3. Martín llegó tarde al trabajo.   4. desayunó, durmió   **LECTURAS**   **Lectura: Novela: «Ana Luisa»**   *Comprensión*   10, 8, 1, 4, 6, 2, 5, 7, 9, 3   **Lectura: Canción: «Castillos en el aire»**   *Comprensión* ▲   1. El hombre quiso volar igual que las gaviotas. Sí pudo hacerlo y fue muy dichoso.   2. Construyó castillos en el aire con nubes de algodón y construyó ventanas fabulosas de luz, magia y color.   3. Los demás lo llamaron pobre idiota; le dijeron que volar es imposible.   4. Cundió la alarma, dictaron normas y lo condenaron a vivir con cordura.   5. *Aquí usted debe dar su interpretación personal de esta pregunta.*

CAPÍTULO 8

ACTIVIDADES ESCRITAS   **A.** 2. lo   3. las   4. los   5. los   6. los   7. la   8. La   9. Lo   10. lo   11. los   12. los   **B.** *Escoja la frase más apropiada para cada comida. Para número 8, piense en otra comida.*   **C.** *Incluya toda clase de comidas:* **mariscos** (*langosta, almejas, etcétera*), **carnes** (*bistec, pollo, chuletas, etcétera*), **legumbres** (*bróculi, zanahorias, lechuga, rábanos, etcétera*), **fruta** (*papaya, sandía, manzana, durazno, etcétera*), **postres** (*arroz con leche, flan, pastel, etcétera*).   **D.** *Escoja cuatro comidas para cada categoría y escriba los precios. Puede visitar su supermercado favorito para verificar los precios.*   **E.** *Sus respuestas deben ser originales. Si sus respuestas son negativas, use palabras como* **nada, nadie, nunca, tampoco** *para contestar. Ejemplo: No compro nada de carne porque soy vegetariana.*   **F.** 1. Se asan los chiles.   2. Se pelan.   3. Se les quitan las semillas.   4. Se cortan varias rebanadas de queso.   5. Se pone una rebanada de queso en

cada chile.   6. Se baten los huevos.   7. Se mojan los chiles en el huevo batido.   8. Se fríen.
G. *Explique como hace usted tres platillos. Mire el* **modelo** *y no olvide usar la forma* **se** *impersonal.*
H.   1. pedir   2. sirven / se sirve   3. sirven / se sirve   4. pedimos   5. pedir   6. pedir   7. sirven / se
sirve   8. pedimos   9. pido   10. sirven / se sirve   11. pido   12. pides   13. pido   14. pides
15. sirven   16. pedir   **I.** *Sus respuestas deben ser originales.*   **J.** *El diálogo debe ser original. Vea las*
palabras útiles *que aparecen con las instrucciones.*   **Resumen cultural**   1. los pipiles, los lencas y los
mayas   2. Frente Martí de Liberación Nacional   3. verduras; hortalizas   4. ejotes, elote, aguacate,
tomate, guajolote, chocolate, chile   5. árboles de Navidad; porque tienen fruta de colores brillantes
6. Argentina; Se sirven varios tipos de carne preparada a la parrilla.   7. Es el pescado crudo preparado
en jugo de limón y varias especias; de Perú.   8. nieve; zumo   9. ¡Estoy muy enojado/a!   10. hallaca;
humita   11. El Salvador; es una masa de maíz rellena de frijoles y/o carne y/o queso   12. casado de
pollo; se prepara con arroz y frijoles cocidos con trozos de pollo   **ACTIVIDADES AUDITIVAS**   **A.**   1. A
2. S   3. A   4. A   5. AN   6. S   **B.**   1. México   2. nacionales   3. arte, cultura y literatura   4. estar
C.   1. S   2. Q   3. Q   4. S   5. Q   **D.**   1. C   2. F: Ayer fue el cumpleaños del papá de Graciela.
3. C   4. F: Graciela pidió dos tortas de jamón y queso.   5. F: La familia comió bistec, arroz, enchiladas
de pollo y un pastel de chocolate.   6. C   **E.** Superofertas: carne molida $2.99; chuletas de puerco
$3.49; bistec $6.49; naranjas $.69; uvas $.98; fresas $1.25   **F.**   1. Quieren preparar quesadillas porque
tienen hambre.   2. Ernestito lee el libro de recetas.   3. Son complicados y difíciles.   4. tortillas, chiles y
queso.   5. Se pone la tortilla en una sartén caliente. Se pone el queso y un poco de chile en la tortilla.
Se dobla la tortilla. Se tapa y se cocina.   **G.**   1. La abuela está contenta porque llegó su nieto, Raúl.
2. Raúl prefiere la comida que prepara su abuela.   3. La abuela dice que después de estudiar tanto Raúl
debe descansar, comer y dormir.   4. La abuela dice que preparar los platos favoritos de Raúl no es
trabajo.   5. Van a cenar en casa.   **H.**   1. a   2. a   3. c   4. b   5. d   **I.**   1. A   2. V   3. E   4. A
5. E   6. V   7. A   **PRONUNCIACIÓN Y ORTOGRAFÍA**   **Ejercicios de ortografía**   1. ¿Dónde está el
restaurante?   2. La dirección es calle Décima, número veintidós.   3. Buenas tardes, ¿tienen una
reservación?   4. No, no hicimos reservaciones.   5. Aquí tienen el menú. ¿Qué quieren tomar?   6. Ella
quiere té frío y yo prefiero café con azúcar.   7. ¿Qué van a pedir?   8. Yo quiero el sándwich de jamón.
9. El jamón tiene muchas calorías. Yo voy a pedir la sopa de espárragos y una porción de melón o
plátano.   10. Yo también quiero la sopa de espárragos.   11. ¿Cómo vamos a pagar?   12. ¡Con mi
tarjeta de crédito, claro!   13. ¿Te gustó la comida?   14. Sí, y comí mucho.   **VIDEOTECA**   **Escenas**
culturales   1. Tegucigalpa   2. ruinas   3. la pupusa   4. 25   **Escenas en contexto**   **A.**   1. F
2. F   3. C   4. F   5. F   **B.**   1. ceviche de camarones, chuletas de cerdo   2. ½, tomates; ½, cebollas; ¼,
espárragos; limones   3. hace sol   **LECTURAS**   **Nota cultural: ¡Buen provecho!**   *Comprensión*
1. b, d, i, j   2. e, l   3. a, e, k   4. f, h   5. c   6. k   7. g, j, k   8. a, j, m

CAPÍTULO 9

ACTIVIDADES ESCRITAS   **A.**   1. Paula se parece a Andrea, su hermana gemela.   2. Clarisa se parece a
Marisa porque son hermanas.   3. Ernestito se parece a Guillermo, su hermano mayor.   4. Ernesto se
parece a su papá, Javier. No se parece a su hermano menor, Raúl.   5. Raúl no se parece mucho a nadie.
Al describir a su familia, sus oraciones deben ser originales.   **B.** *Sus respuestas deben ser originales. Use la*
estructura del **modelo** *para hablar de las personas con quienes* (no) *se lleva bien. No se olvide de explicar por qué.*
C.   1. él, ti   2. ellas   3. ti   4. ellos, nosotras   5. ti   6. él, mí   **D.**   1. este, aquel   2. ese, esa
3. aquel, este   4. aquella, este, este   5. ese   6. esos, Esos, aquellos   **E.** *Sus respuestas deben ser*
originales. Recuerde usar los verbos en el imperfecto: **jugaba, saltaba, leía,** *etcétera.*   **F.** *La descripción de un*
día típico de su niñez debe ser original. Lea el **modelo** *con cuidado y recuerde usar los verbos en el imperfecto:*
tenía, asistía, me lavaba, leía, *etcétera.*   **G.** *Sus respuestas deben ser originales. Recuerde usar los verbos en*
el imperfecto: **desayunaba, hacía la tarea, bailaba, charlaba con… , viajábamos,** *etcétera.*   **H.** *Lea el*
modelo *con cuidado y luego describa su escuela secundaria. Recuerde usar los verbos en el imperfecto:* **estaba,**
era, estudiaba, tenía, pasaba, *etcétera.*   **I.**   1. supe, sabías   2. conocí, conocías   3. pude, podías
4. quiso, quería   5. tenías, tuve   **J.** ▲   1. La iba a sacar pero…   2. Lo iba a cortar pero…   3. Lo
iba a pasear pero…   4. Lo iba a recoger pero…   5. Lo iba a regar pero…   **Resumen cultural**   1. la
opresión y la resistencia política   2. de tal palo, tal astilla   3. *Supernatural*   4. la Fundación Milagro
5. ayudar a los hispanos pobres en las áreas de educación, la salud y el albergue de los niños   6. la
República Bolívar   7. 40 millones   8. el crecimiento de la población en las ciudades y la injusta

distribución de los recursos   9. Casa Alianza   10. protestaron la privatización y exportación de gas natural   11. se produce en el CAINA, chicos desamparados de Buenos Aires   12. ... *y no se lo tragó la tierra*   13. las dificultades y esperanzas de los obreros migratorios mexicanos en los años 50   14. Rubén Blades   **ACTIVIDADES AUDITIVAS**   **A.**   1. al mar   2. Los viernes, sábados y domingos   3. con Manuel Rodríguez   4. las 6:00 de la tarde a las 2:00 de la mañana   5. 3-17-21-14   **B.** a, b, d, e, g, h, j, k   **C.**   1. b   2. c   3. a   4. b   arbol genealógico: 1. Eduardo   2. Pablo   **D.**   1. C   2. F   3. F   4. C   5. F   **E.**   1. gustaban   2. eran   3. leían   4. hacían   **F.**   1. andaba, leía   2. era; pegaba   3. ponía, era   4. llamaba, hacía   5. nadaba   **G.**   1. c, d   2. a, b, d   3. a, c   4. c, d   **H.**   1. C   2. F; Piensa que no es malo ser viejo.   3. F; Le gustaba jugar en el parque.   4. C   5. F; Escuchaban programas de radio.   **I.**   1. E   2. E   3. M   4. E   5. M   6. M   **PRONUNCIACIÓN Y ORTOGRAFÍA**   **Ejercicios de ortografía**   **I.**   1. boca   2. sobrino   3. joven   4. viejo   5. bonito   6. rubio   7. vivo   8. ventana   9. vez   10. por favor   11. jugar   12. dormido   13. siglo   14. mango   15. limonada   **II.**   1. yo comía   2. Juan dormía   3. Marta peleaba   4. nosotros tomábamos   5. ellas corrían   6. yo montaba   7. tú tenías   8. usted quería   9. nosotros contábamos   10. ellos subían   **VIDEOTECA**   **Escenas culturales**   1. amerindia (indígena)   2. el español, el quechua, el aimará   3. alta   **Escenas en contexto**   **A.**   1. D   2. D   3. A   4. A   5. D   6. A   7. A   8. D   **B.**   1. abuelos, diez   2. México, diecisiete   3. calle, parques   4. primos   5. los días festivos   **LECTURAS**   **Lectura: Rubén Blades y su familia musical**   *Comprensión*   1. El disco *Tiempos* es una «suite» de música al estilo clásico con ritmos latinos.   2. Para Rubén Blades, lo importante es seguir su impulso creativo y tocar buena música.   3. En Nueva York, Rubén Blades grabó un disco muy popular, *Buscando América*.   4. Cuando Rubén nació, su padre trabajaba de bonguero en un club.   5. Rubén Blades es un músico popular y también es actor de cine (ha actuado en películas).   6. En la película *The Cradle Will Rock*, Rubén Blades hace el papel de Diego Rivera.   **Nota cultural: Retratos de familia**   *Comprensión*   **A.**   1. P   2. I   3. L   4. G   5. G   6. A   7. LU   8. P   9. L   10. I   **B.**   1. Es falso. La familia hispana es grande; normalmente la forman los padres, los hijos, los abuelos y otros parientes.   2. Es cierto.   3. Es falso. Los hispanos prefieren hablar de sus problemas con un miembro de la familia.   4. Es falso. Hay diferentes tipos de familia; por ejemplo, familias de padres divorciados.

CAPÍTULO 10

ACTIVIDADES ESCRITAS   **A.** *Sus respuestas deben ser originales. Use el presente perfecto:* **he** + *participio pasado. Para la segunda parte, use* **no** *o* **nunca** *antes del verbo.*   **B.** *Sus respuestas deben ser originales. Deben empezar con* **¡Qué... !**   **C.** *Invente un lugar perfecto, con todas las cosas que le gustan.*   **D.** *Escoja dos medios de transporte y describa las cosas que le gustan y las que no le gustan de cada uno.*   **E.** *En su carta, presente razones convincentes para el uso del transporte público.*   **F.** *Exprese su opinión sobre cinco de los problemas que se dan. Ejemplos:* **Me preocupa mucho la destrucción de las selvas tropicales. Me dan miedo los desperdicios nucleares.**   **G.** *Escriba el número de una solución posible al lado del problema correspondiente. Para el número 9, escriba otra solución que usted considera importante.*   **H.** *Use las preguntas como guía para explicar sus ideas originales. Si prefiere, ponga las respuestas en un cartel con dibujos apropiados.*   **Resumen cultural**   1. Costa Rica   2. Yucatán; la protección de especies en peligro de extinción y la educación de la gente sobre la importancia de la biodiversidad   3. Octavio Paz; *El laberinto de la soledad*   4. 100   5. guagua; colectivo; camión   6. los Estados Unidos   7. 1917; Estado Libre Asociado de los Estados Unidos   8. Borinquen   9. la mariposa monarca (las Sierras de México); la tortuga marina (las playas del Pacífico y del Caribe de Yucatán y Centro América); el quetzal (las selvas tropicales de Centro América)   10. Es un lugar de conservación en la selva tropical de Costa Rica. Tiene más de 100 especies de mamíferos, 400 especies de aves y más de 2.500 especies de plantas   11. el sudeste de México, Petén en Guatemala, Darién en Panamá, Chocó en Colombia, la Amazonia en Perú   12. los chasquis; por medio de los quipus   **ACTIVIDADES AUDITIVAS**   **A.**   1. Alicia   2. Roberto   3. Gabriela   4. Jorge   **B.**   1. 79   2. dos   3. nietos   4. hijos   5. esposo   6. hijos   7. Navidad   8. cumpleaños   9. preparaba   10. jugaban   **C.**   1. Llovió mucho en la Ciudad de México.   2. Las calles estaban llenas de gente.   3. Es una isla que no tiene coches, ni tiendas ni teléfonos.   4. Es un lugar muy aburrido.   5. Quiere vivir con su futuro esposo.   **D.**   1. h   2. j   3. f   4. b, c   5. d   **E.**   1. rápida, confortable   2. ocho, doce, viernes, domingos   3. terminal   4. 56-12-48-83   **F.** AVIÓN: *Ventajas*   1. Es muy rápido.   2. Es cómodo. *Desventajas*   1. Es caro.   2. Hay problemas por los terroristas. TREN: *Ventajas* (*Nombre dos.*) Es más barato. / Es muy cómodo. / Uno puede caminar por los vagones. / Puede ver el paisaje. / Es más tranquilo. *Desventajas* 1. No es tan rápido como el avión. 2. No hay muchos trenes. **G.** 1. el agujero en la capa de ozono 2. el reciclaje: la gente no está reciclando lo suficiente 3. En California hay programas de reciclaje del agua. 4. En el este del país, varias fábricas han empezado a limpiar y repoblar lagos y ríos. **H.** 1. El planeta azul, 2,5 2. El agua 3. 27, 20, 2 4. 13 5. nos duchamos, nos lavamos los dientes. **I.** 1. A 2. P 3. P 4. LD 5. A 6. P 7. LD **PRONUNCIACIÓN Y ORTOGRAFÍA** **Ejercicios de ortografía** **I.** 1. caro 2. tierra 3. perro 4. carro 5. pero 6. carretera 7. terremoto 8. seguro 9. maletero 10. arrecife **II.** 1. ¡Qué seco es este desierto! 2. ¡Cuánta lluvia! ¿Cuándo va a hacer sol? 3. ¡Qué selva más húmeda! 4. ¡Qué curva más peligrosa! 5. ¡Cuánto petróleo! ¿Cómo van a limpiar esa playa? 6. ¡Cuántos coches! ¿Por qué hay tanto tránsito hoy? **VIDEOTECA** **Escenas culturales** 1. Santo Domingo 2. catedral, monasterio, universidad 3. Borinquen 4. fuerte, castillo, palacio **Escenas en contexto** **A.** 1. C 2. F 3. C 4. F 5. F **B.** 1. mecánico, 6:15 2. una guía turística sobre los pueblos pequeños peruanos 3. un asiento de ventanilla 4. una mochila **LECTURAS** **Lectura: «La creación del mundo»** *Comprensión* 1. c 2. b, d 3. c 4. b, d **Lectura: El huracán tropical** *Comprensión* 1. Mitch comenzó el 24 de octubre de 1998 en el Océano Atlántico 2. Fue muy destructivo; descargó lluvias torrenciales con vientos de 180 millas por hora. 3. Todos los países de América Central. Los países más afectados fueron Honduras y Nicaragua 4. Inundaciones, derrumbes; destrucción de casas, caminos y puentes; miles de personas murieron 5. La economía centroamericana especialmente la agricultura. Mitch paralizó el intercambio comercial entre los países de Centro América.

CAPÍTULO 11

ACTIVIDADES ESCRITAS **A.** 1. Los frenos se usan para parar el carro. 2. El parabrisas se usa para protegernos del viento. 3. El cinturón de seguridad se usa para protegernos en caso de accidente. 4. Los cambios se usan para ajustar la velocidad del vehículo, para manejar, para estacionar. 5. El espejo retrovisor se usa para ver los coches que vienen detrás y a los lados de nuestro vehículo. **B.** *Para el primer tema —***el coche ideal***— invente un coche con todas las cosas que usted siempre ha querido tener en su coche. Para el segundo tema —***un viaje en automóvil***— escriba una narración en el pasado, sobre lo que hizo con sus amigos. Por ejemplo,* **Fui a Nueva York con unos amigos. Primero compré… y el mecánico revisó el coche. Durante el viaje…** **C.** Salga del hotel por la calle Amberes, doble a la derecha y siga derecho hasta Paseo de la Reforma. En Paseo de la Reforma, doble a la izquierda y siga derecho. Camine ocho cuadras; después de pasar la calle Escobedo, va a ver el Museo a la izquierda. 2. Camine hacia la calle Melchor Ocampo y doble a la izquierda. Siga por la calle Melchor Ocampo y doble a la derecha en la calle Pánuco. Vaya seis cuadras hasta la calle Río Tíber. Doble a la derecha en Río Tíber, pase la calle Lerma y el hotel está a la derecha. 3. Salga a la izquierda por la calle Escobedo. Siga derecho hasta Paseo de la Reforma. Doble a la izquierda en el Paseo y siga derecho. Después de pasar la calle Varsovia, va a llegar a la glorieta del Monumento. 4. Doble a la izquierda en la calle Víctor Hugo. Siga por esa calle y cruce la calle Melchor Ocampo para doblar a la derecha en la calle Río de la Plata. Vaya dos cuadras hasta la calle Lerma y doble a la izquierda. Camine una cuadra, pase la calle Mississippí y el hotel está a la izquierda en la esquina de Mississippí y Lerma. **D.** *Sus oraciones deben empezar con* **(No) Quiero que** *y llevar cinco de estas formas del presente del subjuntivo:* **compren, hagan, vayan, pongan, salgan, tengan, traigan, vengan, vean.** *No olvide escribir oraciones completas.* **E.** *Sus respuestas deben ser originales. Como todas se refieren a un futuro incierto, todas deben tener un verbo en el presente del subjuntivo.* **F.** *Su diálogo debe ser original.* **G.** *Sus respuestas deben ser originales y deben formarse con el imperfecto de* **estar** *y el participio presente de otro verbo. Vea el* **modelo.** *Otros ejemplos:* **estaban cenando, estaba leyendo.** **H.** *Sus respuestas deben ser originales con verbos en el pretérito. Vea el* **modelo.** **I.** *Su párrafo debe ser original con verbos en el pretérito y en el imperfecto.* **Resumen cultural** 1. Cuba 2. el festejo, el landó, la zamba malató y el alcatraz 3. los tarahumaras 4. el guarapo 5. La Reserva Biosférica Ciénaga de Zapata, el cocodrilo cubano 6. el cajón 7. el partido Blanco y el partido Colorado 8. la bachata y el merengue 9. «La bilirrubina» y «Burbujas de amor» 10. proveer cuidado médico a los pobres de la República Dominicana 11. al suroeste de Caracas en los Andes 12. La Guerra del Chaco; por el petróleo 13. En Mérida, Venezuela, el Pico Espejo 14. Susana Baca, Eva Ayallón, Arturo Zambo, Lucila Campos, Perú Negro **ACTIVIDADES AUDITIVAS** **A.** 500 ciudades, costo, comodidad; vagones; reclinables; ventanas panorámicas; rápidamente **B.** 1. Caracas, Venezuela 2. moderna, autopistas 3. playa 4. agua, arena 5. anuncio comercial **C.** a. 3 b. 4 c. 1 d. 2 **D.** 1. han desarrollado

2. biodegradable   3. el ambiente   4. asientos   5. volante   6. reciclado   7. llantas   8. puerta
9. eléctrico   10. moderna   **E.** 1. F   2. C   3. C   4. C   5. F   6. F   **F.** 1. el Correo Central
2. La Casa Rosada   3. la Plaza Libertador San Martín   **G.** 1. Sí   2. No   3. Sí   4. No   5. No
6. No   7. Sí   8. No   **H.** 1. En la agencia de Paula la excursión incluye un puerto más, Santo Tomás.
2. La duración es de 17 días, no 14.   3. El precio es 10.500 pesos por persona, no 11.500.   4. Incluye
desayuno continental y almuerzo, pero no incluye la cena. No incluye una excursión pagada en cada
lugar.   **I.** 1. a. rutina b. aburrido   2. a. el Museo del Prado, el restaurante Casa Botín, la Plaza
Mayor   b. la Torre Eiffel   c. el cambio de guardia en el Palacio Real   d. Machu Picchu e. el carnaval
J. 1. ocupada y contenta   2. 2:00; mediodía   3. Puerto Rico   4. planes; bosque tropical; el Viejo San
Juan   5. trabajar   **K.** 1. b, c, d   2. b, c   3. a, d   4. a   5. b, d   **PRONUNCIACIÓN Y ORTOGRAFÍA**
oleto hoy.   2. ¿Las reservaciones? Hágalas mañana.
4. Pídale instrucciones a este señor.   5. Cuéntenos de su
De   5. sé, si, se   **III.** 1. —Mi novio no conoce a mis
; 7:00. Espero que no llegue tarde.   2. —Hijo, quiero que
l profesor no quiere que la entreguemos.   3. —Usted
rta. —¿Y quiere que le explique la gramática también?
le comiencen a las 5:00. —Está bien, pero el director no
TECA   **Escenas culturales** 1. Río de la Plata   2. la
araguay   5. Itaipú   6. cataratas   **Escenas en contexto**
a Copa Alegre   2. derecha, Martín Gómez, dos cuadras,
; 100, izquierda   **LECTURAS**   **Lectura: El misterio de**
UCCIÓN: altares, aldeas agrícolas, arquitectura, monumentos
emplos GEOGRAFÍA: bosques, península, vegetación CIENCIA:
calendarios, ciudades estados, escultura, monumentos de
stema de escritura.   **B.** 1. epidemias   2. cambios en
pudieron dedicarse más a la agricultura   6. la desaparición
a **México** *Comprensión* 1. f   2. a   3. j   4. i   5. c

CAPÍTULO 12

ACTIVIDADES ESCRITAS   **A.** 1. los codos   2. las encías   3. hígado   4. las costillas   5. las nalgas
6. el corazón   7. la lengua   8. la calavera   **B.** 1. Caminamos, saltamos, corremos y bailamos con
los pies.   2. Pensamos con el cerebro.   3. Comemos, hablamos, cantamos y besamos con la boca.
4. Tragamos, hablamos y cantamos con la garganta.   5. Tocamos, comemos y escribimos con los dedos.
C. 1. engordo   2. adelgazo   3. me puse alegre, me puse contento/a, me puse de buen humor, me
alegré   4. te enojas, te pones de mal humor, te pones furioso/a   5. se enojó, se puso furioso, se puso de
mal humor *Para 6–10 sus respuestas deben ser originales.*   **D.** *Sus respuestas deben ser originales. Algunas
posibilidades:* 1. estornudos, nariz tapada, comezón en los ojos   2. dolor de cabeza, estornudos, nariz
tapada   3. frío, fiebre (calentura), puntitos rojos por todo el cuerpo   4. estornudos, nariz tapada o lo
opuesto, comezón en los ojos y en los oídos   5. fiebre, dolor en el pecho, tos, dolor de garganta   6. dolor
de cuerpo, dolor de cabeza, mareo, vómito   **E.** *Use las preguntas como guía para su descripción.*
F. 1. le sirva   2. les lleve   3. me traiga   4. le prepare   5. les tome   **G.** *Sus repuestas pueden variar.*
Algunas posibilidades: 1. ayuda al médico; atiende a los pacientes   2. opera a sus pacientes   3. atiende/
cura a los animales   4. ayuda a los pacientes que tienen problemas psicológicos   5. surte las recetas
médicas   6. atiende a los pacientes que tiene problemas físicos, a veces les da masajes o les ayuda con
sus ejercicios   **H.** *Sus respuestas pueden variar. Algunas posibilidades:* 1. Le recomiendo que tome
Peptobismol y que no coma mucho.   2. …que ponga el pie en alto, que se ponga un vendaje, que no
camine, que use muletas.   3. …que tome jarabe para la tos; también que haga gárgaras con agua de sal
y que no hable mucho.   4. …que se quede en la cama, que tome caldo de pollo y muchos líquidos.
5. …que se ponga una curita.   **I.** 1. Sí, deles jarabe para la tos.   2. No, no le dé flores, dele una
píldora (un antihistamínico).   3. Sí, póngale una curita.   4. No, no le dé licor (un martini), déle té
caliente.   5. No, no le dé una curita; dele Tylenol y muchos líquidos.   **J.** 1. Se rompió   2. se cayeron
3. se acabó   **K.** 1. se me perdió   2. se les escaparon   3. se le cayeron   4. se le olvidaron   5. se le
cayó; se rompió / se descompuso   **L.** 1. caía   2. rompí   3. corté   4. estornudé   5. enfermó

6. desmayó   **M.** *Su descripción debe ser original. No olvide usar el pretérito y el imperfecto.*   **Resumen cultural** 1. «Ojos que no ven, corazón que no siente.» 2. la medicina herbal, a base de conocimiento de la flora medicinal (las plantas medicinales) 3. la partera 4. el cáncer del seno 5. ojalá, algodón, álgebra, jarabe, alcohol, jarra 6. el ex dictador Pinochet 7. O'Higgins 8. los mapuches 9. Salvador Allende 10. el jengibre; el áloe 11. Averroes 12. el sur y el sureste   ACTIVIDADES AUDITIVAS
A. 3, 4, 6, 7, 9   **B.** 1. en Sevilla 2. a la Plaza Mayor, al Museo del Prado 3. a unas discotecas 4. la medianoche   **C.** 1. tener una dieta equilibrada; hacer ejercicio 2. dejar de fumar; reducir la cantidad de cigarrillos que fuma 3. correr sólo en campos de deportes o en los parques   **D.** 1. X—muy bien; no se ve saludable 2. X—subir; bajar 3. X—limones; naranjas y manzanas 4. X—frutas; postres 5. X—café; un vaso de jugo 6. X—saludable; estricta   **E. 1.** 1. catarro 2. gripe 3. suéter 4. llueve 5. manos 6. enfermedades 7. niños 8. vitamina C 9. gripe 10. tos 11. gárgaras 12. té 13. salud **2.** 1. d 2. a 3. d 4. b, c 5. f 6. e   **F.** 1. b, c 2. a, b 3. a 4. b 5. b, c   **G.** NOMBRE: Adela Martínez; SÍNTOMAS: tos, estornudos, fiebre, congestión, dolor en el pecho; RECOMENDACIONES: beber muchos líquidos, descansar, quedarse en cama; RECETA: un antibiótico; PREOCUPACIONES: No puede trabajar y tiene que darles un examen a los estudiantes.   **H.** 1. operación 2. inflamada, grande, dura 3. ¡Auxilio! ¡Socorro! 4. fiebre 5. pulso 6. inyección 7. directora del hospital   **I.** 1. c 2. a 3. a 4. c   **J.** 1. ambulancia 2. inmediatamente 3. dolor 4. techos 5. espalda 6. brazo 7. pecho 8. libro   **K.** 1. R 2. C 3. C 4. R 5. R 6. C 7. C 8. C
PRONUNCIACIÓN Y ORTOGRAFÍA   **Ejercicios de ortografía**   **I.** 1. frío 2. media 3. junio 4. biología 5. día 6. oír 7. secretaria 8. colegio 9. lluvia 10. continúe 11. negocios 12. bueno 13. cuidado 14. se peina 15. reía   **II. A.** 1. ¿Cómo se llama? 2. ¿Cuándo es su cita con el doctor? 3. ¿Dónde le duele? 4. ¿Qué síntomas tiene? 5. ¿Por qué no viene a las seis? 6. ¡Qué moderno es este hospital! 7. ¡Cuántos pacientes hay en la clínica hoy! 8. ¡Qué choque más fuerte!   **B.** 1. corazón 2. dedos 3. así 4. escuchen 5. café 6. resfriado 7. herida 8. inglés 9. Perú   **C.** 1. pastel 2. ventilador 3. difícil 4. niñez 5. hospital 6. azúcar 7. automóvil 8. bistec 9. juventud   **D.** 1. psicólogo 2. plástico 3. típico 4. estómago 5. periódico 6. médicos 7. clínica 8. cómoda 9. músculos 10. gramática 11. América 12. teléfono   **E.** 1. resfrío 2. librería 3. María 4. sociología 5. continúa   **F.** 1. El doctor me recetó una medicina que no me gustó; no la tomé. 2. No consulté con el médico ayer porque tuve que trabajar todo el día. 3. El accidente ocurrió a eso de las seis. El chofer del carro azul tuvo la culpa. 4. El paciente se enfermó y estuvo tres semanas en el hospital.
G. 1. De niños, mi hermano y yo éramos alérgicos. 2. Nuestro doctor nos ponía inyecciones. 3. Mi madre se volvía loca con tantas visitas al médico. 4. Después de los 15 años ya no me enfermaba tanto.
H. 1. Lléveles los papeles a las enfermeras. 2. Póngale la inyección al paciente. 3. Dígame si le duele la pierna. 4. Lleve la receta a la farmacia. 5. Quítese la camisa, por favor.   **VIDEOTECA**   **Escenas culturales** 1. el Océano Pacífico, los Andes 2. el (desierto de) Atacama 3. europea, indígena
Escenas en contexto   **A.** 1. a, d, h 2. g, i 3. b, f 4. c, e   **B.** 1. resfriado 2. congestión 3. tos 4. hacerle un análisis, embarazada 5. cambiarle los pañales, darle de comer 6. estornudaba, tosía   LECTURAS   **Lectura: La prevención del SIDA** *Comprensión* 1. Es un virus que le quita al cuerpo sus defensas y lo expone a infecciones y enfermedades. 2. Hay más de 34 millones de personas en todo el mundo. 3. Cuando la gente comparte agujas o tiene relaciones sexuales con personas infectadas. 4. Uno tiene más tiempo para prevenir o combatir las enfermedades. 5. Practicar la abstinencia sexual; practicar la monogamia; usar un preservativo durante el acto sexual.   **Lectura: Cuento: «La prueba»** *Comprensión* 1. d 2. h 3. f 4. e 5. b 6. a 7. c 8. g

CAPÍTULO 13

ACTIVIDADES ESCRITAS   **A.** *Sus respuestas deben ser originales.* 1. Prefiero los de… 2. Compro los de… 3. Prefiero las de… 4. Las de… son mejores. 5. Me gustan más los de…   **B.** 1. ésas 2. aquéllos 3. aquél 4. Prefiero éste. 5. ¿Cuánto cuestan éstas?   **C.** *Su composición debe ser original. Vea el* **modelo.**   **D.** *Sus respuestas deben ser originales. Vea el* **modelo** *y use los pronombres demostrativos. Ejemplo:* 1. Ésta que está aquí cuesta $45.00. Ésa es más barata y aquélla más grande es más cara / es la más cara de las tres.   **E.** *Sus respuestas deben ser originales. Vea el* **modelo.**   **F.** 1. por… , *el precio debe ser original* 2. para 3. para, para 4. por, por 5. para… , *respuesta original* 6. para… , *respuesta original*   **G.** *Su parte del diálogo debe ser original. Tenga cuidado con las preguntas. Antes de escribir la pregunta, lea la respuesta.*   **H.** *Use el* **modelo** *como guía para narrar su propia experiencia.*   **I.** *Sus respuestas deben* *ser originales. Vea el* **modelo.** **J.** *Sus respuestas deben ser originales. Lea con cuidado lo que dice el comerciante antes de escribir su parte del diálogo.* **K.** *Su composición debe ser original. Conteste las preguntas, pero no escriba una lista; escriba una composición con sus respuestas.* **Resumen cultural** 1. sol; colón; bolívar 2. Sucre, Ayacucho 3. Andalucía 4. la cultura de los moros y la de los gitanos 5. Túpac Amaru 6. bolsa de lona o de plástico 7. Francisco Pizarro 8. joyería; heladería 9. los arahuacos, los caribes, los siboney y los taínos 10. las enfermedades europeas y el trabajo duro 11. Alberto Fujimori, Japón 12. esculturas de piedra y cerámica; joyería de coral, concha y piedra y sillas de madera llamadas *duhos.* 13. la guayabera **ACTIVIDADES AUDITIVAS** **A.** 2 **B.** 1. Sí. Lo ideal es beber ocho vasos de agua al día. 2. Debe tomar un descanso. Juegue solamente tres o cuatro días a la semana. **C.** 1. a, d, f 2. 1–2. *Nombre dos:* relojes, anillos de diamantes, pulseras y collares de oro y plata 3–4. *Nombre dos:* vestidos de invierno, batas, ropa interior 5–6. *Nombre dos:* zapatos de tacón alto, zapatillas, botas de piel, botas de cuero 7–8. *Nombre dos:* licuadoras, abrelatas, sartenes, platos, vasos **D.** 1. b 2. c, d 3. b, c 4. a, b **E.** 1. J 2. P 3. P 4. J 5. J **F.** 1. C 2. C 3. F 4. F 5. C 6. C **G.** 1. necesitan un regalo de cumpleaños para la mamá de Ernesto 2. no es un regalo diferente y no es especial 3. son feos 4. conoce bien el gusto de Dora Lucía 5. va a ser una sorpresa y es un regalo muy especial **H.** 1. suéteres, invierno 2. 90 3. lana, mano 4. estudiante 5. 68 **I.** 4, 1, 6, 2, 3, 5, 7 **J.** 1. N 2. ES 3. E 4. E 5. N 6. E 7. ES 8. ES **PRONUNCIACIÓN Y ORTOGRAFÍA** **Ejercicios de ortografía** **A.** 1. ¿La blusa? Estoy planchándola en este momento. 2. La licuadora no se lava. ¿Por qué estás lavándola? 3. ¿Los regalos? Luis y Marta están escogiéndolos ahora. 4. Sí, yo tengo las tijeras; estoy poniéndolas en su lugar. 5. Ése es mi anillo. ¿Estás limpiándolo? ¡Gracias! **B.** 1. Tengo tu dinero y quiero dártelo ahora. 2. Aquí está mi raqueta. Voy a prestártela. 3. Juan tiene mis herramientas. Necesito pedírselas. 4. Si me haces preguntas tontas, no tengo que contestártelas. 5. Éste es mi hermano. Quiero presentártelo. **VIDEOTECA** **Escenas culturales** 1. el Amazonas 2. quechua 3. Cuzco **Escenas en contexto** **A.** 1. F 2. C 3. F 4. F 5. C **B.** 1. lana 2. caras, otra tienda 3. 4.500 4. mediano, amarillo o blanco **LECTURAS** **Nota cultural: De compras en el Rastro** *Comprensión* 1. la Plaza de Cascorro y calles cercanas 2. los domingos y días feriados 3. el metro y el autobús 4. animales, ropa, discos, obras de arte y muchas otras cosas 5. Hay que aprender a regatear. **Lectura: Cuento: «Un Stradivarius»** *Comprensión* **A.** *Su narración debe ser original.* **B.** *Sus respuestas deben ser originales.*

CAPÍTULO 14

ACTIVIDADES ESCRITAS **A.** 1. es 2. están 3. es 4. es 5. son 6. están 7. están 8. son 9. están 10. es 11. están 12. están 13. es 14. es 15. está 16. está **B.** *Sus respuestas deben ser originales pero basadas en el dibujo. Recuerde que debe usar la forma correcta de* **ser** *para expresar cualidades inherentes (***es alto y delgado***) y la forma correcta de* **estar** *para expresar estados transitorios (***está cansada***).* **C.** *Su descripción debe ser original. Recuerde que debe usar la forma correcta de* **ser** *para expresar cualidades inherentes (***es bonita y generosa***) y la forma correcta de* **estar** *para expresar estados transitorios (***con frecuencia está de mal humor, está triste***).* **D.** 1. Mamá, no me sirvas tanta sopa. 2. No juegues con mis libros y trofeos; juega con tus juguetes. 3. No me llames muy tarde; llámame por la tarde. 4. Por favor, denme dinero para la matrícula. / Mamá (Papá), por favor dame dinero… 5. Pon atención en clase. 6. Papá, no saques la basura hoy; yo la voy a sacar. 7. Por favor limpie las ventanas. 8. Préstame tu raqueta por favor. **E.** *Use mandatos informales (***tú***) para darle las instrucciones a su amigo; use mandatos formales (***usted***) para darle instrucciones a su profesor(a).* **F.** Quiero que… / Prefiero que… / Te aconsejo que… 1. limpies la cocina. 2. me enseñes a cocinar. 3. (no) vayas al trabajo a medianoche. 4. bañes al perro. 5. devuelvas el libro a la biblioteca. 6. llames a la abuelita. 7. me prestes dinero. 8. repares el carro. **G.** Te sugiero que… / Te recomiendo que… / Te aconsejo que… 1. no copies durante los exámenes. 2. devuelvas los libros de la biblioteca a tiempo. 3. hagas la tarea y la entregues todo los días. 4. (no) comas en la cafetería. 5–6. *Sus respuestas deben ser originales.* **H.** *Después de saludar a la persona, debe darle consejos para resolver su problema. Use* **le aconsejo que, le sugiero que, le recomiendo que** *y formas correctas del subjuntivo.* **I.** 1. ¡Que la tienda Berta (la empleada doméstica)! 2. ¡Que los lave Amanda! 3. ¡Que le dé de comer Ernestito! 4. ¡Que la saque mamá! 5. ¡Que las riegue el jardinero! 6. ¡Que los recoja Amanda! **J.** *Las respuestas van a variar.* 1. ¡Que lo limpie… ! 2. ¡Que te las traiga… ! 3. ¡Que la prepare… ! 4. ¡Que te ayude… ! 5. ¡Que los lleve… ! 6. ¡Que vaya… ! **K.** *Usted debe escribir consejos para la crianza de los adolescentes.*

Fíjese en las diferentes categorías. Empiece con una de las siguientes frases: **Es importante que, Es indispensable que, Es necesario que, Es recomendable que, Es mejor que.** *Luego exprese una idea original usando un verbo en el subjuntivo.* **Resumen cultural** 1. Comunidad Europea 2. los miembros de la familia real 3. la fiesta rosa o la quinceañera 4. las damas y los chambelanes 5. el martes 6. socialista, José Luis Rodríguez Zapatero 7.a. Llama al pan, pan y al vino, vino; b. Entre la espada y la pared; c. Entre más tienes, más quieres; d. Pasó a mejor vida 8. *Al Andalus* 9. Francisco Franco 10. Amalia Hernández 11. Se combinan rituales indígenas y elementos del folclor mexicano. 12. los iberos, los fenicios, los griegos **ACTIVIDADES AUDITIVAS** **A.** 1. A 2. M 3. A 4. A 5. V 6. M **B.** 1. suéter 2. regatear 3. Rastro 4. ganga **C.** 1. F 2. C 3. F 4. C 5. F 6. F **D.** 1. En el país de Clara. 2. Piensan que las mujeres son inferiores (a ellos). 3. Le dijo que quiere una madre para sus hijos, una mujer que se ocupe de la casa. 4. Debes buscarle un empleado doméstico. 5. No, porque no está preparada para el matrimonio / quiere terminar su carrera y trabajar unos años. **E.** 1. Disfrute 2. Pase 3. telenovela 4. programa 5. escuche 6. artistas 7. Vea 8. mejor **F.** 1. c 2. b, c, d 3. c **G.** 1. J 2. A 3. A 4. J 5. A 6. J 7. J **H.** 1. e 2. c 3. d, g 4. f, h 5. b 6. a **I.** 1. *X*—amiga; un hombre (don Enrique) 2. *X*—moderno; anticuado 3. *X*—cenar; bailar 4. *X*—molesta; preocupa 5. *X*—típica; moderna **J.** 1. legumbres 2. lechuga y tomate 3. postre (pastel de chocolate) 4. cebolla 5. tomate 6. ajo 7. Corte 8. fríalo 9. ponga 10. Déjelos **PRONUNCIACIÓN Y ORTOGRAFÍA** **Ejercicios de ortografía** **A.** 1. tenía 2. peleábamos 3. estábamos 4. era 5. tenía 6. tenía 7. quería 8. sabía 9. prefería 10. hacía 11. comía 12. podía 13. salíamos 14. Pasábamos 15. hacíamos 16. Íbamos 17. quedábamos 18. jugábamos **B.** 1. Limpié mi cuarto ayer. 2. Mi mamá barrió el patio. 3. Mis hermanas jugaron todo el día. 4. Mi papá regresó temprano y fuimos todos al parque. 5. Luego mi padre le ayudó a mi madre a preparar la cena. **C.** 1. Buenos días. ¿Te llamas Verónica? 2. Sí, Verónica Ovando, a tus órdenes. 3. Mucho gusto. ¿Vienes con el chico de traje gris? 4. No, no vengo con él. ¿Quién es? 5. No sé. Juan, ¿tú lo conoces? 6. ¿No es tu pariente, Luisa? 7. ¡Es verdad! Es mi primo Julián. ¡Hola, Julián! 8. ¡Hola, chica! Si me presentas a tus amigos, los invito a tomar un café. **D.** 1. ¿La cena? Voy a preparártela. 2. ¿La tarea? Estoy haciéndola ahora, mamá. 3. Báñate y acuéstate, hijo. Ya es tarde. 4. Levántense todos. Ya son las ocho. 5. Llámame mañana. No me llames esta tarde. **VIDEOTECA** **Escenas culturales** 1. el Escorial 2. La Alhambra 3. XII **Escenas en contexto** **A.** 1. F 2. C 3. F 4. F **B.** 4, 1, 3, 5, 2 **C.** 1. «… entre la espada y la pared.» 3. hable con Teresa y que si ella acepta, que la lleve a hablar con el consejero de la universidad. **LECTURAS** **Nota cultural: Escuche a sus hijos.** *Comprensión* 1. E 2. A 3. F 4. A 5. J 6. R 7. J 8. R **Lectura: Cuento: «Ya llega el día»** *Comprensión* ▲ *Algunas posibilidades:* **A.** 1. Son jóvenes, ruidosos, ciclones; les gusta jugar. 2. Son callados, tranquilos, generosos. 3. Es un macho; no hay comunicación entre él y Susana. **B.** 1. Feliz al principio, difícil más tarde; termina en divorcio. 2. No le gusta y no va a permitir que sus hijos sean machistas como su padre. 3. Tiene dos, de secretaria y de guía de turistas, porque uno solo no es suficiente para mantener a sus hijos. 4. Espera tener el apoyo de sus hijos; sueña con tener su propia agencia de viajes. 5. Es optimista: No quiere seguir recordando su divorcio y su matrimonio. Dice que es hora de comenzar a vivir.

CAPÍTULO 15

ACTIVIDADES ESCRITAS **A.** *Sus respuestas deben ser originales. Recuerde usar un verbo en el futuro para expresar su pregunta.* **B.** 1. llegue 2. prepares, diga 3. muestre 4. tienes, tenga 5. sabes, sepa **C.** *Sus respuestas deben ser originales con verbos en el presente del subjuntivo.* **D.** *Sus respuestas deben ser originales con verbos en el futuro.* **E.** *Su composición debe ser original. Use formas del futuro.* **F.** 1. ponga 2. puedan 3. tenga 4. haya **G.** 1. pague 2. dé 3. podamos 4. tenga 5. aprecian 6. seamos 7. ofrezca **H.** *Sus respuestas deben ser originales. Use el subjuntivo si va a expresar duda o sorpresa* (**Dudo que las guerras sean necesarias… ¡Qué lástima que haya tantas guerras!**) *y el indicativo para expresar una afirmación* (**Creo que las guerras son muy destructivas.**). **I.** *Su composición debe ser original.* **J.** 1. hubiera 2. supieran 3. quisieran 4. fueran 5. compráramos 6. hablaran **K.** 1. prepararan, tomemos 2. haya, hicieran, construyan, sepan 3. puedan, sea 4. votara, tenga, hablemos, tratemos, obtengan 5. termine, se pongan **L.** *Sus respuestas deben ser originales, pero todas deben tener un verbo en el condicional.* **M.** *Su composición debe ser original.* **Resumen cultural** 1. los hispanos 2. deportes: Vladimir Guerrero, Lisa Fernández; ciencias: Ellen Ochoa, Franklin Chang-Díaz;

política: César Chávez, Dolores Huerta   3. México perdió la mitad de su territorio.   4. Porfirio Díaz
5. «tierra y libertad»   6. (1) Se aprobó el Tratado de Libre Comercio entre Canadá, México y los Estados
Unidos. (2) Empezó la rebelión zapatista en el estado de Chiapas.   7. el tema político-social; Su arte
emplea colores vivos y combina elementos precolombinos con los surrealistas.   8. Hubo una manifestación
estudiantil con cientos de muertos y heridos   9. adjunto   10. la portada   11. un cortafuegos   12. la
buzonofia   13. una contraseña   **ACTIVIDADES AUDITIVAS**   **A.**   1. Toma vacaciones.   2. Trata de
pasar más tiempo con Estela y tus hijos.   3. Habla con tu jefe. Explícale la situación. Dile que necesitas
unos días libres.   **B.**   1. la gente está sentada sin hablar y sin bailar   2. no hay música   3. Esteban
tiene su guitarra y toca bien   4. siempre lleva su guitarra a las fiestas   5. aprendieron la canción en la
clase de español   **C.**   1. No habrá ciclón en Miami en agosto.   2. Su esposa tendrá un viaje muy
feliz y el avión llegará bien.   3. Ella se casará cuando esté lista; su novio esperará (y será feliz con su
esposo).   **D.**   1. trabajador social; para él es importante ayudar a la gente   2. doctora; es una labor
humanitaria y le gustaría curar a los enfermos y descubrir nuevas medicinas   3. ingeniero; es una carrera
para los genios   **E.**   1. hospitalarios, simpáticos   2. alegres, habladores   3. estereotipos   4. cosas
básicas   5. La mejor parte fue los piropos y los silbidos (la atención) de los hombres.   **F.**   1. Son
fáciles de conseguir; causan muchas muertes   2. Muchas mujeres consideran el aborto como una
solución fácil.   3. Hay familias enteras sin hogar.   4. Las familias pierden sus casas, no tienen que
comer.   **G.**   1. b, c   2. b, d   3. b, d   4. a, d   5. b, c   **H.**   1. Sí, un poco, pero los estudiantes
hacen las actividades en el laboratorio de lenguas.   2. Sí, es suficiente porque lo importante en la clase
de lenguas es el trabajo del profesor con sus estudiantes.   3. ¡Sí, los aprovecho! Uso el correo electrónico
y hago investigaciones en el Internet.   4. Lo que yo digo es que los estudiantes aprenden más español
conmigo que con una computadora. (¡El idioma es algo vivo y humano!)   **I.**   1. Se cansa del trabajo
doméstico.   2. Ella puede salir cuando quiere, visitar a sus amigas y pasar tiempo con los niños.   3. Él
tiene que pasar todo el día en una oficina.   4. Son la violencia en el cine y la televisión; y el acceso fácil
de los niños a las computadoras.   5. Ernesto podría trabajar menos y Estela podría volver a su carrera
de periodismo.   **VIDEOTECA**   **Escenas culturales**   1. Aman sus raíces, conservan sus tradiciones,
muestran orgullo por el pasado.   2. las antiguas edificaciones, el arte prehispánico, el muralismo
mexicano   3. Teotihuacán   **Escenas en contexto**   **A.**   1. F   2. F   3. C   4. F   5. F   **B.**   1. se
aprende mejor   2. Primero abra su cuenta de correo electrónico. Ahora ponga la dirección electrónica
del profesor. Ahora con el ratón, escoja adjuntar documento. Es necesario que elija el documento que
quiere mandar. Al final, haga clic para mandarlo.   **LECTURAS**   **Lectura: Cuento: «Colores que vuelan»**
Comprensión ▲ *Algunas posibilidades:*   1. Francisco: su hija se graduó en la secundaria con muy buenas
notas: él salió retratado en el periódico.   2. una maestra de Leticia: se refiere a las buenas notas de
Leticia.   3. Margarita: Francisco, un empleado de la universidad, fue reconocido como un empleado
muy dedicado y bueno.   4. el periodista: Francisco siempre trabajaba a pesar de la lluvia, nieve o
tornados.   5. el periodista: no sabía si la universidad le daría un aumento a Francisco.   6. Margarita:
Francisco salió muy bien en la foto del periódico.   7. Francisco: Francisco tiene su *Green Card*, la tarjeta
de residente para vivir y trabajar en los Estados Unidos.   8. el presidente de la universidad: Francisco
es un empleado muy responsable.   9. la gente de la universidad: después de salir el artículo, Francisco
es «visible» y la gente lo saluda.   10. el presidente: Francisco trabaja con mucho esmero y dedicación.
Lectura: Cuento: «Cassette» *Comprensión*   **A.** ▲ *Algunas posibilidades:*   1. El protagonista es Blas,
un niño de 9 años que está en penitencia (castigado, encerrado), porque tiene que terminar su tarea. Blas
pertenece a la clase Alfa, que se ocupa del progreso.   2. El lenguaje es oral y visual (audiovisual), se
basa en fotografías, diagramas y signos. Se puede decir que el Internet se basa en un lenguaje visual y
muchas personas «hablan» ese lenguaje hoy en día.   3. El juguete es una cassette que le sirve de distracción.
Con esta cassette Blas puede hacer muchas cosas; por ejemplo, ver una aventura de cosmonautas,
escuchar un concierto y hablar con un colono del planeta Marte. Este objecto podría compararse con el
CD-ROM o el Internet.   4. Blas se aburre porque todas sus diversiones están programadas por un
gobierno de tecnócratas. Estas personas deciden lo que Blas debe ver, oír y pensar.   5. Al final, Blas se
imagina una cassette portátil más simple y personal; es decir, se imagina un libro. Esta invención es
importante porque quiere decir que en el mundo tecnológico del siglo XXII, alguien inventará otra vez el
libro: un artefacto íntimo y útil para divertirse y aprender.   **B.** ▲ *Algunas posibilidades:*   1. Se refiere
a las personas del gobierno que deciden lo que la gente debe aprender y cómo debe divertirse. Es un
gobierno opresivo porque las personas no tienen libertad.   2. Se refiere a la manera en que funciona un
libro, que sólo depende de la mente del lector.   3. Se refiere a la relación creativa entre el escritor y el

lector: dos artistas solitarios que colaboran en la experiencia de lectura.   4. La nueva «cassette» que Blas inventa es como un libro, pero él no lo sabe porque en su mundo no existen los libros.   5. Blas no sabe que su tocayo Blas Pascal reinventó algo del pasado distante (la geometría de Euclides). Y no sabe que él también acaba de reinventar algo importante del pasado (el libro).

EXPANSIÓN GRAMATICAL

Ejercicio 1 ▲ 1. Sí, es mío. / No, no es mío, es de *Lan*.   2. Sí, son suyas. / No, no son suyas, son de *Mónica y Nora*.   3. Sí, es tuyo. / No, no es tuyo, es de *Pablo*.   4. Sí, son suyas. / No, no son suyas, son de *la profesora Martínez*.   5. Sí, es suyo. / No, no es suyo, es de *Esteban*.   6. Sí, es nuestro. / No, no es nuestro, es de *la profesora Martínez*.   7. Sí, son suyas. / No, no son suyas, son de *Lan*.   8. Sí, es suya. / No, no es suya, es de *Luis*.   9. Sí, es mío. / No, no es mío, es de *Pablo*.   10. Sí, son tuyos. / No, no son tuyos, son de *Luis y Nora*.   **Ejercicio 2**   1. Sí, (No, no) fui…   2. Sí, (No, no) cené…   3. Sí, (No, no) escribí…   4. Sí, (No, no) compré…   5. Sí, (No, no) leí…   6. Sí, (No, no) hicimos…   7. Sí, (No, no) vimos…   8. Sí, (No, no) ganamos…   9. Sí, (No, no) dimos…   10. Sí, (No, no) sacamos…   **Ejercicio 3**   1. —¿Vas a quedarte en casa esta noche?   2. —No, pienso salir al cine. ¿Y tú?   3. —¿Por qué no vienes conmigo?   4. —¿Qué piensas hacer después del cine?   5. —Dar una vuelta por el centro. ¿Quieres?   6. —¿Tienes coche?   7. —Claro que sí. ¿Qué dices?   8. —De acuerdo. ¿A qué hora pasas a buscarme?   **Ejercicio 4**   1. —¿Qué piensan hacer esta noche?   2. —No sé. ¿Qué quieren hacer ustedes?   3. —¿Qué les parece ir al cine? Hay una nueva película francesa que tengo ganas de ver.   4. —A ustedes les gustan las películas francesas, pero a mí no. Me aburren. ¿No les gustaría salir a bailar un rato?   5. —Pero si ustedes saben que soy el peor bailador en Santiago. ¡No, gracias! ¿Qué tal si hacemos una fiesta en casa?   6. —¡Excelente idea! Ustedes dos invitan a sus amigos y yo invito a los míos. ¿A qué hora?   7. —¿Qué les parece si empezamos a las diez?   **Ejercicio 5**   1. Estela horneó el pastel.   2. Pedro escribe las cartas.   3. Los estudiantes pagan los libros cada semestre.   4. Los mexicanos ganaron la Batalla de Puebla en 1862.   5. Los bomberos apagaron el incendio.   6. Un loco atacó a Nora y a Pablo.   7. El arquitecto diseñó el edificio.   8. El profesor asigna la tarea.   9. Esteban contestó la pregunta.   10. La profesora Martínez calificó los exámenes.   **Ejercicio 6**   1. b, c, d   2. b, c   3. a, b, c   4. a, d   5. a, d   **Ejercicio 7**   1. habíamos limpiado   2. habían subido   3. ha visto   4. había escrito   5. ha hecho   6. se había duchado   7. ha viajado   8. se habían acostado   **Ejercicio 8**   1. para: (9) *destination*   2. por, por: (6) (6) *transportation*   3. por, por: (3) (3) *movement along, through*   4. para: (12) *purpose*   5. por, por: (3) *movement through*, (4) *length of time*   6. para: (11) *deadline*   7. para: (10) *telling time*   8. para: (8) *employer*   9. para: (7) *recipient*   10. por: (3) *movement through*   11. por: (2) *in exchange for*   12. por: (2) *paying*   13. Para: (7) *recipient*   14. para, para: (9) *destination*, (11) *deadline*   15. por: (4) *length of time*   16. por: (1) *substitution*   **Ejercicio 9**   1. Mamá, hazme un sándwich, por favor.   2. Mamá, lávame el traje de baño, por favor.   3. Mamá, ponme música, por favor.   4. Mamá, cómprame una playera, por favor.   5. Mamá, dame la loción, por favor.   **Ejercicio 10**   1. No, no me lo arregles.   2. No, no me la abras.   3. No, no me lo prestes.   4. No, no me lo prepares.   5. No, no me lo enciendas.   6. No, no me la digas.   **Ejercicio 11**   1. Sí, pídaselos.   2. Sí, léamelo.   3. Sí, présteselo.   4. Sí, escríbamelas.   5. Sí, cuénteselas.   **Ejercicio 12**   1. Te la regalamos nosotros.   2. Raúl se las dio.   3. Papá y mamá te lo regalaron.   4. La abuela te las compró. / La abuela te las ha comprado.   5. Estela te la regaló.   6. Raúl nos las trajo.   **Ejercicio 13**   1. hubiéramos, habrían   2. hubiera, habría   3. hubiera, habría   4. habrían, hubiera   5. hubiera, habrían   6. habríamos, hubiera   7. hubiera, habría   8. hubiéramos, habríamos   **Ejercicio 14**   1. has visto, he visto, hayas visto   2. has leído, he tomado   3. ha vuelto, ha hecho, haya hecho   4. has llegado, has dicho, hayas dicho   **Ejercicio 15**   1. habían estudiado   2. había escrito   3. había visto   4. había copiado   5. te habías levantado; me había levantado, me había duchado   6. había terminado   **Ejercicio 16**   1. tenga   2. juegues   3. vayas, busques   4. lleguen / lleguemos   5. estés, te mejores   6. haya   7. tenga, encuentres   8. fuera   9. hubiera repasado   10. sepa   **Ejercicio 17**   1. vamos   2. tengamos   3. quiera, sea   4. puedo   5. pudiera   6. están, estén   7. saben   8. hubiéramos comprado   9. entregaran   10. resuelva, proporcione